学之师表　国之英豪

纪念李国豪诞辰100周年文集

本书编委会　编

同济大学出版社

图书在版编目（CIP）数据

学之师表　国之英豪：纪念李国豪诞辰100周年文集／本书编委会编．
——上海：同济大学出版社，2013.4
ISBN 978-7-5608-5121-1

Ⅰ．①学… Ⅱ．①李… Ⅲ．①李国豪（1913～2005）
——纪念文集 Ⅳ．①K826.16-53

中国版本图书馆CIP数据核字（2013）第046063号

学之师表　国之英豪

纪念李国豪诞辰100周年文集

本书编委会　编

出　　品　支文军
项目总监　张平官
责任编辑　赵泽毓
助理编辑　熊磊丽　丁会欣
装帧设计　张雪青　陈益平
责任校对　张德胜
图文制作　乔　荣
出版发行　同济大学出版社
（上海四平路1239号　邮编：200092　电话：021-65985622）
网　　址　www.tongjipress.com.cn
经　　销　全国各地新华书店
印　　刷　上海雅昌彩色印刷有限公司
开　　本　787×1092　1/16
印　　张　25
字　　数　620 000
版　　次　2013年4月第1版
印　　次　2013年4月第1次
书　　号　ISBN 978-7-5608-5121-1
定　　价　80.00元

学之师表　国之英豪

纪念李国豪诞辰100周年文集

○ 从字面上看，桥是绕过一个障碍的意思，无论前面是山谷还是流水。

○ 我一生梦寐以求的就是在祖国的大江大河上建造最大的悬索桥。

○ 一个人的造诣没有几点，精力也有限，假如我们能够发挥大家的才智来集体创造一个东西，那肯定是事半功倍，我们一定能很快创造出成绩来。

○ 教育在国内外有相通的东西，那就是既要培养人，又要发展科学研究。培养人不光是传授知识，还要帮助学生树立理想。当然这一工作要从小学、中学就做起，整个社会都应该关心，但大学是关键的阶段。

○ 学习没有什么捷径。学好任何一门课程都是一个延续相当长时间的艰苦的脑力劳动过程，需要成年累月勤奋努力。水滴石穿，长期坚持不懈，一定能够学好。反过来，一曝十寒则必定什么东西都学不好。

○ 大学阶段的学习非常重要，一是为以后的学习打下必要的理论基础；二是培养了学习的能力、方法、兴趣和习惯。

○ 同学们毕业以后，究竟是追求精神财富呢，还是追求物质财富？要两个财富兼而有之恐怕不太容易，要是追求物质财富，就得不到精神财富。要下决心追求精神财富，就要淡泊物质财富。

○ 我一贯坚持科研选题“必须具有工程背景，必须解决实际问题”，主张理论意义和实用价值相结合。工程技术科学工作者是很难凭空搞科研的。

○ 要锻炼自己从纷繁迷离、错综复杂的现象中敏锐地看到问题的本质，要抓住重点，以独创的新颖的简练的手法去解决新问题和老难题。

○ 要研究老难题和别人尚未涉足过的新问题，这样才能培养自己的思维方法富于开创性。有些难题一时不能解决，但是你老是去想它，过了一段时间如一个月、三个月，你对问题的认识和酝酿的程度就跟你刚开始接触这个问题时不一样，有时会突然触发一点解决问题的新的思想出来。抓住这个想法，你的思想就上去了。

○ 遇到重大工程问题时，我们工程技术人员有责任从宏观的科学技术的角度，实事求是地发表意见。工程技术人员要敢于服从真理，讲真话。

○ 健壮的体格，是保持旺盛革命意志、充沛工作精力的重要条件；生活要有规律，锻炼身体应该成为生活中不可缺少的一个组成部分。

○ 我从自己的亲身经历中感受到，中国共产党是领导全国人民建设有中国特色社会主义伟大事业的核心力量。只有在党的领导下，中国人民才能走上强国富民之路。

李國豪

序 一

2013年4月13日是我国著名科学家、教育家、社会活动家、两院院士、同济大学名誉校长李国豪先生诞辰100周年的日子。同济大学为此举办系列纪念活动。先生的生前同事、学生晚辈深切缅怀这位学界泰斗，并将纪念文章集成一册付梓，嘱我为序。

我1979年考入同济大学攻读硕士研究生时,李国豪先生恰为同济大学校长。他以恢弘的气魄与出众的才华，运筹帷幄，提出了同济大学要实现“两个转变”的办学方针，即向恢复对德联系和德语教学传统转变，由以土木为主的单科性大学向以理工为主的综合性大学转变。从此，同济大学开风气之先，借改革开放之春风，率先开启了与德国的学术交流之门，并成为国家对德交流的窗口。正是在这样的背景下，我才有机会并创造条件获得了世界银行的奖学金，和一批同济师生赴德国留学，跨出国门，融入世界。

在德国完成博士论文答辩后，我的指导老师迪茨教授希望我能留在他的研究所里继续深造。我当时犹豫不定，于是电话咨询了我的硕士导师方如华教授。方教授又专门请示了老校长。老校长建议我去企业锻炼，为将来中国汽车的腾飞积蓄力量。就这样我选择去了企业，从最基层的工程师干起，几乎经历了科研生产的各个环节。最令我难忘的是，88岁高龄的老校长2000年来到德国，我陪同他参观我当时工作的奥迪汽车公司。老校长跟我说，这可能是他最后一次到德国了。言语之间既有隐隐的惜别之情，又蕴含着对我们的希望之意。当时，他看到车间门口挂着我的照片，就若有所思，但没有说什么。直到在机场送别的时候，才推心置腹地对我讲："虽然你在奥迪公司干得很不错，攀上了一座高峰，但是人类的发展是无止境的。目前国内的形势很好，回国可能迎来更有意义的高峰啊。"老校长的指引就如春天的甘露，使一直尘封在我心里的回归祖国的愿望，像一粒种子那样开始萌动发芽。直到现在，我还常常回忆起这一幕，回忆起老校长的谆谆劝勉。

2000年底，我决定回国工作。回到上海的第二天，我前去看望老校长，向他报到。先生饶有兴趣地和我讨论发展电动汽车的重要性及技术难点。几天后，他亲自给主管经济的蒋以任副市长写了一封长信，直接促成了我向上海市领导的沟通汇报。之后，他曾亲自来到我的实验室，视察指导并了解研发进展和人才队伍建设情况。

在担任同济大学校长期间，我多次去老校长家里探望请益，每次都能得到他的谆谆教导。交谈中可以感觉到，他以九旬高龄仍然坚持每天阅读报纸杂志，获取方方面面信息。他思维敏捷，心系同济的未来，思考国家的发展。作为人生路上得到先生直接指导的后学晚辈，回忆起与先生交往的点点滴滴，感怀他不平凡的一生，我不禁心生感慨。他永远值得我们学习和怀念。

作为一位潜心钻研的学者，先生在海内外享有盛誉。20世纪三四十年代在德国就学工作期间，先生刻苦攻读，学业超群，在桥梁工程界屡创佳绩，进入该领域的世界级大师行列。"悬索桥李"的大名更为土木工程界广泛认同。他的导师许以优厚的待遇和良好的发展前景，竭力挽留他在德国做研究工作。抗战胜利后，一听到可以返回祖国的消息，先生就毫不犹豫地挈妇将雏，历经千难万险，回国报效。而当时国内满目疮痍，民不聊生，但他毫无怨言。他曾这样述怀："少年励志，唯学是求；不顾贫困，德国远游；幸得良师，更遇善友；潜心斗室，乐以忘忧；战火纷飞，安饱奚有；大难不死，矢志不休；转辗归国，叹何处兮能我留。"这体现出"苟利国家生死以，岂因祸福避趋之"的老一辈知识分子情怀。在先生的一生中，无论是顺境还是逆境，无论是做学问还是当领导，赤诚的爱国情怀是他不变的信念和强大的支撑。

作为一位颇具影响力的战略科学家，先生总能高瞻远瞩。正是因为站在了桥梁学科的最前端，他才有信心、有勇气、有胆魄、有能力力主南浦大桥、虎门大桥由中国人自己设计建造，为我国争得了桥梁工程界的国际地位，也开创了中国大跨桥梁工程事业的自主创新之路。先生既能深入专业探幽微，又能跳出专业览全貌，善于从战略高度思考国家的发展远景。从国家、从上海的发展大计出发，力排众议，先生提出了具有前瞻性的观点，使宝钢、洋山深水港建设得以顺利进行。如今，宝钢已建成为中国现代化程度最高、最具竞争力的钢铁联合企业，也是世界著名的钢铁工业基地；洋山深水港，作为一个现代化的国际深水港湾已经屹立在东海之上，为上海建设国际航运中心奠定了扎实的基础。

作为一位诲人不倦的导师，先生桃李满天下。在治学理念上，他提出了“严谨、求实、团结、创新”的同济校风。在学科上，他行为示范，他的理论从不满足于推导和计算，总是力求以模型试验或现场测试来检验修改和实证理论。他特别注重培养学生理论联系实际的能力，倡导学生一定要参与实践，培养学生解决实际问题的能力。他的辛勤浇灌培养出了一支拥有数位院士的杰出科研团队，谱写出了我国桥梁研究和建设的辉煌篇章。

在先生百年诞辰之际，我们缅怀他对祖国的忠贞不渝，对学术和教育的忠诚和坚守，对年轻人的爱护和提携……缅怀他放眼全球、赤诚报国的宏大志向，他审时度势、引领风气之先的创新精神，他崇尚科学、严谨求实的作风等，这些都是同济大学最可宝贵的精神财富。先生的风范和精神，将永远长留同济园内，长留师生心中，并不断得到传承弘扬。

（作者为全国政协副主席、科技部部长，2004－2007年任同济大学校长）

序　二

伏案教育事业数十载，或有抬头，眼前便闪过许许多多为此废寝忘食、无私奉献的前辈和同侪。伟大的事业，总是吸引仁人志士们热忱献身。与之一起奋斗，我引以为荣；与之相互鼓励，我心怀感激。这其中有一位长者，如此近距离地给予我支持与指引，真实地展现出他执著于教育事业的高山景行。他就是同济大学的老校长李国豪。

对李校长有深入了解，始于1991年的访德之行。那时我担任校长助理，跟着李国豪、高廷耀两位校长出访德国。一路上与李校长交谈良多，也隐约看到了他这一生的轨迹：达姆施塔特工业大学、洪堡基金会、波鸿-鲁尔大学……这一路行来，李校长追忆起他的求学经历，也回顾了同济大学的演进历史。由此引发了我对同济校史的进一步关注，并体味其中的文化底蕴：那些老的人物事件，那些沧海桑田的变迁过程，还有与德国的源远流长。

“文革”后恢复对德交往，不仅延续了同济大学与其他大学不一样的传统特色，而且在中国教育史上书写了浓重的一笔。也许因其海外游学经历，也许因其饱经社会变迁，也许因其对同济熟悉得不能再熟悉，李校长在很多事情上想得比别人深远，看得比别人开阔。我在《我的大学工作》一书中也谈到，要了解中国大学发展的历史，就要了解它由诞生至今100多年的历史，而不单是着眼60年或改革开放后的30几年。历史是根基，是本色，是推动学校向前的动力。

1995 年 2 月我开始担任同济大学校长，在我就任校长的八年间，李国豪一直都是同济的名誉校长。我上任后面临的第一件事，就是如何设法推动学校进入“211 工程”。其时李岚清副总理即将视察同济，我和王建云书记得知李副总理会造访李校长，就希望李校长能有所提及。李校长心系同济的发展，当仁不让。他在李副总理前真诚而精辟的陈述，对同济大学列入“211 工程”起了很大的推动作用。

同年 10 月，国家教委与上海市宣布共建同济大学，同济大学随后顺利进入“211 工程”。对此上海市提出一个前提条件：同济大学须合并上海城市建设学院和上海建筑材料工业学院。消息一出，师生热议。在不同的意见面前，李校长给了我们领导班子有力的支持。

“胸襟应当开阔。”一个老同济人以其丰富的阅历和睿智的眼光如是鼓励我们：“你不用担心存在于一个时期的某些调整和磨合，要相信在同济这面旗帜下，一定可以把一所学校办好。”

寥寥数语不仅给了我们信心，也给我自己的办学思路以很大的启发。不单在“211 工程”一事上，在其他学校事务上，我也常讨教于李校长。他看待事情总是站在同济的历史长廊上，宏观地、深远地提出指导性意见。他一边给我讲述院系调整前后的同济校情，一边又畅谈他心目中的同济是怎样的。

在李校长心目中，同济原本就是一所综合性大学。当年他踏入同济时，学校就设有德文、医学、机电、土木、机师等学科，故同一宿舍中，即有不同系科的室友。由此他也切身感受到综合性大学的气氛对于人才培养的好处。

医科是李校长一生的情结。他起初就想念医科；后来医科从同济中分割出去，他也魂牵梦绕盼望恢复这一传统学科。所以当与上海铁道大学的合并带来医学院时，他甚感欣慰，并不顾近 88 岁高龄，亲自去德国调研和“招兵买马”。那种心情，大概只有在峥嵘岁月里与同济相濡以沫的人才能体会到。

除此之外，李校长还跟我们强调，虽然同济以工科为主，但有些学科领域应未雨绸缪，赶紧重视起来，譬如理科、材料等学科。事实上，即便是全球一流的工科大学，理科都是非常强的（如麻省理工学院、苏黎世联邦高工）。因此我们设立了理学部，这样对学科发展形成一种激励和推动，给了它们更大更独立的发展空间。

将同济建设成为综合性大学是李校长一生追求的目标。这一目标非常明确，他深信这样的大学有益于学生的成长，有利于建立完善的知识结构体系。这也是他自己的亲身感受。

“立校为公”是李校长常挂在嘴边的话。在他看来，作为校级领导班子成员，特别是两个一把手，一定要把管理学校当作是自己的责任，不要掺入私人的杂质。李校长为人高风亮节，治校犹如治身，以身作则激励后继者。这一点对学校的领导人来说十分重要，教育是为了利国利民，独不为利己。真的教育家，殚精竭虑办好一所学校，所希图的不是个人荣誉，而是为了下一代的成长和教职工的发展，为了服务社会和贡献国家。教育是公益，只有目的纯粹，才会令它发展得更好。

1999 年 8 月，我生病入院，之后有近半年时间无法正常工作。这时期李校长常来医院看望。因在重症监护，我们不能直接交流，李校长就给我写纸条，叮嘱好好休息，勿要挂念学校事务，盼早日康复云云。并且他身体力行，直接参与了学校行政方面的工作。那一年的开学典礼，就是他作为校长致辞迎新。每每想到他对我工作上的帮助和生活中的关心，我都由衷感激。有一张珍贵的纸条我一直保留至今，上面李校长签名后面的时间精确到了分：99. 8. 19. 9:45。这份建立在同济这一基石上的深情厚谊，永远也不会因为时间的流逝而褪色。

后来我到了教育部工作，仍然记挂同济和李校长，并关注同济在“985 工程”中的进展情况。最终，中央决定把同济大学列入“985”计划。我获知这个消息，第一时间就致电李校长。我可以真切地感受到在电话的那一端李校长充满了欣慰的喜悦之情。

于公事之外，李校长也颇多爱好。听说他早年就读时就参加了各种活动。在他任名誉校长期间，对学校的一些文娱活动依然兴趣浓厚，比如艺术节期间的音乐会，新年前夕的“新年舞会”，他都会携夫人一同参加，活跃胜于年轻人。

对李校长的回忆断断续续，但他的音容笑貌却依然清晰。古语有云：“志于道，据于德，依于仁，游于艺。”李校长的一生，可谓之乎？又云：“桃李不言，下自成蹊。”对往世长者的刻画，又岂止我一人能言尽。因此在李国豪校长诞辰 100 周年之际，同济大学推出这本纪念文集，让后人全方位地了解这一代宗师的丰富人生，并依循他崇尚真知、严谨求实的治学之道，弘扬他诲人不倦、甘当人梯、立校为公的崇高品德，传承“同舟共济，自强不息”的奋斗精神，共同推动同济大学向综合性、研究型、国际化的一流大学目标迈进！

（作者为教育部原副部长，1995－2003年任同济大学校长）

前　言

在名誉校长李国豪院士诞辰100周年之际，学校筹划出版《李国豪》和《学之师表 国之英豪 ——纪念李国豪诞辰100周年文集》两本书，并举办一系列纪念活动，深切缅怀老校长为新中国科教事业、重大工程建设、新时期同济大学的改革发展建立的卓越功勋，追思和学习老校长严谨求实、崇尚科学、赤诚报国的崇高风范，进一步激励全校师生员工同舟共济、追求卓越，为把同济大学早日建设成为具有鲜明特色、引领社会可持续发展的一流大学做出更大贡献。

作为同济大学的本科毕业生，无论就学期间还是毕业后的继续深造和成长成才，李国豪都是同济大学历史上最优秀的。1929年，16岁的李国豪未读完高中便只身来到上海，通过激烈的竞争，考入同济大学。虽然家境贫寒，李国豪仍设法坚持读完了2年德语、5年本科的学业，1936年以全优的成绩毕业，留校担任结构力学和钢筋混凝土两门课程的助教。翌年8月，抗日战争爆发，学校迁往浙江金华，李国豪代替离校的德国教授讲授“钢结构”和“钢桥”两门课程。由此确立了他尔后几十年锲而不舍从事科学研究、人才培养和工程实践的学科方向。1938年秋，受本科期间德籍任课教师推荐，李国豪获得洪堡奖学金赴德国留学，并以本科期间的优异成绩，获准直接攻读博士学位，师从钢结构克勒佩尔学派开创人克勒佩尔教授。1939年春，李国豪开始博士论文研究工作。仅仅一年时间，他便出色完成了学位论文的研究工作，于1940年春以优异成绩通过答辩获得工学博士学位。论文在德国《钢结构》杂志发表后，立即引起了德国桥梁工程界的极大反响，被称为“悬索桥李”。此时李国豪年仅27岁。1942年，李国豪又获得了德国“特许任教工学博士”学位，成为第一个获得这一学位的中国留学生。二战结束以后，李国豪怀着对祖国的无限热爱，谢绝导师的劝阻和挽留，毅然离开德国，历经半年多旅途艰辛，于1946年夏天举家回到国内，回到母校任教。从此，李国豪再也没有离开过同济大学。

在同济大学百年发展史上，李国豪发挥的作用和影响最为长远而深刻。学成回国以后，他先是被聘为土木系教授，很快又被委以重任，先后担任土木系主任、工学院院长。解放以后，李国豪又先后担任学校教务长、第一副校长等职务，对同济大学的建设和发展，尤其是对自己专攻的桥梁工程学科达到国内领先水平并在国际上具有显著影响，起到了无可替代的作用。“文革”结束以后，百废待兴，李国豪又担起了同济大学校长的重任，推动和带领同济大学进入了一个新的更加快速的发展时期。他倡导并亲自组织实施同济大学的“两个转变”，引领学校向恢复对德联系和德语教学传统转变，由土木为主的单科性大学向以理工为主的多科性大学转变。“两个转变”的战略构想，为同济大学目前综合性、国际化建设格局的确立奠定了坚实基础。他审时度势，提出建设教学和科研两个中心，组织学校大批科技人员走上经济建设第一线，促进教学、科研与经济建设实际紧密结合，并身体力行，参加了上海黄浦江大桥的建设规划和宝钢建设论证等工作。他相信科学，敢讲真话，力排众议，为国家重点工程的顺利实施做出重要贡献。担任名誉校长以后，李国豪仍时时刻刻关心、关注学校的发展，为学校争取支持奔走呼吁，为学校改革发展成就抚掌欣慰。为实现综合性大学的理念，恢复医学专业，他亲自出访海内外，广泛联络校友，推荐优秀人才。其间学校经历了许多大事，包括民主推举校长、“211工程”、“985工程”、两次并校等等，每一个发展的关键时刻，李国豪总是以丰富的办学和领导经验，提出建设性意见，并亲临现场，发表真知灼见，使全校上下信心倍增。

作为著名科学家，李国豪在结构力学和桥梁工程领域的成就举世公认。他坚持科研选题“必须具有工程背景，必须解决实际问题”，倡导以高水平的理论研究解决尖端的问题，强调在实践中发展理论，取得了《悬索桥按二阶理论的实用计算方法》、《用几何方法求刚构影响线》、《桁架和类似体系的结构分析新方法》、《斜交各向异性板的弯曲理论及其对于斜桥的应用》、《桁梁扭转理论——桁梁桥墩的扭转、稳定和振动》、《公路桥梁荷载横向分布计算》、《关于桩的水平位移、内力和承载力的分析》等一系列理论开创性和实际应用针对性兼具的重大成果，解决了武汉长江大桥的晃动和南京长江大桥的稳定问题，创立了桥梁抗风、抗震和抗爆动力学等新学科。他在国内首次提出了大跨叠合梁斜拉桥的建桥方案，力主上海南浦大桥、广东虎门珠江大桥的自主设计建设并得以实现，赢得了中国桥梁赶超世界先进水平的机会，是我国大跨桥梁自主建设的首要功臣和学界先驱。他主持制定了杭州湾交通通道预可行性研究、跨越长江口交通通道等课题方案，直接促成了杭州湾跨海大桥、苏通长江大桥的建设。李国豪1955年当选为中国科学院首批学部委员，1994年又当选为中国工程院首批院士。1981年被推选为世界十大著名结构工程学家，1987年获国际桥梁和结构工程协会功绩奖。1995、1996年连续获得何梁何利科技进步奖和陈嘉庚技术科学奖。他还获得了德国政府授予的歌德奖章和联邦大十字勋章，以及德国达姆施塔特工业大学和香港理工大学名誉博士学位，担任的各级学术机构领导职务更是不胜枚举。

作为杰出的教育家，在近70年的教学生涯中，李国豪呕心沥血教书育人，诲人不倦提携后辈，桃李满天下。他的许多学生已经成为我国桥梁和结构领域的领军人物，并有多人当选中国科学院或中国工程院院士。2003年荣获首届“上海市教育功臣”称号。担任同济大学名誉校长以后，他仍坚持每年出席新生开学典礼和毕业典礼并讲话。“学校里这一阶段的学习非常重要。一是为以后的学习打下必要的理论基础；二是培养了学习的能力、方法、兴趣和习惯”；“无论要做好一件什么事情都需要专心致志，学习是复杂的高度集中的脑力劳动，要取得成果更非如此不可”；“同学们毕业后，究竟是追求精神财富呢，还是追求物质财富？要两个财富兼而有之恐怕不太容易，要是追求物质财富，就得不到精神财富；要下决心追求精神财富，就要淡泊物质财富”。这样的教诲，成为一年级新生和毕业班学生重要的科学和人生启蒙，令他们一生记忆犹新、受益无穷。李国豪对于如何促进学生更好地成长成才有着切身感受和独到见解，并给予了具体关心。他提倡低年级本科生淡化专业，尽量让不同学科的学生特别是新同学住在一起，拓宽知识面，促进学科交叉，培养创新意识；他倡导研究生学位论文选题不应该由导师给，而是要由学生自己设想两、三个方向，提出自己的见解，然后由导师提出意见，再由自己去决定。

作为卓越的社会活动家，李国豪在繁忙的教学、科研工作之余，担任过许许多多领导职务和社会工作，为国家发展、社会进步付出了大量心血。他是第三届和第五届全国人大代表，1956 年任国务院科学发展规划委员会主任，1980 年任上海市科协第二届主席，1983 年任上海市政协第六届主席；还是上海力学学会首任理事长，中国桥梁和结构学会首届会长，中国土木工程学会第四、五届理事长和第六、七、八届名誉理事长，上海市退（离）休高级专家协会首届至第五届会长，中国工程学会联合会首届主席，中国老科学技术工作者协会首届会长，上海政协之友社首任理事长。晚年，他以一个战略科学家的视野，与其他科学家一道，提出和论证了建设上海洋山深水港的可行性和重要性，并最终得以顺利实施，成为上海建设国际航运中心的重要基础。他在上海市政协主席任上创建的“政协之友社”，为当时全国各级政协组织如何更好发挥老同志的余热树立了典范。

党的十八大报告指出，文化是民族的血脉，人民的精神家园。文化对于大学而言，其重要性和作用力更是不言而喻。大学文化首先是一种积淀，是大学在历久弥新的发展历程中，涌现了这样那样的人，经历了这样那样的事。这些标志性的“人物”和“事情”及其背后的“故事”，构成了大学文化的基本元素和大学精神特质的“经”“纬”。

说到同济大学历史上的人和事，李国豪无疑最具代表性。“同舟共济，自强不息”、“同心同德同舟楫，济人济事济天下”以及“与祖国同行，以科教济世”等等，是现阶段我们对同济文化不同角度的表述，也都镌刻着李国豪的印记。百年同济的发展离不开李国豪，同济文化的确立更离不开李国豪。李国豪是同济精神的化身和具体表现，是内涵丰富、特色显著的同济文化的标志性符号，值得包括学生、教师和校友在内的一代又一代同济人永远铭记，立足自身去持续作出诠释、解读并引为榜样。

现阶段，高等教育的改革发展已经进入一个全新历史时期。建设创新型国家、人才强国、科教兴国等战略均对高等学校提出了新的更高的要求，学校将继续发扬“同舟共济，自强不息”的精神，以建设可持续发展大学为目标，全面加强内涵建设，不断深化改革，努力办好让人民满意的现代一流大学，在提高人才培养质量、提升科研能力、加强社会服务、促进文化传承和创新等方面不断取得新的成就。这是我们纪念名誉校长李国豪院士诞辰100周年的最好方式。

周祖翼 裴钢

（作者分别为同济大学党委书记、校长）

目　录

师恩难忘

江海处处

亲情永在

高山仰止

附 录

跋

后　记

同济之魂

大学教育，既要搞教学，也要搞好科学研究。特别是重点大学，不进行科学研究，就出不了高质量的人才——研究生和大学生。

提携·培养·指导
——铭记李国豪的知遇之恩

江景波

我没有直接师从李国豪，但我进入同济大学工作和在同济大学的成长，离不开李国豪校长的提携、培养和帮助，我始终把他当作我的恩师。值此李国豪校长诞辰百年纪念之际，以本文感谢老校长的知遇之恩。

他的提携、培养，使我健康成长

我是一个侨眷。1950 年在上海大夏大学土木工程系学习。这一年 10 月，我响应人民政府号召，作为土木工程技术人员，参加了治理淮河的工作。分配在安徽滁县专区治淮工程指挥部，曾任工程股长、工务所代所长等职务。八个月后，我的工作结束，由于表现出色，被评为“治淮功臣”，受到表彰。在华东军政府召开的庆功会上，由于当时华东地区的 17 所高校的土木工程专业师生均参加了，所以同济作为当时拥有最大土木工程系的系主任李国豪先生也参加了。会上，我代表学生作了发言。

李先生听了我的发言后，认为我是一块很好的教师料子，遂点名要我到同济大学工作，我当然很乐意。这件事也获得了华东军政府教育委员会的批准。从此我进入同济大学工学院土木工程系任助教。

同济大学从李庄回沪后，工学院就落在现在的“一·二九”大楼所在地段。朝南面的一段三层楼是教室，北面的二层楼是教师办公室，胜利楼（现逸夫楼）是学生宿舍，篮球房是图书馆，四平斋（现中法中心）是好几幢一层平房的教工宿舍。我和李国豪在北面一楼一个大办公室一起办公，他的办公桌子靠窗口。

我作为“钢筋混凝土”课程助教，当时李国豪分配给我两项任务，一是完成气轮机厂桥式吊车的标准设计（跨度21米、起重量3~5吨），二是去听他讲授的“桥梁设计”课程。由于我的设计水平和学习成绩不错，很受李国豪赏识，加上刚刚解放，师资比较紧缺，过了一年就让我这个助教去上“木结构设计”课了（按照当时学校规定，助教需满三年才能上课）。这是李国豪对我的信任和提携。

此后，1954年开始学苏联，学校开设了新的课程“施工组织”，也交由我负责了。特别是后来提我当学校教务处处长、副校长，这都是李国豪对我的信任、提携和培养。

他逆境不馁，是我学习的好榜样

李国豪原夫人叶景恩是印尼华侨，我的父母和兄弟均在新加坡，这在广东和福建不算一回事，可是在别的地方就稀罕了，因此注定我们两个命蹇时乖，在解放初期政治运动甚多，每次都免不了受到冲击。特别是“文化大革命”，他是校级的“反动学术权威”，我是系级“反动学术权威”，靠边劳动改造了。

这期间，李国豪校长有两件事对我影响是深刻的。

第一件事，他在隔离室里，整天想着武汉长江大桥的横向晃动问题没有解决。为此问题南京长江大桥还横向加大了4米，多花了4000吨钢铁。责任心促使他利用报纸边缝和中缝计算和研究起来，最后在好心的看守人帮助下弄了两本学生笔记本，这使他的理论计算顺畅多了。1969年9月，他终于完成了大桥稳定的初步计算，得出了大桥自身结构没有问题的结论。1967年，随着所谓“教育革命”的开展，对一批校领导和所谓“学术权威”的隔离审查取消了，李国豪利用这种机会，从中央商场买来了废品计算尺的赛璐珞做桥梁杆件和模型，用家里的缝纫机、乒乓球网、发卡、衣夹、大头针等作实验工具，又买来一台旧的手摇计算器，实验、记录、运算。转眼一年过去，试验结果和牛棚里的理论计算一致。1974 年，他受邀参加全国钢桥振动科研协作会议，他将此结果在会上作了报告。他解决了一个桥梁振动的重大问题，引起了与会人员的震动。1975 年，他将这个结果整理出版了《桥梁扭转理论——桥梁的扭转、稳定和振动》一书。李校长这种逆境不馁，科研不辍的精神令我崇敬。

还有一件事。1969 年，同济大学部分师生提出的“教育革命”方案——教学、设计、施工三位一体的“五七公社”开始试点。第二年，又招收 215 名学员。1971 年李校长随这些学生去山东滨州黄河公路工地开门办学。面对连移项、括弧都不懂的工农兵学员，他心里着急。但他没有放弃，心想这些学生也是无辜的，将来也总是要为国家建设出力的。那时学生暗地里都知道他是学术权威，有问题喜欢偷偷去问他，他总是想方设法，变着法儿广征博引地辅导，让这些学生有所收获。由此及彼，他正想到这些学员将来要担负起一般中小桥梁的建设，因此他结合交通部与同济大学共同组织制订桥梁设计规范的机会，提出了社会调查要求，在一名助手陪同下，一起奔赴河南、河北、陕西、北京等地实地调查，终于整理出了计算公路桥梁横向荷载分布的简捷计算方法，并出版了实用的《公路桥梁荷载横向分布》一书，一版再版。从这里可以看到一位爱国知识分子的品格，他对工农兵学员没有歧视，而且从长远为他们着想，用心良苦。

这两件事对我教育很大，特别是后者，对我触动更大。在所谓“教育革命”中，建筑学、城市规划、工业与民用建筑、建筑工程经济与组织专业合并为房屋建筑专业，分配由我编写《民用建筑设计与施工》。由于在初期劳动改造中，我的心智和身体状况都十分恶劣，当时我患有脑动脉血管硬化和神经性皮炎，实在难以胜任。但是，我的一个想法和李国豪相似，工农兵学员进校了，他们是无辜的，尽管底子很差，但将来这批人也是会在建设岗位上的，还是应该千方百计帮助他们弄懂一些基本又浅显的知识。我同样绞尽脑汁，挖空心思，努力把理论深入浅出地作了阐述，从理论和实践结合上去说明问题。这本教材出版后，累计发行40多万册。应该说，我这样做，是知识分子的良心和李国豪榜样力量促成的。

他关心学校，促进同济的“两个转变”

粉碎“四人帮”以后，李国豪被推上校长岗位，他很快就把“文革”中被拆拼得七零八落的系科恢复起来，而且考虑更长远。他深思熟虑以后，提出了“两个转变”的方针：即恢复用德语教学传统和恢复对德联系，建成一个现代化的综合性大学。教育部把同济的设想整理后报国务院，得到当时的8位副总理批示同意。

1980年李国豪校长被选为上海科协主席，1983年4月又被聘任为上海市政协主席。也是在这一年，上海市委曾将我作为18名上海市下届班子人选加以考察并获得通过。李校长去当政协主席，谁当同济大学校长？上级党委在1984年初派了11名干部到同济搞民主推荐校领导的探索性试验。在由全体党员、讲师和副处长以上的1100多人的推荐中，我获930票，终于担任校长一职。

李校长作为名誉校长，对学校仍然十分关心，经常要回到学校看看，听取我的工作汇报。他对我的工作多有指导，至今我仍十分感激。我在校长任上，始终记住三条。第一，坚持“以德为主，兼收并蓄，博采众长”的对外方针。这一时期，对德联系和恢复德语教学得到迅速发展，每届新生约有2000人以德语为第一外语。学校设立留德预备部、德语系、科技德语专业和培训中心，成立了德国问题研究所，学校成为对德和同国际科技合作的重要渠道之一，至1988年已有28项，其中主要是同德国合作。第二，努力使同济从单一的土木、建筑学科拓展成为拥有土木、建筑、材料科学、管理、机械、电气、计算机、环境治理、地质测绘、海洋科学、数学、物理、力学、化学、外语以及哲学、经济学等的多科性大学。第三，始终把握促进土木、建筑、海洋等优势学科的发展，使这些学科成为同济大学未来发展成为综合性大学的重要支撑。我没有辜负师生员工和老校长的期望。

我在同济大学已有62年了，是李国豪校长对我的提携、培养和指导帮助，才使我成长起来。同样，同济大学之有今天，是同李国豪校长的努力和贡献分不开的。

（作者为同济大学经济与管理学院教授，1984－1989年任同济大学校长）

高教管理体制改革的推动者

王建云

十年前的今天，同济大学逸夫楼讲演厅里300多位师生济济一堂，大家怀着崇敬和喜悦的心情庆贺名誉校长李国豪院士诞辰九十周年。看到李校长那健朗的身躯、敏锐的思维、充满智慧的眼神，大家无不感到欣喜。特别是李校长"过去是度日如年，如今是度年如日"的一席话，博得满堂喝彩。李校长把一周七天比作为七年，展望了上海未来七年的发展愿景，生动地描绘了上海美好的未来，听者为之鼓舞。与会者共同的心愿：十年后再聚一堂，庆贺李校长百年华诞。可是谁也没有料到，一次偶然的风寒侵袭，把李校长健朗的身躯击倒了，从此一病不起，不久便告别人世。噩耗传来，同济师生无不感到万分悲痛和惋惜。

李校长离开我们已经八年了。缅怀李校长对我国科学教育、工程技术方面的贡献，令人敬仰。李校长是中国人民的骄傲，是同济学子的楷模。李校长是我国杰出的科学家、社会活动家、教育家，也是我国高教管理体制改革的推动者。

记得在20世纪80年代，国内许多高校纷纷设立分校。上海市建设委员会在与同济大学一路之隔的赤峰路上设了同济分校（后更名为上海市城市建设学院）。对于这种一路之隔重复设置学科雷同的高校，李校长认为布局极不合理，特别是在办学经费短缺的情况下更不合时宜。李校长当时授意我起草一份内参，呼吁改变这种高校布局极不合理的状况。内参写好后送《文汇报》，以期引起高层的重视。

到了1995年春节前夕，时任国务院副总理李岚清同志专程来上海拜访李校长。当时我和高廷耀校长闻讯后立即赶赴李校长家中，迎候李副总理，并聆听李副总理和李校长有关高等教育改革和发展的谈话。李校长向李副总理反映，高校办学经费短缺，学校面临诸多困难，而高校同类学科重复设置、布局不合理的状况，是对教育资源的严重浪费。李副总理同意李校长的意见，并以商榷的口气对李校长说，全国现有2300所左右的高校，如果合并掉一半，国家投入每所学校的办学经费不是可以翻一番了吗？！这次谈话，预示着全国高等教育管理体制改革和布局调整已在酝酿之中。不久以后，这场改革和调整便拉开了序幕。同济大学也积极投入了这一高校管理体制改革和布局调整的潮流之中。1995年6月，上海城市建设学院、上海建筑材料工业学院并入同济大学。随着改革的深入发展，一些专业部属高校纷纷被下放到地方政府管理。此时，同济大学与上海铁道大学又不约而同地萌发了新的合作愿望。特别是以同济大学名誉校长李国豪院士为代表的两校老领导，审时度势，及时发出了两校合并的倡议。而上级领导又高瞻远瞩地作出了果断决策，使同济大学与上海铁道大学于2000年4月得以顺利合并，建立了一所新的、学科更齐全的同济大学，也实现了李校长多年来想在同济大学恢复医学学科的夙愿。

由教育部与地方政府共建部属高校，也是高教管理体制改革的一项重要内容。上海交大与复旦率先由教育部与上海市政府实现共建，这是增加地方政府对部属高校投入，部属高校立足地方，更好地为地方经济、社会建设服务的重要举措。这对同济大学未来的发展改革来说是一件大事，也是同济大学进入国家“211工程”的一道坎，必须力争。当时教育部（国家教委）主要负责人考虑上海第二批共建的高校是上海医科大学和上海财经大学，同济大学不在计划之列。面对这一难题，校领导想尽各种办法争取教育部和上海市政府共建。在那次李岚清副总理访问李校长时，李校长抓住机遇向李副总理汇报了同济大学对上海地方建设所作的突出贡献，得到了李副总理的肯定。李副总理说，同济大学对上海地方建设作的贡献是很大的，上海市政府应该与教育部共建同济大学。李副总理的谈话是对同济大学的极大支持，我与高廷耀校长受到极大鼓舞。回校后我立即起草了一份同济简报，把李副总理与李校长的谈话精神，特别是关于上海市政府与教育部共建同济大学的指示精神及时地反映给教育部和上海市委市政府有关领导。后经学校领导，特别是吴启迪校长的多方努力，终于在1995年实现了教育部与上海市政府对同济大学的共建。这对同济大学进入“211工程”建设又增添了一颗砝码。

高教管理体制改革的又一项内容是民主推举校长。以往高校校长的产生，主要是由教育部党组成员深入学校，听取各方面的意见，经过严格的筛选、考核，确定人选后由教育部任命的。1994年下半年，教育部推出了民主推举高校校长的改革试点工作，把校长选拔的责任落到了学校党委的肩上。当时同济大学领导班子正面临换届，经学校党政领导班子商讨一致，同济大学向教育部提出了民主推举校长的试点申请，并于1994年底开始了民主推举校长的工作。李校长对民主推举校长一事特别关心。在遴选校长条件方面，除了教育部规定的政治思想、业务水平、健康状况等条件外，李校长特别提出要注意选拔具有外语水平的人才。李校长认为，作为国家重点高校，是一所开放的、面向世界的学校，校长应具有较高的外语水平，这样在对外交流的场合就会主动去接近外宾，否则会避而远之。在整个推举校长过程中，李校长也时时关心工作的进展。当时李校长正好去南方公出，但他几乎每天都与学校电话联系，了解推举工作进展情况，并给予指导。经过全校各方面的努力，民主推举校长联席会议成员一致推举年仅47岁的吴启迪教授出任校长。民主推举校长的成功，扩大了同济大学在海内外的知名度，提升了同济大学在国内的地位。吴启迪校长不负众望，也没有辜负老校长和全校师生员工的期望。同济大学的改革发展业绩卓著，同济大学在那个年代开始起飞。2003年吴启迪校长被教育部选拔为副部长。记得在吴启迪去北京教育部赴任前夕的一次聚会上，李校长自豪地说：上海其他知名高校没有向教育部输送副部长的先例，同济大学向教育部送了一位副部长，自豪之情溢于言表。

忆往昔峥嵘岁月稠。从 20 世纪 50 年代中期开始，李校长就走上了同济大学的校级领导岗位。在半个多世纪的漫长历史中，每当同济大学改革发展处于关键时刻，总是李校长点拨方向，引领同济大学前进。这一切都铭记在同济人的心坎里，永志不忘。

斯人已去，风范长留。李校长亲自倡导的“严谨、求实、团结、创新”的校训，将永远激励一代代同济人为创建综合性、研究型、国际知名高水平大学的目标不断拼博向前！

（作者为同济大学研究员，1991—2000年任同济大学党委书记、校务委员会主任）

风骨长存同济 明灯烛照后人

周 箴

在同济人的心中，李国豪不仅是一个知名的桥梁专家，还是一位老校长、好老师。虽然老校长已离开我们多年，但是人们谈到同济时，仍旧会想起李国豪——这个响亮的名字，始终将他与这所大学紧紧联系在一起。

德高望重——我辈工作的指导者

说起来，念书时我选报同济，也是慕名它有李国豪这样一位全国乃至全球都知名的桥梁专家。虽然我考的是物理系，但平日与大家聊及李校长时，都很称赞他的学术和人品。而真正与李校长接触，是在我担任学校领导以后。

那时我在校任职党委副书记和常务副校长。作为副书记，我分管组织工作；作为副校长，我负责学校人事工作。像这样身兼副书记和副校长，兼管组织和人事的情况，在国内高校中为数不多。由此我深感责任重大，李校长常跟我讲，这样身兼两职虽属少见，但对学校干部队伍建设和师资队伍建设颇有好处，务必要把这份工作很好地担当起来。

教师是学校发展的生力军，李校长高度重视师资队伍的建设。我们见面时，他都会问起学校教师的情况，或了解他们的业务能力和敬业精神，或询问他们在教书育人上的态度：是否以身作则，是否关爱学生。在他看来，教师对于学生不单是传授知识，还应当以自己的言行为学生树立榜样。这其中他尤为重视对青年教师培养，提出要发挥各个院系、教研室老教师的作用，针对不同的青年教师制定不同特色的培训计划，并加以认真实施、及时跟进。

新教师的培训，是他们跨入同济的第一课。李校长亲自过问培训的内容安排，并强调培训过程中的师德培养。“教师是人类灵魂的工程师，是极为崇高的职业。新教师进入同济后，应当教育他们首先要热爱教育事业，其次热爱同济大学，第三要热爱自己选择的专业、从事的学科，第四要热爱学生。”为此他叮嘱我们深入到基层去，寻找优秀的教师典型给青年教师作报告、开讲座，帮助他们走上真正为人师表的轨道。说到这里，他颇有感慨：“现在教师的工作环境变好了。想当初同济因为抗战之故迁去李庄，光景十分艰苦，但那时的教师对国家教育事业的热忱，对学生的热爱，好像要比现在的教师更强烈。我很希望能把咱们同济老的、好的传统传承给一代代的青年教师。”

曾有一段时间，我们教研室作用发挥不够，李校长看在眼里，急在心上。他告诉我们，教研室的存在并不仅仅是为了开展某个教学活动，应该把它好好利用起来，变为具有凝聚教师功能的团队。“青年教师来了后，教研室不能不闻不问，要发挥团队作用。可别让青年教师成了孤家寡人，高兴做什么就做什么，遇到困难也没人支持。不要让他们感到来了同济后是单身奋斗、孤立无援的。”这话别说是青年教师，即便是我们听了，也觉得特别舒心。

李校长很赞成青年教师支教。有次我去他家里，他询问学校里支教的老师有多少。我详细告知后，他又问他们的表现。“这些教师派出去，隔了千山万水，我们也要关心呵护。尤其是那些支教表现突出的教师，回来后要重点培养，这些才是我们学校需要的人才。”他一针见血地指出，选人不要简单地看他的学术功底，关键是要看他能否做到对教育这份事业的热爱。那些能够吃苦，认真努力做事情的教师，要很好地加以栽培。

他也很赞成青年教师加强自身的学习，这有利于进一步提高学术水平和科研能力。“其实现在的知识发展很快，比如桥梁，过去学的东西和现在的有很大的差距。我个人感到最急切的是，现在有不少新东西涌现出来，但我总能很快地加以掌握。”所以他用自己的不断学习来鼓励、要求青年教师。而李校长所带的学生，或者是他学生的学生，都依循了李校长所说的道理，自始至终强调要不断地更新知识、提升水平。

在学历与学力上，李校长也有他独特的见解。之前由于教育体制的缘故没有硕士、博士一说，后来开设了硕、博学位，学校也鼓励青年教师去读更高的学位。有次我们谈起此事，李校长说，现在社会上比较强调学历，他表示赞成，作为高校来说，带博士生的老师能自己读个博士，带硕士的老师能读个硕士，这样才能把学生带好。“但是周校长，你作为学校管师资的领导，更应该关注他们的学力。不要认为有高学历的人，学力就一定会高；反之亦然。所以我们建设教师队伍的落脚点应该落在学力上。”有些教师学位不一定很高，但具备很强的教研水平，这样的教师学校仍然要重视。

在干部队伍建设方面，李校长强调选拔的干部务必要能够真心实意为基层、为师生服务。“如果干部是当官做老爷，那么要干部干嘛？”他尖锐地指出，选择干部时一定要强调他们对基层对师生的服务态度，“说到底，是联系群众的作风问题”。所以在干部队伍建设上，联系群众方面不能减弱，一定要加强。“现在的干部开会多了，下基层少了。开会多了，找别人谈心的时间就少了。”李校长语重心长地跟我讲：“周校长，你是管理人的人，希望你更加关注这一点。”这句话令我印象深刻。正是他对我工作的指导与教诲，让我不断提醒自己，干部建设不容稍怠。

良师益友——学生始终是牵挂

学校是育才的沃土，老校长对于这片园地里的禾苗满怀深情。

“学生是学校一切工作的中心，培养学生是学校的根本任务。”在李校长看来，学校无论是抓教学还是搞科研，无论是机关行政人员还是后勤工作者都应该为这个根本任务服务，为学生服务，多做有利于学生的事。

他这样想，这样说，也是这样做的。即便退休后不能像过去那样常与学生面对面交流，但他不错过任何一个能和学生见面的机会，那就是学校的开学典礼和毕业典礼。

每年的开学典礼和毕业典礼，都会见到李校长的身影，并且每次都来得很早，穿着整齐。他在典礼上不经刻意准备而发表的一席谆谆良言，每每成为同学们印象深刻的学习和生活指南。

若是开学典礼，他总是要给新生描述同济的传统与特色，讲同济的创建，讲抗战时期的李庄，讲同济人与母校如何历经风雨……以此把学校的文化精髓传递给学生。

有时他会谈及自身，追忆自己如何来到同济，在同济校园中怎样成长，以自己为例激励学生发奋学习、努力成才，珍惜能考上同济的好机会。“你们能进入同济，在中学时应该都是佼佼者，但千万不要骄傲，人是逆水行舟，不进则退，如果不好好珍惜机会、珍惜时光，你就会辜负国家的栽培，辜负父母的期望。”

有时他讲得很细，与同学们分享读书心得，比较大学学习与中学学习的不同；有时还会讲同学间的关爱、友爱，如何和睦相处；有时还提及要爱护学校环境，营造好的学习氛围。至于尊师重教，则是每次必讲的内容。

每次讲话，中心不变，例子则不尽相同。我曾经带过物理系的学生，同学们对我讲，听了李校长的报告，感到非常之震撼，他们常常把李校长的话作为鞭策自己前进的座右铭。

在毕业典礼上，对着即将踏入社会的学子，李校长就指导他们做人和做事：怎么做好一个人，怎样做好一件事，做人比做事更重要。“虽然你们在同济学习了四年，可是你们所学的知识十分有限，并不能一蹴而就变身社会成功人士。因此在踏入社会后，你们要继续虚心地学习，向各方面学习，态度真诚地学习，不断更新现有的知识。”他强调毕业后千万不要自傲，“同济毕业的大学生没什么了不起，到了岗位上你可能发现自己什么都不会做，什么都不清楚，你还得从头好好学起。但是同济为你融入社会奠定了很好的基础”。

他每一次的讲话，即兴而实在，于学生是一种难忘而有深意的教育。细微叮咛，深情寄望，那些言语不仅烙印在学子心中，也带给我们教师很大的触动，引人思考。

萦怀同济——“211工程”建设的功臣

20世纪90年代，教育部作出建设“211工程”的重大举措，将建设100所重点学校、100个重点学科。如果同济能入选“211工程”，将对学校的发展有很大的推动，所以当时全校上下都在努力争取这一目标。然而由于实施之初，教育部强调一个地方只建设1至2所高校，同济没有列入首批“211工程”高校之列。这下全校着急了，上至校领导，下至教师，都觉得如果进不了“211工程”，同济的发展会有很强的危机感。

李校长自然注意到了这点，在很长一段时间内都在关注询问此事。他认为同济进入“211工程”，可以建设和提升同济发展内涵，为同济向建设世界一流大学迈进创造很好的条件。同时他还强调，“211工程”的核心是建设学科，我们应借此契机全力以赴打造有同济特色的学科。“同济现在的好些学科，如建筑、交通、土木工程、海洋等都是很强，我们要以此争取‘211’，把这些学科建设进去，更好地推进。”李校长看待问题总是立足长远，“同济虽然具备条件，但还是存在不足，我们要借着进入‘211工程’把学校存在的问题和不足都找出来，并加以改正。一方面要力争，一方面要脚踏实地地去干。”同济最终跻身“211工程”，最大的功劳应该归于李校长。

记得那次李校长生病，李岚清副总理和教育部同志前去看望。李校长抓住这个机会，向李副总理及教育部同志汇报说明同济进入“211工程”的必要性。他阐述同济的基础和优势，以及学校未来发展的打算。话不多，但句句都讲在点子上，都在关键处。他对同济再熟悉不过，所讲的这些都是高瞻远瞩。当时李岚清副总理就表示：李老，你好好休息，我们一定会认真重视并研究你所提出的问题。就在此后不久，上海就决定与教育部共建同济进入“211 工程”。

在学校争取进入“211 工程”的同时，我们向教育部申请要求民主推举校长。其时王建云同志担任学校党委书记，我是分管组织工作的副书记，所以此事由我来实际负责。

学校有 4 位候选人，他们都非常优秀。学校很重视此举，给每一位候选人都录了像，并组织了有 18 至 19 人的推举委员会。

同济应该怎么来选校长？尤其是眼下几位候选人都很出色，大家都犯难了。这时李校长说了几句话，点明了选校长的关键：

其一，同济与德国之间有悠久的历史渊源，他强调对德联系很重要，所以未来的校长应该跟德国的联系比较紧密。

其二，认为强调推选上来的人，年纪上应当相对比较小些。因为学校在争取进入“211 工程”，需要花费很大的精力去做此事，所以最好是相对比较年轻的人来担任。

其他的条件，如有海外经历，有一定的管理能力等，候选人基本上都符合，但李校长认为上述两个条件最为重要。他当时跟我讲，他个人比较赞成的是吴启迪。

李校长这番话的深远意义，是体现在吴启迪做了校长之后。吴启迪同志毕业于清华大学，后来又在苏黎世理工学院学习，由江景波校长引进到同济。从管理能力来说，我觉得她在教育理念上颇有些想法。所以她在出任校长后，不仅与德国联系加强，而且在很多专业、学科上的建设比较明显，尤其是在汽车学科方面。当时汽车专业隶属于机械工程系。对于同济的汽车方向到底该怎么建设、要不要加大发展，吴校长进行了调研，决心把汽车单独划出来成立汽车系。这个决定对同济来说意义重大！同济今天的汽车学科能发展得这样好，跟当时吴校长的决策和最后学校班子做的决定是分不开的。

也正因为汽车学科发展起来，才可能有万钢同志从德国归来、来到同济。这样一来，不仅学科发展搞上去了，人才引进和培养的工作也取得了瞩目的成就。往后吴启迪校长到教育部担任副部长，对同济的发展更加关心。所以当时李校长看好吴启迪，可以说是颇具慧眼。这不是说吴启迪一定比其他候选人更优秀，但她一定是更加合适的人选。而此后同济的发展实际表明，当初的选择没有错，吴启迪校长确实将学校带到了一个新的高度。

奉献上海——建言献策更无私

2000年，我离开学校担任上海市委统战部副部长。李校长是民盟的成员，又是欧美同学会的会长，所以我有了比较多的机会从另一个侧面认识李校长。

之前在学校里，大家觉得李校长是一个严谨的学者和一个颇懂管理之道的高校领导；到了市统战部，我发现李校长还是一个很好的社会活动家，他善于运用他的影响力去团结、凝聚人心。

当年上海向中央申报建立航运中心，李校长发挥了重要作用。由李校长牵头，带动了全市十多名院士联名写信给江泽民总书记，并由他亲自将信递交到江总书记手中，当面陈述上海成为航运中心的优势及其必要性。江总书记在这封联名信上作批示说，建立航运中心是需要的，希望国务院研究。后来国务院经研究，确立了上海作为航运中心。自2005年始，上海港连续6年货物吞吐量世界第一，集装箱吞吐量连续两年世界第一，正大步向国际航运中心迈进，这里面即有李校长的功劳。

李校长在担任欧美同学会会长期间，常把海外留学生集中在一起开会、搞活动，嘘寒问暖，讨论交流。后来他年岁大了，主动提出退下，建议由严东生院士接替他担任会长一职。当时我去他家里听取意见，李校长说，我现在做的工作终归是要由年轻人来接班的，我们的事业要一代代地传下去。他支持并推荐严东生担任欧美同学会会长，不仅体现出他对事业的真诚态度，也展示出一代大师的高风亮节。

及至李校长生病，我去看望他时，他每次不是讲同济，就是讲上海，很少谈及私事。其实我知道他家里还是有很多困难，但李校长极少跟组织提起。由此可见，李校长从进入同济到去世，一直把同济放在心中极为重要的位置。同济的荣辱、同济的成绩、同济的不足，他统统都看成是自己的，大家都觉得他真把自己和同济融合在了一起。也正是因为有李校长这样一位杰出的代表人物，才使得同济在国际上具有相当高的知名度。

病榻上依旧一心为公，眼中只有“大我”，一生操劳为同济、为国家，不计个人得失。李校长身上闪烁着的精神，其可贵之处不仅在于他给社会贡献良多，还因其人格光辉烛照我辈、后辈乃至世人。身前似星光闪耀，身后如明灯指引，他的名字与我们可爱的校园永远相连。

（作者为同济大学经济与管理学院兼职教授，上海市委统战部原副部长，同济大学原党委副书记、常务副校长）

李校长与同济德国问题研究

朱绍中

同济大学的对德研究有悠久的传统，早在20世纪40年代中后期就成立了文法学院，设有文史哲及法律专业，开始在人文和法律学科领域对德国进行介绍和研究。建国初期因院系调整，同济大学人文社科各专业均转至复旦等高校，对德研究中断。

1977年“文革”后复出并担任校长的李国豪在积极实行“两个转变”的过程中，首先恢复同济大学德语教学的传统，重建德语专业。与此同时他开始筹划在新的条件下开展同济大学对德研究，在他的支持和推动下，1980年初，同济大学外语系成立德国科教情报研究室。该研究室出版《德国科教通讯》，通过搜集各种德文资料和信息，对德国科研及高等教育体制、德国职业教育进行研究，为有关部门提供资讯。

随着同济向多科性大学发展的规模不断扩大和对德交流的日益密切，李国豪校长在80年代中期又酝酿成立专门的研究机构，以此加强同济大学研究德国的力量。在李校长的亲自关心下，1985年11月，同济大学德意志联邦共和国问题研究所成立。该研究所以外语学院原德国科教情报研究室为基础，吸收了校内外一批学有所长的学者和专业人员，成为上海乃至全国研究德国的重要机构。

德国问题研究所成立后，老校长李国豪担任名誉所长，参加了研究所至本世纪初几乎所有重大活动和关键会议，多次对同济大学的德国研究提出指导性的意见和建议。1986年，在德国问题研究所成立一周年之际，《联邦德国研究》杂志创刊。李国豪名誉所长担任杂志顾问并为创刊号撰写专题文章《祝同济大学——中德友谊的桥梁——日益发展》。1987 年，德国问题研究所又在《德国科教通讯》的基础上创刊《联邦德国信息》。

同济德国研究的每一步都得到李国豪老校长的支持和关注。1992 年是中国与联邦德国建交 20 周年,《联邦德国研究》杂志社与德国驻沪总领事馆合作举办了“纪念中德建交 20 周年”征文比赛,10 月 11 日李国豪老校长出席征文比赛颁奖仪式，向获奖者颁奖。

1993 年年底《联邦德国研究》杂志获国家新闻出版署刊号，杂志更名为《德国研究》。1994 年 3 月 18 日,《德国研究》上海地区编委会举行会议，讨论杂志获得正式刊号后的编辑方针。李国豪老校长参加了会议并作了重要讲话。他说，在我国创办《德国研究》杂志是非常必要的，中德两国都是世界上极有影响的国家，两国友好交往正日益密切，经济技术上的互补性很强,《德国研究》这个杂志在发挥桥梁作用方面必将越来越显示出力量。这次得到国家新闻出版署的批准注册，也说明了我国政府的重视和对杂志前一阶段所取得的成绩的肯定。同时，杂志也得到了读者、作者的良好反映。

会上李国豪老校长对办好杂志提出了几点具体建议：第一，编辑方针应配合我国以经济建设为中心的重点；第二，现在的读者范围主要还局限于中国读者，今后要尽量在德国扩大影响，争取出德文版专刊，争取通过商会等有关组织机构资助一些经费，以扩大《德国研究》杂志和德国研究所的影响，加强中德交往的宣传交流；第三，可以开辟交往密切的重要德国企业的介绍专栏；第四，可采取评选或推荐优秀文章的方式征求读者意见，也可专程拜访著名学者权威征求意见，以提高杂志质量；第五，要想办法吸收更多的人参加杂志工作，要充分发挥同济大学的德语优势，编辑部主要是搞好组织工作，在方法上、观念上要有所改变。

最后，李国豪老校长对德国问题研究所今后的研究方向发表了重要看法。他认为，研究所自创办以来已取得很多研究成果，但主要集中在科技及教育方面，今后要调整研究人员的专业结构，将研究重点转到政治、外交及经济领域，扩大同济大学在国内德国研究学术界的影响。

在李国豪老校长的推动下，1996年《德国研究》杂志出版了中德双语的"《德国研究》暨德国研究所创办十周年专辑"，他专门为德国问题研究所、《德国研究》杂志创办十周年题辞：采石攻玉，成绩斐然。在老校长的关心下，杂志的办刊水平不断提高，成为我校对德研究的一个重要窗口，在国内学术界受到好评。经过20多年的努力，2008年起《德国研究》先后入选中文社会科学引文索引（CSSCI）来源期刊、全国中文核心期刊。

作为杂志顾问和研究所名誉所长，李国豪教授多次参加了由同济大学德国问题研究所主办的中国欧洲学会德国研究分会年会。2001年5月，欧洲学会德国研究会分会第九届年会在同济大学举行，名誉校长李国豪出席了开幕式并与德国驻沪总领事龙贝格为德国学术中心揭牌。与对德研究的机构、刊物等一样，同济大学德国学术中心也是在名誉校长李国豪直接推动下成立的，它是集教学、科研、培训和对德联络与咨询于一身的跨专业机构，协助学校开展对外联系，安排与德语及德国有关的教学和科研项目，参与协调学校内部各单位的对德学术交流与合作。由此，同济大学有了一个促进校内外及国内外德国研究的新的平台。

同济大学的德国研究发展到今年这样的规模和水平，归功于李国豪老校长的高瞻远瞩。在他的引导、支持和推动下，无论是专设机构、创办杂志，还是研究领域的调整和拓展，同济大学的德国研究总是积极进取，先行一步，在国内有关研究领域逐步取得主动和相对优势的地位，形成了自己的特色，获得了国内学界的高度评价。

（作者为东华大学原党委书记，同济大学兼职教授，1993年12月起任"德国研究所"常务副所长，2006年1月起任所长）

忆李国豪教授

迪特里希·布兰肯堡

1979 年 4 月，同济大学校长李国豪教授博士到访达姆施塔特工业大学。这是他在这所德国大学获得博士学位和大学执教资格 38 年后首次访问德国。李校长这次看望的第一个人是他的导师库尔特·克勒佩尔教授博士，他们两人与达姆施塔特工业大学校长赫尔穆特·贝默教授博士及其同事们一起商议同济大学与达姆施塔特工业大学建立联系的可能性。这是我第一次见到李教授，就在这第一次会面中他给我留下难以忘怀的印象。

这身材不高的人凭借着强大的个人魅力在首次会面中就让德方代表确信，从长远看来与同济大学的合作对于达姆施塔特工业大学是一个很有价值的项目，而同济大学在“文化大革命”后的重建迫切需要国际的援助与支持。李教授在会面中说，二战之前同济大学是中国最好的大学之一，与德国保持着最良好的关系，可是二十多年来，同济与其他国家的科研活动隔绝，尚存的科学设备和学术文献都已过时，具有国际水平的科研人员也几乎没有了。李校长给我们留下了很深刻的印象，他自信且坚定地认为，同济大学在德国大学和教授们的友好支持下，一定能在几年内与国际的科研和教学水平接轨。

李校长的这次访问促成了达姆施塔特工业大学校方 1979 年 11 月对同济大学的回访，其目的是由此形成一个合作计划。这次访问让我们很快意识到，我们和我们的中方伙伴学校首先都必须学会相互理解。中国与外界隔绝的时间太长（当时还没有旅行自由、没有国外的报纸或者电视节目），而我们对中国一无所知，对中国在过去三十年发生的事情完全不了解。李教授要求同济的教授们和我们一起——哪怕是在小范围内——进行讨论，向我们提出问题，以克服最初阶段面临的困难。令人非常惊叹的是，李教授不仅让达姆施塔特工业大学、波鸿-鲁尔大学，而且还让德国科学基金会和德意志学术交流中心对同济大学产生了兴趣。

李教授孜孜不倦地致力于争取同济大学的利益，虽然早已到退休年龄，可是他依然奔波在两国之间。即使乘坐穿越西伯利亚的火车来德国，他也心甘情愿，因为当时飞机票还相当昂贵，并且必须用外汇购买，而同济大学没有足够的外汇。他后来才跟我说，乘坐火车对他来说旅途的确太长了。

这里非常值得一提的是李校长与当时黑森州经济部长海因茨·赫伯特·卡里的会面，他们在上海的一次晚宴上坐在一起。李教授向卡里部长介绍了同济大学与德国的历史，讲述了“文化大革命”时期和当前的困难。卡里部长深受李校长的人格魅力和思想的吸引，他与陪同的经济界代表商量后，在当天晚上就决定为同济这所曾经面向德国的大学成立一个促进会。1980年11月“同济之友”协会在威斯巴登成立，李校长亲临现场。自此，“同济之友”协会一直以各种方式支持着同济大学。

从那时起，我每年都和李校长见面，我们经常一起谈论双方的合作还存在哪些可能性，哪些合作进展顺利，哪些不太好。不只是我，其实所有认识他的人都认为同济大学在那么短的时间内在国外能重新获得认可几乎是不可能的。1984年李校长谢绝连任同济大学校长，让我们觉得非常遗憾。我们担心他的后任会改变方针，不过很快大家都放心了，因为李教授一如既往地对同济大学的发展非常感兴趣。他作为桥梁专家和建筑工程问题的技术顾问赢得了很高声誉，由于这个背景他还能继续发挥作用。李教授以认真参与的态度关注同济大学的发展直至生命的终点。他受人爱戴也让人敬畏，既受人尊重更令人赞叹。鉴于他对促进德中两国科学关系的努力和作出的特殊贡献，德国联邦总统授予李教授联邦大十字勋章。

我非常高兴能认识李教授并且能经常接触到日常生活中的他。李教授很喜欢讲述自己从1939年至1945年在达姆施塔特生活的时光，也喜欢介绍自己的桥梁建筑工程，从南京长江大桥到黄埔江上的桥梁。在他的晚年，他对规划中的宁波跨海大桥兴趣尤为浓厚。

2000年李教授最后一次到访德国，他在达姆施塔特与当年同济大学毕业的校友们见面，这些人当时已经在工业界和银行业获得了很高的职位。李教授想争取他们到同济大学的领导层工作，为此他说了很长的一番话，由于语言不通，我没有听懂他说了些什么。但是这些话产生了效果，其中一个听众——万钢博士不久之后就从奥迪公司来到同济工作，开始是作为工程中心主任、学院院长、校长助理、副校长，两年之后他成为同济大学的校长。

有一件事特别让我感动。1985年，李教授被达姆施塔特工业大学授予“名誉博士”称号。他的导师克勒佩尔教授原本要在仪式上发言，却在仪式举行的前不久去世。当李教授在致谢词中提到自己的导师时几乎落泪。他说，他非常感谢自己的老师，他多么想再次当面表达自己的谢意。

我们今天回顾李教授的影响，从德国人的角度来看，首先想到的就是他对同济大学重新赢得国际声誉作出的贡献。几年前，同济大学受政府的委托，为中国与德国在科学方面的关系搭建桥梁，事实上李国豪教授在此前早已在双重意义上发挥了这一桥梁建筑师的作用。

（李乐曾　译）

（作者为德国“同济之友”协会干事长，曾任达姆施塔特工业大学校长办公室主任）

附：Erinnerungen an Prof. Li Guohao

Dietrich Blankenburg

Im April 1979 reiste Rektor Professor Dr. Ing. Li Guohao zur Technischen Hochschule Darmstadt. Es war dies sein erster Besuch in Deutschland und bei der Hochschule, an der er promoviert und habilitiert wurde, nach mehr als achtunddreißig Jahren. Zusammen mit Professor Dr. Ing. Kurt Klöppel, seinem akademischen Lehrer, den er als ersten aufgesucht hatte, erschien er bei Präsident Professor Dr. Phil. Helmut Böhme und seinen Mitarbeitern, um über mögliche Kontakte der Technischen Hochschule Darmstadt mit der Tongji-Universität in Shanghai zu sprechen. Dies war mein erstes Zusammentreffen mit Professor Li, und schon bei diesem ersten Besuch hat er einen bleibenden Eindruck auf mich gemacht.

Dieser von der Größe her gesehen eher kleine Mann mit einer starken persönlichen Ausstrahlung überzeugte schon bei diesem ersten Besuch seine deutschen Gesprächspartner, dass eine Zusammenarbeit mit der Tongji-Universität, die bei ihrem Wiederaufbau nach der Kulturrevolution dringend auf internationale Hilfe und Unterstützung angewiesen war, längerfristig auch für die Technische Hochschule Darmstadt ein lohnendes Projekt sei. Er berichtete, dass die Tongji-Universität, vor dem 2. Weltkrieg eine der besten chinesischen Universitäten und mit besten Beziehungen nach Deutschland, seit mehr als zwanzig Jahren von der Forschung in anderen Ländern abgeschnitten gewesen sei, wissenschaftliches Gerät und wissenschaftliche Literatur, sofern überhaupt noch vorhanden, seien veraltet, wissenschaftliches Personal, das internationalen Ansprüchen genüge, sei faktisch nicht vorhanden. Er war für uns sehr eindrucksvoll, mit welchem Selbstbewusstsein und welcher Sicherheit Professor Li davon ausging, dass mit freundschaftlicher Unterstützung deutscher

Universitäten und Professoren davon ausging, dass die Tongji-Universität schon in wenigen Jahren wieder den Anschluss an die internationale Forschung und Lehre finden könnte.

Lis Besuch in Darmstadt führte zu einem Gegenbesuch an der Tongji-Universität im November 1979, bei dem es darum ging, ein Programm für eine Zusammenarbeit zu entwickeln. Dabei wurde uns schnell klar, dass wir und auch unsere chinesischen Partner zunächst lernen mussten, uns gegenseitig zu verstehen. China war lange Zeit von der Außenwelt abgeschnitten (eine Reisefreiheit, ausländische Zeitungen oder ausländisches Fernsehen gab es auch jetzt noch nicht), und wir hatten keine Kenntnis von China und von dem, was sich in den letzten dreißig Jahren in China ereignet hatte. Professor Li forderte seine Professoren auf, mit uns -auch in kleinem Kreis- zu diskutieren und uns Fragen zu stellen, um diese Anfangsschwierigkeiten zu überwinden. Es war bewundernswert, wie Professor Li es schaffte, nicht nur die Hochschulen in Darmstadt und Bochum sondern auch die Deutsche Forschungsgemeinschaft und den Deutschen Akademischen Austauaschdienst für die Belange der Tongji-Universität zu interessieren.

Unaufhörlich setzte Sich Professor Li für die Interessen seiner Universität ein, reiste zwischen beiden Ländern hin und her, obwohl er das Pensionsalter längst erreicht hatte. Er war sich auch nicht zu schade, mit der Transsibirischen Eisenbahn nach Deutschland zu reisen, weil die Flüge damals doch recht teuer waren und in Devisen bezahlt werden mussten, die an der Tongji-Universität nicht in ausreichendem Maße zur Verfügung standen. Er erzählte mir hinterher, dass ihm die Fahrt dann doch recht lang geworden sei.

Besonders erwähnenswert in diesem Zusammenhang ist ein Zusammentreffen von Rektor Li mit dem damaligen Hessischen Wirtschaftsminister, Heinz-Herbert Karry, dessen Tischnachbar er bei einem Bankett der Stadt Shanghai war. Professor Li erzählte ihm von der deutschen Geschichte der Tongji-Universität, von den Zeiten der Kulturrevolution und den jetzigen Schwierigkeiten. Minister Karry war fasziniert von dieser Persönlichkeit und seinen Ideen, nach

Rücksprache mit den ihn begleitenden Industrievertretern wurde noch am gleichen Abend beschlossen, eine Förderverein für diese ehemalige nach Deutschland hin orientierte Universität ins Leben zu rufen. Im November 1980 wurde dann in Wiesbaden im Beisein von Rektor Li die Vereinigung der Freunde der Tongji-Universität ins Leben gerufen, die seitdem sich nach Kräften bemüht, die Tongji-Universität in jeder Weise zu unterstützen.

Ich bin mit Rektor Li seit damals jährlich zusammengetroffen, und wir haben uns oft darüber unterhalten, was in der Zusammenarbeit noch möglich sein könnte, was gut lief, aber auch, was nicht so gut lief. Nicht nur ich, sondern eigentlich alle, die ihn kannten, hätten es nicht für möglich gehalten, dass die Tongji-Universität in solch kurzer Zeit wieder einen auch im Ausland anerkannten Namen haben würde. Wir haben es daher damals sehr bedauert, dass Rektor Li es 1984 ablehnte, in einer zweiten Amtszeit als Rektor die Tongji-Universität zu leiten, und wir hatten Befürchtungen, dass seine Nachfolger einen anderen Kurs einschlagen könnten. Wir konnten uns aber schnell beruhigen. Professor Li war nach wie vor an der Entwicklung der Tongji-Universität sehr interessiert. Dank seines Rufes, den er sich auch als Brückenbauer und technischer Berater bei Bauproblemen erworben hatte, konnte er aus dem Hintergrund weiter wie bisher wirken. Er überwachte die Entwicklung der Tongji-Universität bis zu seinem Lebensende mit Engagement und Strenge; er war beliebt und gefürchtet, und von allen respektiert bewundert. Für sein Engagement und seinen besonderen Einsatz in den deutsch-chinesischen Wissenschaftsbeziehungen wurde Professor Li vom deutschen Bundespräsidenten mit der Verleihung des Großen Bundesverdienstkreuzes geehrt.

Ich bin froh, ihn kennen gelernt zu haben und ihn auch häufig privat erlebt zu haben. Professor Li erzählte gerne von seiner Zeit in Darmstadt von 1939 bis 1945, aber auch gerne von seinen Brückenbauprojekten, der Brücke über den Yangtse bei Nanjing und den Brücken über den Hang Pu. In seinen letzten Lebensjahren galt sein besonderes Interesse der geplanten Brücke über die Bucht von Ningbo.

Im Jahr 2000 war Professor Li zum letzten Mal in Deutschland und traf in Darmstadt mit ehemaligen Absolventen der Tongji-Universität, die jetzt in hervorgehobenen Positionen in Industrie und Banken tätig waren, zusammen, um sie für Leitungspositionen der Tongji-Universität zu gewinnen. Er hielt eine längere Rede, die ich mangels chinesischer Sprachkenntnisse nicht verstehen konnte. Seine Rede hatte jedoch Erfolg, einer der Teilnehmer, Dr. Wan Gang, wechselte kurze Zeit später von der Firma Audi AG zur Tongji-Universität, agierte dort zunächst als Vizepräsident und zwei Jahre später wurde er Präsident.

Besonders berührt hat mich Professor Li im Jahr 1985, als ihm vom Fachbereich Bauingenieurwesen der Technischen Hochschule Darmstadt die Würde eines „Doktor der Ingenieurwissenschaften Ehren halber“ verliehen wurde. Sein ehemaliger akademischer Lehrer, Professor Klöppel, der bei diesem Anlass sprechen sollte, war wenige Tage vorher gestorben, und Professor Li war den Tränen nahe, als er in seiner Dankesrede auf seinen Akademischen Lehrer zu sprechen kam, dem er -wie er sagte- sehr viel zu verdanken habe, und dem er dies auch gerne noch einmal persönlich gesagt hätte.

Wenn man heute auf das Wirken von Professor Li zurückblickt, dann steht aus deutscher Sicht sein Wirken zur Wiedergewinnung der Internationalen Anerkennung de Tongji-Universität im Vordergrund. Die Tongji-Universität hat vor einigen Jahren von der Regierung in Beijing den Auftrag erhalten, in den wissenschaftlichen Beziehungen zu Deutschland eine Brücke zu bauen. Professor Li Guohao hat diese Brückenbauerfunktion im doppelten Sinne bereits vorher ausgeübt.

Leitender Ministerialrat a.D.
Geschäftsführer der Vereinigung der Freunde der Tongji-Universität

李校长与同济海洋学科建设

汪品先

1972年，“文革”的密云笼罩着浦江两岸。就在那年的春天，一支几十人的队伍从华东师范大学迁进了同济，叫做“海洋地质连队”。这是一群不起眼的师生，一没有手段，二没有名气，在工（军）宣队带领下戴着“保密专业”的帽子办“海洋地质”，只能是惨淡经营。可也就是这个专业，在四十年后的今天却发展成国家海洋一级学科、国家重点专业、国家重点实验室，成长为活跃在国际深海科学界的一支劲旅，也成了同济的品牌之一。“十年树木，百年树人”，这四十年的成长史，是海洋学院各期师生成年累月辛勤劳动的见证，也是同济历届校领导精心培植与关怀的结晶。从20世纪70年代末到80年代，我曾经主持过同济海洋地质系的工作，李国豪校长正是我着手工作时的领导。虽然接触不多，但是令人难忘，以致三十多年后回忆起来，当时的情景犹在眼前。

我们这小小的“海洋地质连队”产生在“文革”期间，先天不足，后天失调，以致“文革”刚结束真的要搞业务的时候，就矛盾百出、“内斗”不已。幸亏当时的校领导分析情况，打定主意“壮士断腕”，进行大幅度的人事调整，由李校长亲自来到海洋系宣布。这场师资队伍的“地震”，尽管当时损失了实力，却保住了以后的团结。通过“开门办学”、“产学研结合”的道路壮大队伍，几年后就出人意料地拿到了高校第一个“海洋地质学”的博士点。

改革开放的初期，学生的外语能力低成为人才培养中的一大症结。海洋在全校比较早地邀请了国际专家讲学，并且根据专业的需要，较早地提出了加强本科新生英语教学的设想。我们向李校长汇报了海洋学科的特色和学习英语的迫切性，提出了海洋地质专业设立五年制、第一年主攻英语的计划，当场得到李校长的坚决支持。于是我们从 1981 年起，将海洋地质专业从 4 年改为 5 年制，第一年除政治和体育课外，专学英语，为学生后续的学习和毕业后的工作创造了优越的条件。可惜后来由于师资力量困难和学生急于就业等原因，不得不重回 4 年制，但是重视外语的传统，却成为海洋学院的特色保留至今。

和德国高校的友谊合作是李校长"文革"后恢复同济传统的一大贡献，而同济的海洋学科也正是从中得益而发展的。1980 年，李校长从德国回来，带来了德国洪堡基金会的申请表，1981 年我校四位老师获得洪堡奖学金赴德深造，我就是其中之一。正是在德国的一年半里，才有机会接触"古海洋学"等深海研究的学科，并且回国后在德国教授帮助下继续发展。我的学生中先后又有三位获得洪堡奖学金，都是我国古海洋学深海研究的骨干；1994 年又成功地通过中德合作，用德国"太阳号"考察船在南海实施了第一次古海洋学专题航次，为后来 1999 年的南海大洋钻探准备了条件。同济海洋学院 4 位名誉教授中，有两位来自德国，其中一位欧根·赛博尔德（Eugen Seibold）教授曾任德国科学协会（DFG）主席、国际地质联合会（IUGS）主席，也是由李校长访问德国时，在我驻德使馆亲自向他颁发证书的。

我想，所谓教育家决不是什么都会教、什么都懂，而是能坚持教育基本规律、把握宏观发展方向的学者；作为高等教育的掌舵人，更要求具有对新学科发展的敏锐性。1981 年初，我获得洪堡奖学金去德国的前夕，正值李校长参加我国校长代表团访美归来。他对于美国大学海洋科学的发展印象极深，认为中国必须赶紧采取措施。他对我谈了些想法，但由于我赴德在即，就对我说："只好等你回来再商量。"可是我回国后不久，李校长就离开了校长的岗位，期待中的讨论并没有举行。但是作为名誉校长，李先生始终和后来的历任校长一起全力支持海洋学科，每次我简短地向李校长汇报海洋学科的新进展时，获得的回答都是充满信任的肯定和热情的鼓励，并且以各种方式给我们以支持。最后一次可能是2002年，当时中德海洋地质科学研究中心在同济成立，李校长亲自和德国总领事一起前来参加揭牌仪式。

建国以来的六十多年来，中国的大学经历了外人难以置信的各种波折和磨难；但是中国也出了一批学者和斗士，他们怀着坚定的信念和科学的精神跨越了“文革”浩劫，以坚韧不拔的精神在半废墟的校址上，重新塑造了崭新的中国高等教育，进入了国际的学术之林。同济的李校长，正是其中成功的一位。他给我们展示和传授的，是一种我们引以为骄傲的同济精神。

（作者为中国科学院院士，同济大学海洋与地球科学学院教授）

忆大师风范与智慧

金正基

以前我只知道同济大学有位有名的桥梁专家，后来进入同济大学读书、留校，才逐步加深了对李先生的了解。特别是粉碎“四人帮”后，学校成立了运动办公室，我作为运动办的成员参与为李先生平反、恢复名誉和解放李先生的工作，进一步了解了李先生的情况。李先生重新工作后，我作为学校党委委员，经常听到他在会上发表观点和意见。在纪念李先生诞辰 100 周年之际，我的脑海里浮现出很多对李先生的回忆。

推动全校师生德智体全面发展

1977 年春天，组织决定由我和叶传满同志负责为李先生整理平反材料。我于是有机会到李先生的老家广东梅县了解情况。根据李先生旧时同学的回忆，李先生曾就读于梅县一中，他学习刻苦，成绩优异，乐于助人，是位德才兼备的学生。为了不浪费时间，他每天骑单车（自行车）上学。李先生后考入上海同济大学，毕业留校后赴德国留学，学成归来又回到母校任教几十年。他是母校的骄傲，也是同学们敬仰的一位大师。

1980 年，我到路桥系任总支书记。有一次到同济新村李先生家里去汇报工作。他跟我强调，工作要严谨，作风要踏实。他说，我对路桥系情况比较了解，大家对你工作反映不错，但还要继续努力。他还说要搞好工作，还要注意锻炼身体，身体是工作的本钱。游泳是比较好的锻炼方法，但需要一定条件。如果条件不足，可以打太极拳，打太极拳不要什么条件，坚持就行了。为了让全校师生德智体全面发展，同济大学成立了太极拳研究会，李先生亲自担任名誉会长，特请傅清泉为同济大学兼职教练，指导大家学习。

“两个转变”时期超越时代的探索

1978年5月16日，李先生平反，恢复名誉，同年被任命为同济大学校长。他抓住机遇、迎接挑战，全身心投入到学校的恢复、建设和发展上来。

1978年9月，国务院副总理方毅在接待德国客人时谈及同济大学。李先生凭借超人的智慧和远见，紧紧抓住契机，提出要恢复同济大学对德联系和德语教学的历史传统、恢复学校综合性大学办学的设想。李先生认为学校发展要注重实际、要特色办学、要跨越式发展。李先生的想法经过学校党委会议的讨论后，形成了统一认识，这就是后来经常被提到的“两个转变”，即恢复对德联系和德语教学的传统，由土木建筑为主的单科性大学向以理工为主的多学科性大学转变。

同年11月学校相关请示报告上报教育部，并呈送给了方毅副总理。1979年1月，邓小平、方毅、余秋里、耿飚、王震、谷牧、康世恩、陈慕华8位副总理在教育部给国务院的《关于同济大学与西德建立联系并恢复使用德语教学的报告》批示同意。此后，同济大学参照德国大学的系科设置，并结合我国实际情况和我校师资条件，有步骤地设立新学科，应用数学、应用物理、应用化学等应用学科应运而生，科技德语、经济管理、计算机信息等学科逐步建立，为同济大学从单科性大学向多学科大学转型打下了良好基础，使同济大学进入新的发展期。

特别值得一提的是语言教学。为保持学校办学特色，李先生大胆尝试，提出要坚持同济德语为第一外语，在这个问题上，当时还是有阻力的，毕竟德语是小语种。1979年10月，同济大学开设了51个德语班，1500余名学生、教师和干部参加学习，全校掀起了学习德语的热潮。随之，学校成立了外语系，设立了德文资料编译室，开办了德语强化班，成立了留德预备部，一系列措施彰显了李先生的智慧和魄力。现在看来这些事情似乎十分平常，但是在改革开放初期，为了学校的跨越式发展，这些超越时代的探索，是需要极大勇气的。

重视师资队伍建设

李先生不仅在学校“两个转变”时期显示了过人的智慧和魄力，更让人佩服的是他始终坚持严谨求实的原则，为同济大学的校风、学风打下了良好的基础。

记得有一次在学校党委会上，他提出只有提高教师队伍水平，才能提高教育质量，才能培养出好的学生。在李先生的大力倡导下，学校采取了一系列措施加强师资队伍建设，如脱产进修、在职进修、以任务带进修、“送出去”进修、“请进来”带动进修、以老带新推动进修等，为同济大学转变教风、学风、文风、作风起到了较好的促进作用。

在师资培养问题上，学校的魄力之大在当时的环境下简直让人无法想象。比如学校当时从 1979 级学生中抽调了 200 名最优秀的学生集中一年学习德语，并且选送到德国学习最前沿的学科，为学校可持续发展打下了扎实的基础，李先生的远见卓识让人十分佩服。

此外，李先生还具有超前的学科梯队意识。为了改善当时人才青黄不接的状况，李先生提出在系、教研室建立学科小组制度，即在教研室中选择 6、7 名不同职称的人员组成教学科研小组，20 世纪 80 年代初，以学术带头人命名的科研班子达到 19 个。学科小组制度为学科可持续发展、新的学术带头人的培养发挥了重要作用。

李先生虽然已经离开了我们，但回忆往事，感慨万分，从李先生身上感受到的大师智慧和风范永远是我们的精神财富。

（作者为同济大学关工委常务副主任，曾任同济大学副校长）

记载着李校长与同济的几张照片

李永盛

毅然回国

有一张照片，是我在金经昌先生摄影回顾展中看到的：刚从海外归来的李国豪和家人在一起，还未来得及脱下洋装，在冬日的上海街头，神采奕奕、容光焕发，照片中的李夫人还推着一辆童车。站立的位置看得出是同济大学四平路校区大门口的对面，背景是现在的彰武路以东，当时是一片农田，同济新村建成之前。照片拍摄的年代大约是在李校长一行从德国回来不久的1952年。当时的同济大学刚从颠沛流离的长途跋涉中回到上海，百废待兴，所面临的困难和问题是可想而知的。李校长毅然回国参加

1952年与家人和朋友在一起，金经昌摄于彰武路

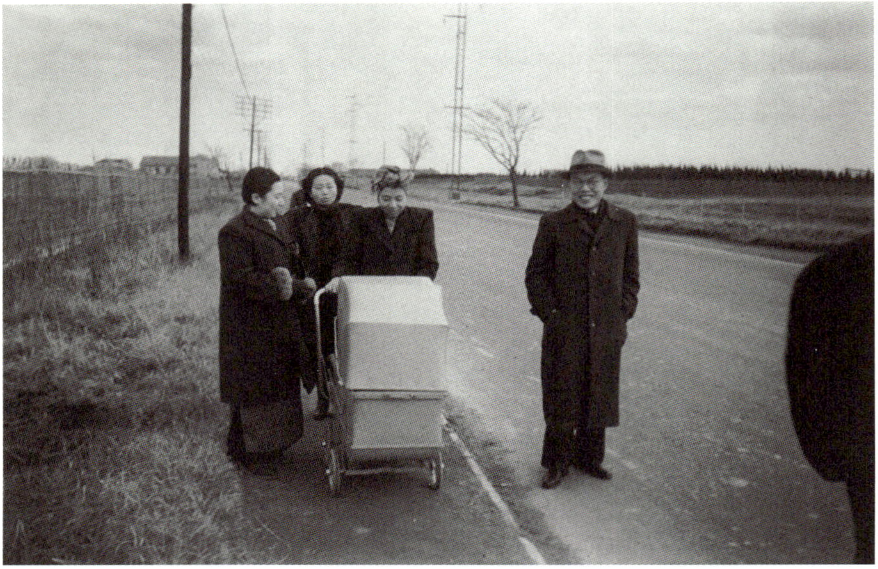

新中国建设，加盟同济，脸上充满着自信和喜悦。这张照片记载的就是这样一个感人的场景：一所历经磨难、志在重整旗鼓的大学，一位风华正茂、准备大干一场的海外学子，照片传递的信息，以及洋溢着的精神和气概值得我们后人永远记取。事实上，自此以后李校长就没有离开过他所钟爱的学校，一直工作和奉献到他最后一息。

两个基本转变

时光荏苒，1979 年十年浩劫后的科学春天。又是一张极为珍贵的照片，时任同济大学校长的李国豪向国务院副总理方毅等中央领导同志汇报学校实施两个基本转变的办学方略。照片拍摄的地点似在图书馆二楼的中央贵宾室，画面上李校长侃侃而谈，其深思熟虑、富有远见卓识的思想得到与会者的赞同,人们的兴奋和喜悦之情溢于言表。这张照片记载的是学校发展进程中的重要一页。根据同济的传统优势和发展趋势，洞察到“文革”之后国家即将迎来的建设高潮，李校长提出了同济办学和育人的两个基本方式转变：从理工为主的办学方式向综合性学科育人模式转变；从闭关自守的办学向恢复德国传统的开放性办学方式转变。学校的报告引起中央主管

1979年7月25日向国务院副总理方毅汇报工作，摄于图书馆

部门和相关高层领导的高度重视和肯定，很快就批复同意学校的决议，为同济新一轮发展奠定了重要基础。在随后的数年里，李校长运筹帷幄、调兵遣将，在做实做强结构、桥梁、道路、地下工程、建筑、规划、防灾减灾等学科的基础上，对机械、燃气热能、电气、环境、管理，以及数理化、声学、海洋等学科也作了有力的推进，在医学，特别是医疗器械与医疗工程方面做了铺垫性的部署。李校长一贯倡导的宽平台、学科交叉型、理论紧扣实践的本科育人模式在校园中得到更为积极和有力的推广。与此同时，同济作为对德联系的重要窗口和桥梁之一，始终走在我国教育国际化的前沿。三十多年过去了，今天的同济无论是在办学声誉上，还是在国际交往上都得到了飞速的发展，今非昔比，真可谓不能同日而语。正是李校长当年所作的决策和努力，为今天同济的发展无疑是奠定了良好的基础。

退居二线之后

时间转到了2003年夏天。时任国务委员的陈至立同志一行考察同济大学。因行程安排很紧，在同济的时间只能在45分钟左右。家伦书记召集班子几位商议接待方案，在这么短的时间里要看完同济近年那么多的进展，只能将成果集中展示，邀请学科带头人在展示实物前向领导介绍。当时将展厅设在瑞安楼的底层，内容包括陈义汉教授的心房颤动致病基因、汪品先院士的大洋观察、万钢校长的新能源汽车，以及林正浩教授的大功率集成电路等重大成果。可以看出，学校有意让中央领导关注到学校在诸多新领域中进展。展示和汇报非常顺利，至立同志一行饶有兴致，欲罢不能，询问了许多问题。正在此时，李国豪老校长在夫人林凤棣的陪同下风尘仆仆来到现场，专程看望至立同志。俩人一见面就非常亲切，李校长说，同济大学一直得到教育部和至立同志的关心与支持，特地前来表示感谢。他说，同济学科领域和专业设置近年得到很大拓展，这是得益于国家的重大战略建设，同济希望在为国家输送更多专业人才方面做更多贡献，希望至立同志继续给予关注与支持。寥寥数语，有礼有节，道出了全校师生的愿望。李校长的莅临为考察工作注上了浓浓的一笔。送别客人之后，李校长还与我们班子成员寒暄、问候。

记得李校长是从1984年就从学校主要领导岗位退下，但在我们印象里他一直关注学校并身体力行参与学校的各项工作和重大活动，从未间断。大凡学校开学典礼、毕业典礼等重大场合，李校长都是以名誉校长的身份出现在师生面前，向新同学表示欢迎，为老同学送上寄语，这对同济学子是莫大的鼓舞。我本人就亲身感受到李校长所散发的温度和光芒。1986年5月的校庆典礼上，时任校学术委员会主任的李国豪向我们五位顺利毕业的首届博士研究生颁发博士学位证书，还和我们一起合影，成为我们终身

2003年8月24日与考察同济的陈至立亲切交谈，摄于瑞安楼

难忘的美好记忆。

随着学校规模的不断扩大，大礼堂已经容纳不下全体同学参加开学典礼。商议下来，认为开学典礼对每一位同学而言都事关重大，于是就将开学典礼放在大操场，同学们席地而坐，气氛热烈而不失庄重。伴随着新生报到的场所改变，开学典礼在武东路校区、沪西校区、四平路校区转战，

1986年5月，李校长与同济大学改革开放后的首届博士毕业生在大礼堂前合影（左起：谢霁明、邱仑、江景波、李国豪、黄蕴元、高廷耀、张纪衡、陆平、李永盛　吕西林因出差缺席）

李校长坚持参加。夏日的太阳，即使是在清晨也刺眼、灼热，李校长建议让同学尽量背对着阳光，而他坐着的主席台晒到一点太阳没关系。毕业典礼一般是学生派代表出席，地点仍在大礼堂。离校时节总在盛夏酷暑，毕业生挥动旗帜、群情振奋时，汗流浃背、满脸通红。一次，李校长对负责校园基建的小龙副校长说：看看能不能解决大礼堂的空调问题。百年校庆前，小龙副校长组织了学校基建部门、设计院等单位成立专门小组进行技术攻关，在不改变大礼堂外观和落地拱结构的前提下，采用了局部加固补强，以及节能型冷风空调系统，成功解决了这一难题。由此，大礼堂不仅作为百年校庆的主会场，夺得世人眼球，同时成为了学校举行大型活动，包括毕业典礼的好场所。然而，斯人已驾鹤西去，李校长未能与我们共庆大典，未能与我们一起分享学校不断进步的点点滴滴。每当我有机会坐在大礼堂舒适的座椅上，感受到清风阵阵，看着同学们欢声笑语，我都不由得想起我们的老校长，他似乎依然和我们在一起，从未离开过。

2003年9月新生开学典礼上，李校长向新同学致意（摄于沪西校区）

一位永远值得怀念的长者

2007年，同济大学百年校庆。在喜庆生日的时刻，人们很自然地怀念起去世不久的李国豪校长，感谢他在学校成长进程中所作的贡献。党政班子决定举行李国豪系列纪念活动，作为百年校庆的重要组成部分。这项决定得到上海市政协的大力支持，1983年至1988年李校长担任了上海市第六届政协主席的工作。纪念活动在校庆前的3月18日举行，包括纪念文献的首发仪式、大型追思座谈会，以及李校长生平图片展揭幕。受学校班子的委托，我有幸担任系列纪念活动的负责人，主持了首发仪式和追思会，并陪同了来访客人参观展览。

追思会在新落成的中法中心三楼会议室举行，出席的有来自全国各地，甚至德国的李校长生前同事、朋友、学生和家人。偌大一个会场座无虚席，人们交相以自己亲身经历回忆起李校长给予他人、给予国家、给予社会所做出的帮助和贡献，赞美李校长的人格魅力和大师风范，情真意切，令人动容。由于出席会议的有相当一部分来自社会各界，反映出的是李校长在学校管理、科学研究之外的另外一面，即在国家建设和社会贡献方面所拥有的名望和做出的业绩。上海市政协主席蒋以任谈到，李国豪担任政协主席期间，注重调研，发挥政协参政议政功能，开创了政协工作的新局面。他提到，李校长的高尚情操、爱国情怀，在科学研究上所取得的辉煌业绩，以及其丰富的教育思想，值得我们学习和总结。宝钢集团董事长谢企华专门拟就了发言稿，她详细地述说了李校长作为宝钢工程首席科学家在宝钢建设全过程中所做出的重要贡献。她说："就在宝钢最为困难的关键时刻，李校长力挽狂澜，据理力争，才成就了宝钢的今天，才实现了宝钢光荣的理想。"中国土木工程学会理事长，原建设部副部长谭庆琏长年受到李校长的帮助和支持，他说：回顾李校长光辉的一生，对于我们当前如何走自主创新的道路有着特别重要的启示意义。中科院院士叶叔华，这位成就卓著的女科学家也非常感慨，她说："我们科技界要向李先生学习，要像他那样，想的做的都是上海的大事，都是国家的大事。"作为德国之友协会的代表，Blankenburg 先生专程从德国赶到上海，他赞誉李校长在推进德中教育合作与文化交流中所做出的卓越贡献，代表李校长的第二故乡——德国，对李校长表达最为崇高的敬意。

座谈会上发言一个接着一个，人们争相述说着李校长的为人处世和作为一位教育家、战略科学家和社会活动家对国家和社会所做出的贡献和业绩，会议持续了近三个小时。时任同济大学校长的万钢教授一直在注视着每一位发言者，静静地听取他们的发言，和所有与会者一样，沉浸在缅怀老校长的气氛之中。万校长最后的总结发言表达了大家的心声："老校长所代表的同济精神，将永远激励着我们奋发前行。"

（作者为同济大学土木工程学院教授，同济大学原常务副校长。文中照片除注明外均由新闻中心姜锡祥提供）

黄花满园思先贤

陈小龙

今天要落笔怀念的，是一位可亲可敬的长者。虽然他已离开我们多年，但在校园的塑像前，时常有人捧花凭吊。其实他从未远离，因为他的名字跟埃里希·宝隆一样，经常被人提起，永远被学校铭记。他就是我们的老校长李国豪。

最早的回忆是 1977 年，我在当时的机电系任教。那时“文革”虽已宣告结束，但笼罩在国人头上的阴霾尚未完全驱散，校园里面依旧万马齐喑。然而这天一个令人振奋的消息传来，打破了学府的沉寂：中共上海市委决定，由李国豪出任同济大学革命委员会主任（即校长）。

我们这些青年教师，虽然与李国豪无甚接触，但关于这位前辈的传奇经历早有耳闻，每每提到李国豪的名字，浮现在我们眼前的便是一位桥梁学界的鸿儒，一位身处逆境仍坚持研究的学者。这位可敬的长者出任同济校长，实属当之无愧。值得一提的是，他还是“文革”结束后，国内恢复统考招生之初出任大学校长的第一人。

一时间，这事儿成了校内热议的话题。我们机电系里，循例每周两次聚在一起学习。那时候大伙儿碰头，谈论的不是别的，都是围绕着李校长上任一事，个个都摩拳擦掌，充满期待。在此之前，由于“左”的思想还在严重地束缚着人们手脚，高校内的教学科研成为空谈，所以大家常以各种理由请病假，并以此为荣。但在此之后，此番现象一扫而空，教工们纷纷以前所未有的饱满热情投入到岗位中来——皆因深信李国豪的到任会给同济带来一番新气象，皆因深信高等教育的春天近在眼前。

李国豪校长到任之后，同济大学教学科研快速走上轨道。学校致力于恢复正常的教学秩序，不仅全面制订新的教学计划，组织编写教学大纲和教材，还狠抓科研队伍建设，培养学术带头人。上任后的一系列举措，不仅体现了同济人重振学风、济世报国的迫切决心，也展示了李国豪校长破旧立新、真抓实干的大手笔。他的真知灼见不仅体现在教学层面上，还体现在后勤制度上。

与之前的历任校长们不同，李校长上任后非常重视学校的后勤建设。他曾做过一个有趣的类比：中国人民解放军有三总——总政治部、总参谋部、总后勤部，学校的后勤就好比是人民军队里的“总后”，如果说“总后”是军队建设的一大支柱，那么后勤则是学校搞教学科研的根本保障。他不仅提出了这样的观点，而且立刻落实到位，不久就遴选了我们系的系主任熊同舟担任后勤处处长。那时的后勤处，涵盖面远大于现今的后勤集团，它包括了今天的财务处、资产处、设备处等。这也在国内开创了由教授出任后勤处处长之先河，对同济的整个后勤发展起了相当大的作用。

不仅教学科研在创新，管理后勤的思维也在革新，李国豪校长对于后勤蓝图的构想并未止步于此。熊同舟上任后，学校领导班子和后勤处在一起商议如何把后勤搞得有声有色，如何更好地为师生服务。最终，一个大胆的方案确立：创建后勤的半企业化模式。

这个方案在今天看来并不出奇，但在当时却是一个全新的尝试。这种带着承包性质的运营模式，在当时有着一定的政治风险，可以说同济在这方面做了第一个吃螃蟹的人。须知刚刚经历了动荡岁月，人心彷徨，单是开展教学工作，李校长就要登门去说服那些老教师出山，安定他们的心思，更何况这一次是尝试新事物呢？细想当年，每一步的改革创新，需要多么大的魄力，又需要多么敏锐的洞察力。也正是这一步，开辟了后勤发展的新路径。之后的同济后勤建设，在李校长和学校领导班子的支持下，如同一只鼓满风帆的船，从小心试水，到后来高歌猛进，一举成为国内高校之典范。如今已为师生们津津乐道的“吃在同济”，正是从老校长改制起逐步形成口碑的。

那时间，一系列雷厉风行的举措，令同济校园开始展现勃勃生机。从恢复教学科研，到新增专业、扩建院系，到打开对外交流之门，到铺路后勤建设，每一方面李校长都列入了学校规划中，每一方面都亲手抓，亲自落实。这其中，重建同济医科一直是李校长和海内外同济人的共同心愿。

医学是同济大学最早开设的专业。当年一些颇有根基的院系被分离出校时，同济人心中自当难解割舍之情。所以，当全面恢复高校建设时，李校长立刻就考虑到要重建医学系，可惜当时卫生部给予的答复是“目前条件尚不成熟”。这个心愿一盼再盼，直至进入新世纪，终于一朝圆梦。2000年，原上海铁道大学与同济大学合并，原上海铁道大学医学院成为同济大学医学院。

然而新的医学院大楼在四平路校区落成时，李校长却因身体有恙入住华东医院，不能前往观礼。我至今还记得，在李校长最后的日子里，他心心念念放不下，想要来医学大楼走一走。那天校办给我打来电话，说老校长要来学校看看。听到这个消息，我心里又高兴又担心。带领自己尊敬的人参观校园，我高兴；考虑到老校长的身体状况，我担心。

2004 年 11 月 14 日，天气微寒。我早早来到与老校长约定的地方，那时心情之雀跃，足以把人带回到二十几年前。是的，与当年听闻老校长上任的心情一般无二。

其时老校长已年逾九旬，行动不便，由夫人林凤棣老师陪同前来。我见到他时，他坐在轮椅上，鼻子里还插着鼻饲管。这位与同济一起经历了风风雨雨的老人，拖着病躯坚持来校，我想无论是谁看见这一幕，都会深切感受到：老人已经把自己生命的意义与这所学校的命运紧紧联系在了一起。

我推着轮椅，带领老校长参观医学院大楼，从一个楼层到另一个楼层，逐个察看。老校长非常兴奋，要去看各种各样的实验室、标本室、研究室、教师工作场所、学生的上课教室，等等。他挨个看，不断询问。因鼻饲管所碍，老校长讲话不太顺畅，但这并未影响到他的兴致，像孩子般充满好奇，嘴里不断重复着一句话："同济总算有医学院了。"这也让我更深刻地理解他为什么一定要来参观医学院大楼。是啊，这正是这位可敬的老人怀揣了几十年的一个梦想！

当他看到教室里有学生正在上课时，他迫切要求与他们交流。进教室前，他非要拿掉鼻饲管，觉得那有碍形象。我们赶紧阻止他，因为鼻饲管拔掉后，再次插入鼻腔，会损害到鼻黏膜。此外，任凭我们怎样劝说，他都坚持要从轮椅上站起来：鼻饲管可以不拔，但不能坐在轮椅上跟学生讲话。

他颤颤巍巍地立起身，在我们的搀扶下走进教室。同学们鸦雀无声，惊讶注目。他们年纪尚轻，并不认识这位长者，但长者的举动仍然令人起敬。我给大家介绍，这就是我们的李国豪老校长。话音刚落，同学们便纷纷起立，教室里顿时响起了雷鸣般的掌声。他们虽然没有见过李校长，但对于这个同济人骄傲的名字，早已熟稔于心。同学们的致敬，更加感染了老校长。他看着一张张略显稚嫩却朝气蓬勃的脸，好像看到了同济医学院的明天。老校长微微抬起手，一字一顿，用缓慢但有力的语调对同学们说：今天同济总算有了医学院，希望你们好好学习，努力成为好医生，把同济传统的医科重新发扬光大。

他的话不多，表达也不连贯，断断续续，但在场的师生都能从他的眼神和语调中清楚领会他的心意，感受到他对学校赤子般的情怀。掌声再一次热烈响起，久久不绝……

（作者为同济大学经济与管理学院教授，同济大学原常务副校长）

一个结构工程晚辈学生的几片回忆

陈以一

近日，我们79级工民建专业的同学正在筹备毕业30周年——2013年的返校活动。恰好这年是李国豪先生的百年。我们编印的纪念册中，照片首页是当年的毕业合影：在四平路图书馆的阶梯前，在180名本科毕业生行列的前排，中间赫然就是当年的李国豪校长。

看着这张照片，旧时情景渐渐重现，虽然已因逝去的岁月而有些许模糊。不用说，我们都希望能在毕业照中留下校长的身影。但是，能否请来校长，心里没有底，谁去请校长，也费了商量。79级中，我们有几个大龄学生，平日为集体多干点活。我当时又被同学们重新选为毕业季的小班长（79级工民建3班）。因我们小班已分工暗房印制全部毕业照的任务，则邀请校长一事，在我印象里，就轮到大班长黄杰同学。记得过程是我们在排队，黄杰等同学就去前面的胜利楼（今日逸夫楼所在位置，当时也是校办所在地）请校长，结果李国豪校长和几位副校长就一起来了。其实我们平日和李校长没有太多接触，但因一件事对李校长多了几份亲近和感激：二年级时我们和77级的大哥们之间有一次群架事件，后续处理中李校长的意见是77级既然年长就要多承担责任，我们都感觉校长“帮”了我们。合影时李校长肯定说了勉励我们的话，今日真一句也想不起来，但照片见证了校长对毕业生的重视和关切。

毕业后我留校工作。1983年7月初毕业，当月就报到工作。新教师培训由翁志远副校长亲自主持。其间有次李国豪校长来讲话，谈到实验室里有一种现象：老教师在试验机边爬上爬下，年轻人则袖手旁观。李校长希望年轻人多实践，多吃苦。这段话我至今记忆犹新。一晃30年过去了。现在我已经习惯了在实验室里爬上爬下，俨然也有当年李校长肯定的“老教师”的模样。可喜的是，我指导的研究生们，甚至比我更能吃苦，更负责任。李校长如果看到他们，一定会更加欣慰。

还有两个片段，是在我脑中留下深刻印象的。其一是留校后出国前的那几年，每逢暑假，我常在下午去学校游泳池游泳。好几次在泳池里看到李校长。他总是在游泳池深水区内不间断地来回。当时的李校长应该有70多岁了，让人好生敬佩。再一是李校长快近90岁时，有一次新年晚会，我受桥梁系邀请，陪坐在李校长身边，说起了我当时看他游泳的感受。他也有几分得意地告诉我，自己很注意锻炼身体，70岁后还不时周末骑自行车到川沙，买点鱼呀蔬菜呀再骑回来。当时我担任土木学院院长一职。李校长说，你们一定要让大学生锻炼身体，这样才有健康体魄，才能对国家对社会多做贡献，也对自己对家庭负责任。我走到学校领导岗位后，前几年分管过体育工作，这时就更深刻地体会李校长身体力行的榜样，体会李校长充满人生智慧的教导。虽然自己对体育技能没有一项专长，也没有特别爱好，但在推进体育教育、推动学生身体素质提升方面，一直尽力而为。今天想来，这也是对李校长教诲的一份回应。

作为一个晚辈学生，直接接触李校长的机会有限，但一个智者给你的点滴启迪和鼓励，都会积淀在你的成长中，足以让你有前行的勇气和激情。

（作者为同济大学土木工程学院教授，同济大学常务副校长）

继往开来的同济桥梁

葛耀君

2013 年 4 月 13 日是同济大学桥梁工程学科的创始人——李国豪教授诞辰 100 周年的纪念日。李国豪教授的一生，忠于党、忠于祖国、忠于人民。他把毕生的精力献给了祖国的建设和科教事业，他严谨求实、锲而不舍的治学态度，开拓进取、勇于创新的科学精神，热爱祖国、奉献社会的崇高品格，有教无类、爱惜人才的磊落情怀，深深教育和影响了同济学子，成为我国工程科技界和教育界的楷模。

李国豪教授长期从事桥梁结构理论的教学和研究工作以及抗震、抗风和抗爆动力学领域的开拓性研究，为中国重大工程建设，特别是改革开放后的许多大桥工程建设担任首席顾问和专家组组长工作，为中国现代桥梁的自主建设开辟一条成功之路，做出了卓越贡献。他是中国现代桥梁工程自主建设的倡导者和精神领袖。

我们怀念李国豪教授，更因为他是同济桥梁学科的创始人。正是在李国豪教授的积极争取和倡导下，1952 年同济大学创办了国家最早的“桥梁与隧道”学科之一，开设桥梁教学小组负责有关课程的教学，至今已经走过了 60 年的征程。在李国豪教授的直接领导和精神指引下，同济桥梁学科的发展与国家、学校的兴衰紧密相连，教师与学生、教学与科研、机构与团队都经历了从无到有、从小到大、从弱到强的不平凡的发展阶段。

同济桥梁发展历程

1. 初创时期（1952–1966年）

新中国成立后，国家经济建设百废待兴，为了将有限的高等教育资源集中利用，按照苏联体制开展了大规模的全国高校院系调整工作。1952 年，院系调整后的同济大学，在创办于 1914 年的土木工程学科下，由李国豪教授主持设立了“桥梁与隧道”专业，并成立桥梁教学小组，负责本专业相关课程的教学工作，在土木系二年级学生中招收第一届“桥梁与隧道”专业本科生，成为我国最早的“桥梁与隧道工程”学科之一。

1954 年 3 月，在桥梁教学小组的基础上成立了 15 人的桥梁与隧道教研室，教研室不仅继续专业教学，而且开始专业科研工作；1955 年按苏联体制，桥梁教研室在李国豪教授带领下招收了第一批副博士研究生 4 名，而项海帆教授成为了他的第一位研究生；此后，应李国豪教授的邀请，苏联桥梁专家依·特·斯尼特柯教授来教研室指导教学及科研工作达 9 个月。1958 年，为了适应“大跃进”的形势，独立设置了“桥梁工程”专业和 20 余人的桥梁教研室。

在“桥梁工程”专业初创时期的 14 年中，共培养了 15 名研究生和 678 名本科毕业生以及 62 名专科毕业生，为社会主义建设输送了桥梁与隧道工程的紧缺人才。

2.“文革”期间（1966–1977年）

“文化大革命”开始后实行“开门办学”，招收工农兵学员，以现场实践代替课堂教学。1970 年招收了路桥专业第一届工农兵学员。1973 年，铁路专业调整至上海铁道学院，部分桥梁专业教师随铁路专业调入该院。从 1973–1975 年，改设“城市道路与桥梁”专业，招收工农兵学员 3 届。在“文革”期间，共培养了 4 届 271 名工农兵学员。

尽管“文化大革命”期间许多教师受到了不公正的待遇，特别是李国豪教授还一度身陷囹圄，但他仍以强烈的事业心和责任感，坚持桥梁工程的教学、科研工作。直到“文化大革命”结束，道路桥梁教研室中的桥梁专业教师保持在25名左右。

3. 恢复发展（1977–1987年）

“文化大革命”结束后，逐渐恢复了高等学校的教学秩序。1977年，李国豪教授被任命为同济大学校长，在李校长的直接领导下，同济桥梁学科开始了全面恢复发展。1978年，在新成立的结构工程系下，设桥梁教研室和桥梁试验室，恢复招收了桥梁工程专业本科生30名、研究生5名，同时新成立的同济大学建筑工程分校下设路桥系，后又独立成为上海城市建设学院。1979年，成立了李国豪科研组，开始桥梁抗震、桥梁抗风和桥梁电算三个新兴方向的研究工作。1981年，首批获得包含桥梁与隧道工程方向的结构工程专业硕士和博士学位授予权，李校长招收了桥梁方向的第一个博士研究生。1986年，结构工程学科（含桥梁与隧道工程）被评为首批教育部重点学科，建立了博士后科研流动站，开始接受博士后研究人员。

在恢复高校招生制度后的10年里，同济桥梁工程学科共培养了8名博士研究生、31名硕士研究生、344名本科生，为社会主义现代化建设培养了桥梁工程的专门人才。

4. 跟踪提高（1987–2002年）

1987年7月，由桥梁教研室、桥梁研究室、桥梁试验室和桥梁设计室正式组建了桥梁工程系，由项海帆教授出任第一任系主任，成为我国高等院校中第一个桥梁工程系。1988年，同济大学获准建设我国土木工程领域中第一个国家重点实验室——土木工程防灾国家重点实验室，李国豪教授担任学术委员会名誉主任。1990年，从结构工程学科中独立出了“桥梁与隧道工程”二级学科硕士点和博士点。1995年，项海帆教授被遴选为中国工程院院士。

1996年7月，上海城市建设学院桥梁教研室回归桥梁工程系。1998年，“桥梁与隧道工程”学科被遴选为首批国家“211工程”重点建设学科，土木工程防灾国家重点实验室被评估为“优秀国家重点实验室”。2000年，上海铁道大学土木工程系桥梁专业教师回归桥梁工程系，系教职员工的人数首次突破60人。同年，"桥梁工程"学科被评为上海市"重中之重"学科，桥梁工程系与广西柳州建筑机械总厂联合成立"同济OVM预应力研究中心"。2001年，范立础教授被遴选为中国工程院院士。

在桥梁工程系成立后的15年里，学科发展瞄准国际先进水平，跟踪国际前沿课题，结合10个研究方向开展教学科研工作，培养毕业了995名本科生、196名硕士生、71名博士生和15名博士后，为我国渐入高潮的桥梁建设、特别是大型桥梁建设培养了一批高级人才。

5. 发展壮大（2002年–）

2002年，同济大学"桥梁与隧道工程"学科以第一名的成绩被评为首批国家重点学科。2006年，被列入国家"985"二期建设平台"城市建设与防灾"，投入2.4亿元建设由四个大型振动台组成的多功能地震模拟振动台阵。2007年，"桥梁与隧道工程"学科再次被评为国家重点学科，并为同济大学土木工程学科成为一级国家重点学科奠定了基础。2009年，范立础院士领衔的桥梁抗震团队获得了国家科技进步奖一等奖。2010年，项海帆院士领衔的桥梁抗风团队获得了国家自然科学奖二等奖。

在刚刚过去的10年中，桥梁工程学科教学科研团队稳定在80人左右，依托11个研究室形成了桥梁抗震及振动、桥梁及结构抗风、健康监测及控制和桥梁设计理论等四个学科群，建成了以桥梁馆、风工程馆和地震工程馆为标志的教学科研大楼，培养毕业了692名本科生、513名硕士生、236名博士生和35名博士后，为我国从桥梁建设大国走向桥梁建设强国培养了一批创新人才。

同济桥梁建设成就

李校长在改革开放初期率先提出了同济桥梁学科建设方针——"理论联系实际、发展桥梁科技"。同济桥梁历经沧桑变化，"理论联系实际"的桥梁学科精神永存；同济桥梁同舟共济奋进，"发展桥梁科技"的桥梁团队目标不变。

1. 培养创新人才，发挥模范作用

同济桥梁秉承李校长倡导的理论联系实际的人才培养模式，为国家输送了大批优秀人才。学科初创时期，正值解放后大生产阶段，国家急需培养大批的桥梁工程技术人才。今天，我们可以自豪地告慰祖国，当初对同济桥梁与隧道的选择是正确的，60 年来在这块沃土上培养出了 2709 名本科生、333 名专科生、149 名函授生、755 名硕士生、315 名博士生和 50 名博士后，这 4300 多缤纷桃李造就了一批杰出的科学家、教育家、企业家和工程师，著名专家 30 多名、两院院士 7 名。李国豪、孙钧、钟万勰，陈新、项海帆、范立础、梁文灏……他们都是同济桥梁与隧道的杰出代表，是我们引以为豪的学界楷模。

2. 理论联系实际，加强学术研究

同济桥梁发扬李校长提出的严谨求实奋起的学术研究作风，为推动我国桥梁工程的发展做出了重要贡献。从学科初创阶段按个人兴趣开展科研活动，到 60 年代集体制定科研规划，再到“文化大革命”后李校长亲自确定三大前沿研究方向以及目前桥梁学科的四个学科群，无不体现出同济桥梁与隧道严谨求实的作风。从桥梁试验室传统结构试验设备，到大小配套的四座边界层风洞，再到由四个大型地震模拟振动台组成的多功能振动台阵，同济桥梁实验基地建设一步一个脚印走向前沿。先后获得了 4 项全国科学大会成果奖、14 项国家科学技术奖、80 多项省部级科技奖。正是基于这种严谨的作风和奋起的勇气，两代同济桥梁人李国豪教授和项海帆教授先后呼吁自主建设广东虎门大桥和上海南浦大桥成功，树起了我国大跨度桥梁自主建设的里程碑。

3. 推动自主建设，服务重大工程

同济桥梁坚持李校长要求的明确创新目标的发展科技方向，为我国桥梁建设架起了科技桥梁。同济桥梁因国家开元建设而创立，由国家改革开放而发展，为国家自主建设而奋起，贡献了桥梁抗震、桥梁抗风、桥梁设计等先进理论、方法和技术。上海南浦大桥结合梁方案和抗风抗震研究初露锋芒，杨浦大桥首次挑战跨度世界纪录成功，东海大桥抗震抗风几经波折再创辉煌，苏通长江大桥和舟山西堠门大桥双双超越同类…… 国家重大桥梁建设凝聚了众多同济桥梁人的创造智慧，浸透了三代同济桥梁人的心血汗水。在已经建成的80多座400米以上的大跨度桥梁中，同济桥梁人的创新智慧覆盖了其中的52座桥梁；正在建设的20多座400米以上的大跨度桥梁中，同济桥梁人的心血汗水洒满了其中的15座桥梁。

4. 重视国际交流，树立中国品牌

同济桥梁继承李校长创立的中外科技教育的交流合作传统，为我国桥梁走向世界、世界桥梁了解中国开启了窗口。同济大学诞生于中、德两国东西方文化的碰撞与交融之中，同济桥梁融入了更多的中西方文化。同济桥梁的第一代教授李国豪、周念先、钱钟毅、陈超分别留学于德国、法国和美国；同济桥梁从20世纪90年代起先后聘请了5位国际著名学者担任名誉教授，他们是美国的林同炎、日本的伊藤学、德国的希莱西、美国的邓文中和柯瑞姆；在同济桥梁现有28位教授中，三分之二具有国外留学或工作经历。国际和我国顶级的相关学术组织——国际桥梁与结构工程协会、国际风工程协会、国际健康监测协会、国际预应力混凝土协会、中国土木工程学会桥梁及结构工程分会、风工程委员会等均挂靠在桥梁工程系。同济桥梁已主办和承办各类国际和国内学术会议50多次，其中包括国际桥协2004年大会和2009年研讨会、第九届国际索动力学大会等国际会议，两年一届的全国桥梁学术会议和全国结构风工程学术会议等国内会议。此外，同济桥梁人还在重要国际学术会议上应邀作大会特邀报告40多次，其中包括国际桥协大会4次、连续三届国际风工程大会等。同济桥梁已经成为国内外桥梁学术交流的重要窗口。

同济桥梁历史使命

回顾同济桥梁学科在李校长直接领导和精神指引下发展的历史，阅览前辈师生校友们载入史册的光辉业绩，我们心中充满自豪，面对科教兴国、人才强国、科技创新的国家需求和人民期待，我们应当勇敢地承担起新时期的历史使命。在这个庄严的时刻，我们向学院、向学校和向祖国，更向我们学科的先辈李国豪教授郑重承诺：

1. 探索创新型人才的培养模式

学科建设的根本任务是培养人才。同济桥梁在人才培养方面一贯重视知识的传授、能力的培养和人格的塑造，今后将更加重视创新意识和实践能力的培养。分析国内外工程技术人才现状、特点和发展趋势，探索创新型人才的培养模式，提高教师创新意识和实践能力的教学水平，构建面向创新型人才培养的教学体系，切实提高学生创新和实践能力。

2. 提高原创性研究的综合能力

科学研究是探索和发现的过程，又是继承与创新的过程。中国桥梁已经走出了一条自主建设的道路，在自主建设的发展过程中我们应当自觉聚焦国家科技发展战略，主动融入国家科技创新体系，推进从自主建设到自主创新的过渡，加强原创性基础研究，勇敢地承担起原始创新、集成创新和引进消化吸收再创新的国家创新历史责任。

3. 提升国际交流的学术水平

国际学术交流是了解国外最新动态，展示自身研究水平的重要窗口，在全球经济一体化和文化多元化的时代，国际学术交流显得尤为重要。我们应当广泛开展与国际著名大学和学科的科技合作、学术交流、教师互访、学生互换，主动地走向国际学术舞台，站上舞台中心，让世界不仅了解中华文明的璀璨历史，而且了解中国桥梁的学科发展。

1907 年同济大学创办伊始仅有德语和医学两大专业，今天，已经发展成为具有 106 年历史的综合性、研究型大学；1914 年同济大学设立的土木工程学科，明年就将迎来百年诞辰；1952 年同济大学设立的我国第一个桥梁与隧道工程学科，已经走过了一个甲子的征程；1987 年同济大学成立的我国第一个桥梁工程系，刚刚跨越了四分之一个世纪。

今天我们纪念李国豪教授诞辰 100 周年，回顾同济桥梁发展历史，并不是为了收获昨天，也不是为了记住今天，而是为了播种明天、开创未来。在迎接继往开来的新时期到来之际，我们将把纪念李国豪教授的郑重承诺，付诸在今后的行动中，把同济桥梁建设成为培养高层次人才、开展高水平研究和进行高科技转化的国家级基地和国际性中心。

（作者为同济大学土木工程学院桥梁工程系主任、教授）

青年学子永远的师长

顾　明

李国豪先生仙逝已经七年多了，同济桥梁馆橱窗中，李先生的挂像仍一如既往慈祥地注视着来来往往的学子，仿佛他从来不曾离去。的确，同济桥梁与李国豪，这两个名字已是不可分割地铭刻在同济人的记忆里了！

我于 1988 年怀着对李先生的敬仰之情来到同济大学桥梁系，师从李国豪先生的大弟子项海帆院士进行博士后研究。其时李先生年事已高，我们在工作上的接触不算多，即便如此，李先生严谨治学的科学态度和求实敬业的精神仍深深地感动并影响着我。

李国豪先生在事业上的巨大成就、对中国桥梁建设的卓越贡献已有不少文献进行了详细描述，在这里我要说的是让我至今难以忘怀的几件小事。这几件小事让我感受到李国豪先生的高远目光、创新精神和认真态度。

李先生一生追求学问，年仅 27 岁时就因提出悬索桥简化计算方法被尊称为“悬索桥李”，获得了世界声誉。直至老年，他仍然孜孜不倦，不断创新。记得 20 世纪 80 代末，我刚刚到同济大学做博士后研究，查阅资料时，在 1988 年《土木工程学报》上发现李先生独著的一篇论文《斜拉桥颤振后状态的理论分析》，非常感动。当时桥梁颤振这一概念由美国工程院院士、桥梁抗风的奠基人斯坎伦（Scanlan）教授提出不过十来年，在我国则是刚刚开始研究，而时龄已是 75 岁的李先生以他敏锐的科研嗅觉洞悉到大跨斜拉桥颤振后这一问题的研究价值，并以超前、创新的思维进行了精细的理论分析。可以这么说，时至今日，大跨斜拉桥颤振后研究仍然是桥梁抗风领域的重要方向与内容。

20世纪80年代后期，计算机应用还处于起步阶段，速度慢，操作也不方便，有条件使用计算机的单位很少，大学研究人员写论文大多数还是靠纸和笔。到90年代初、中期，计算机在我国基层研究单位和个人开始得到应用，有条件的研究机构会配置几台计算机用于数据计算及文字处理，年轻人也掀起学习电脑应用知识的热潮。一个偶然的机会，我得知李国豪先生也在学习用Word处理文稿，这让我大为惊讶和敬佩。李先生已是70多岁的老人，且配有专职秘书，以当时他的声望和地位，完全可以不用自己亲自做这些事的。他对新知识能这么快接受并孜孜以求，为我树立了极好的榜样。凡事亲力亲为，是做学问的基本，我在以后的研究工作中一直坚持做到这一点。

李先生担任同济大学校长期间，大力开展国际交流和合作，和德国多所著名高校保持密切交流，并使同济大学成为中国高校对德交流的窗口。除此之外，他还大力拓展了和美国等其他先进国家著名高校的学术交流。中国改革开放后，大陆和台湾的经济往来和学术科技交流日渐频繁，李先生以自己满腔的爱国热忱积极推进两岸的学术交流。1995年他亲自率领大陆桥梁工程代表团访问台湾逢甲大学及多所研究机构。访问期时间短而工作多，就连我这个当时的年轻人都感到很累，而李先生以80多岁的高龄，参加多场学术报告会，还访问了多所大学，为促进海峡两岸的相互理解与沟通作出了重要贡献。

我国从1985年开始博士后的培养工作，到1993年我留校工作时在站博士后已有约20人。为了总结博士后培养工作取得的成效，《同济大学学报》准备出版一期博士后专辑。为此，我和滕军请老校长李国豪先生在论文集上题词，李先生欣然应允，默思良久，他为同济大学的第一册博士后论文集题词：业精于勤，形成于思。这几个字既是先生对自己辛勤研究工作的总结，亦饱含着李先生对青年科研工作者寄予的厚望。

李国豪先生是我国桥梁界的一代宗师，他的专业成就铸成了中国桥梁的一座丰碑，他的治学精神值得我们终生学习与追求。他是青年学子也是我心中永远敬爱的师长。

（作者为同济大学土木工程学院教授）

建苑春风　永驻心间

黄国新

名誉校长李国豪院士是个矢志不渝、素负盛名的科学家、教育家。他治学严谨，对学术阵地建设十分重视。记得李校长复出履职后，在学术口子，重点抓过的两件事让我印象非常深刻。

第一件是增设学报副刊。当时科研处把这项任务交给我具体办。一天，李校长来到学报编辑室，询问了我们的工作情况后，对我们说："学报是学校的学术窗口，很重要。科技刊物要保持严谨性，版面不能太花哨，但也不可太呆板。"根据他的指示，我们在学报分设专栏，增加学术活动报道，目录也调整得更加活泼。副刊增设后，李校长又一次来到编辑室，对我说："你们第一期的副刊，我是基本满意的。但其中个别稿件不适宜现在发表，'四人帮'刚下台，稿子要有选择。"我听后受到很大启发，期刊是党的舆论工具，有个政治导向问题，开始组稿确实首先应从政治上着眼，而我们当时忽视了。

第二件是创办出版社。李校长向来重视人文精神的培育，他主持制定出"严谨、求实、团结、创新"的校训，提出建立教学和科研两个中心。1981年，教育部发文提出有条件的学校可以申办出版社。李校长了解到这个消息后，立即着手进行部署，他要求学校有关部门首先做一个调研。但后来职能部门提交的调查报告说，我校印刷厂设备落后，暂不具备条件成立出版社。李校长听后立即批评指出，这是"见物不见人"。立即要科研处重新调查，我从汪处长那里接受了这一使命，到学校的几个学院接连召开了三次座谈会。在座谈会上，许多中青年教师一致强烈呼吁，学校要尽快成立出版社，对印刷厂也提出了可行的改造方案。尔后，根据李校长的指示，学校分别向教育部、文化部提出了申办报告。但因为调研耽搁了不少时间，我校出版社比部分高校出版社批准推迟了一年。

李校长对学校出版社建设倾注了大量心血。1983 年，他到市政协工作后，还破例担任了出版社第一届编审委员会主任，并戏说这是他在学校担任的最后一个职务。为此，他还回校主持过两次编委会议。

李校长还注重调动各方面力量，组织大规模科研活动，对很多老教授的晚年生活也很关心。1988 年，李校长注意到，校内一部分有成就的老教授退休后都想发挥余热。于是，李校长就出面把他们组织起来，编撰科技史料图书《建苑拾英——中国古代土木建筑科技史料汇编》。这本书共三辑四册，达 300 余万字，李校长亲自担任主编。为了能够保证图书的质量，李校长多次主持召开编审会议，和老教授们一起研究编撰大纲，制定写作框架，最后审定稿件。这本书的编撰前前后后延续了近十年时间。这套填补国内科技领域空白的丛书出版后，引起了土木建筑界的极大关注。丛书的第一辑被评为“上海市优秀图书一等奖”。此后，李校长又为校出版社策划出版了《中国桥梁》一书。该书出版后，又一次得到了业内人士的热烈欢迎，当年就被评为“上海市优秀图书一等奖”。

正是在李校长的关怀和领导下，我校出版社在创办初期就表现出了良好的发展态势，在同行中也赢得较大声誉，这为校出版社日后不断向新的目标迈进打下了基础。

李校长的音容笑貌、谆谆教诲将永远激励我们前进！

（原载《同济报》2005年3月25日第4版）

（作者为同济大学出版社原社长、总编辑）

回忆对老校长李国豪教授的一次采访

张一彬

作为著名的科学家、教育家、社会活动家，李国豪教授一生呕心沥血、辛勤工作，把全部精力和智慧奉献给了祖国的教育事业、科技事业和国家的重大工程建设，也持续不断地赢得了崇高的荣誉。1995年10月，他在北京获得了“何梁何利基金科学与技术进步奖”。1996年6月，他在北京召开的中国科学院第八次院士大会上又被授予“陈嘉庚技术科学奖”。1996年12月23日，我们应《同济人》之约，采访了当时已83岁高龄的老校长李国豪教授。一方面听听他喜讯传来——同时获得两项大奖的感受，一方面也是向关切老校长身体健康和工作情况的海内外同济校友，传递一下老校长的近况和他在所钟爱的桥梁工程领域取得的新成就。

当天下午，我们怀着对老校长的崇敬之情，来到了当时居住在复兴西路的李校长家中。一看到我们到来，李校长马上热情地邀请我们坐在客厅正面的沙发上，而他自己则搬了张靠椅坐在我们的对面。李校长虽然年事已高，但精神却非常好，走起路来仍轻松自如。在他和我们握手的时候，我直感到他的手就像他竖起的一座座大桥一样那么硬朗，具备那么一种传神的“力”。是啊，就是这双手，把中国的桥梁事业托起腾飞。

带着采访的第一个目的，坐下之后，我们抓紧时间请李校长谈谈他今年获得两项大奖的想法，并向他祝贺。一听我们的祝贺，他连连摆手，说：“这些奖应该奖给学术上有成就的中年人。因为他们更需要这方面的关心和支持，奖给中青年学术带头人，这奖项的价值和意义就会更大。”他说，对我来说这已是“迟来的春天”，当然这旦也有“意外”和“高兴”。讲意外，那是因为我并没考虑去申请，都是学校推荐，而且都是在快要截止的时候才去填表。讲高兴，这不仅是对我过去成就的肯定，更是对同济大学的奖励,是同济大学的光荣,因为我的工作和同济大学紧紧地连在一起。听到这里，我们深深地感到老校长胸怀的博大，他始终把自己和同济看成是一个紧紧相连、不可分割的整体，他的血液始终流淌在同济的脉络里，他的一切就是同济的。谈到“意外”——其实作为采访者的我们，更清楚地知道这是众望所归，这是李校长的成就在我国科学技术进步的过程中，起的推动和促进作用的必然结果。陈嘉庚奖具有“中国的小诺贝尔奖”之称，光在中科院技术科学部推荐和申请的就有 29 个人选。而从 1996 年开始，陈嘉庚奖又从过去评选项目成就，改为评选个人综合成就，难度更大。最后李校长一人入围，这正是李校长成就被国内外公认，水到渠成、顺理成章的事。对“何梁何利科技进步奖”，李校长给我们专门作了解释。“何梁何利”是香港四个企业家的姓，他们分别是何善衡、梁铼锯、何添、利国伟四位著名企业家。“何梁何利科技进步奖”由他们四人联合设立，以奖励对科技进步做出突出贡献的科学家。他说，一个“奖”已令他惶恐不安，两个奖同时集中在身上，更叫人难以承担。这样说时，他的神情变得更为庄重，同时用手指着肩膀讲：“我的压力可更大了，我只能把它看作是对我今后工作的鞭策和促进，只有拿岀更大的成绩作为回报。”听到这里，我们心里更增添了一份对老校长的崇敬：在逆境面前，您总是顽强不屈，带着对光明的渴望和对理想的追求，拼搏奋斗，直至拿出骄人的成绩宣告成功；在顺境和荣誉面前，您又总是那么自谦，从无半点自傲，您始终把自己和同济熔铸成一个整体，您始终想的是，如何鞭策自己再挑重担、再上一层楼。“德高为师，身正为范”是您最好的写照。

第一个话题一旦谈开，下面的话题也就更加无拘无束。李校长对广大校友关心他的近况，表示衷心的感谢。他说自从半个多世纪前获得德国洪堡奖学金，在达姆施塔特工业大学深造，以博士论文《悬索桥按二阶理论的实用计算方法》获得“悬索桥李”的美誉之后，这一辈子就和大桥结下了不解之缘，难分难解。他说，近几年他仍一如既往在和“桥”打交道，并饶有兴趣地跟我们谈起了黄浦江上两座著名的大桥。

他说，虽然两座大桥最后主桥的具体设计由市政设计院设计，但是无论是造桥思想，还是整体方案设计都是同济的，这是无可否定的。另外，同济大学还参与了大桥的部分具体方案设计，并承担了关键性的科研工作。因此，两座大桥应该说倾注了同济人的心血。现在这两座桥已巍然屹立在黄浦江上，成了上海“三年大变样”的标志和著名景观。同济大学在这方面有着为人公认的不可磨灭的功绩。

谈到桥，李校长的话题很自然地概括了我们要采访他的第二个内容——近几年的工作情况。他说，除了黄浦江两座大桥外，他还参与了虎门珠江大桥、汕头大桥、江阴长江大桥，以及同三线国道（黑龙江同江—海南岛三亚）途经的渤海湾、长江口、杭州湾通道的方案设计和可行性研究。有的是担任顾问组组长，有的是担任技术顾问委员，有的是担任顾问委员会主任，有的亲自参与设计。他说：“我特别高兴的是在有生之年终于实现了我年轻时的梦。半个世纪前的30年代，我搞的是悬索桥研究，如今搞的大桥就有好几座是悬索桥。一个人年轻时的梦，能在几十年以后实现，没有能比这再令人高兴的事了。”

在谈到虎门大桥时，李校长特别提道：“开始时原先的想法是请英国人设计，而虎门正是当年清政府钦差大臣林则徐销毁英国人坑害中国人民的鸦片大烟之地。现在再请英国人来设计虎门大桥，这在中国人民的感情上无论怎样都讲不过去。当时广东的同志找到我，我就给当时的省长叶选平写了封信，陈述了虎门大桥由中国人自己设计的意义，并提出了可行性方案。以后，叶选平省长就批转到下面，由广东省交通厅主持。我在那里担任了顾问委员会主任，现在大桥已合拢，香港回归之时就可以通车。”听到这里，我们被李校长那种高度的爱国主义之情和中国人自己能造桥，而且能造当今桥梁领域最领先的桥的自豪之情所触动。我更为李校长80岁生日在江阴大桥工地上度过而表现出的高度使命感和责任感所感动。老一辈科学家，从年轻之时起，就把祖国利益放在最高地位，并为之而奋斗，而且终身不渝，这对于我们后辈来说，该是多大的鞭策和激励。

谈到近几年的工作，李校长还说，这几年在搞大桥的同时还陆续写了一些论文，同时也思考了一些问题。谈到这里，应我们的要求，他谈起了对当代大学生的看法。他很理解当代大学生，力批那种认为大学生不关心国家大事、只考虑个人前途的看法。他说，现在国家前途明朗而光明，大学生充分看到国家对人才的需要、对这代青年人的需要；同时他们相信党和国家领导人会把国家治理好，会把国家引导到不断发展的道路上。因此，他们对自己的专业和工作考虑得比较多。这不仅正常，而且应该说这是件好事。现在的时代和我们那时不一样，完全是两回事。那时国家民族处于危亡关头，满腔热血的大学生岂能袖手旁观。而今需要的是建设，大学生要考虑的是如何把自己的知识和力量投入到国家的建设事业中去。说到这里，李校长以坚定的语气说，如果国家的安全和发展受到挑战，我相信大学生一定会热血沸腾，毫不犹豫地站出来。现在的大学生不足之处是，没有经历国家和民族的苦难岁月，也没有更多地表现他们爱国心的场合而已。

李校长还谈到他当年读书求学的情况，以及当代大学生读书的情况。他特别强调文化熏陶的作用。他说，无论是中、小学生，还是大学生，应当从繁重的作业中解放出来，让他们多读一些书、多了解一些中国文化、多读一些历史，在文化的熏陶中培育爱国主义情感。他说："我那时下午4—5点钟就可以打网球了，灯下常常可以阅读一些诸如《三国演义》、《茶花女》之类的课外书。今天学生的负担确实太重。"

时间很快，转眼天已黑。尽管要谈的东西很多，李校长的谈兴也很浓，但考虑到李校长毕竟已80多岁高龄，不能因为我们的原因让他过于劳累。

最后，我们请李校长简明地谈一谈他对校友会工作的看法和他对日常生活的安排。李校长特别强调校友会的班子要稳定，以便和校友们保持稳定的联系。校友会工作做得好，与校友们联系得紧，对学校教育改革和学校的发展肯定有帮助。校友们科学上、学术上的成就，对在校的学生是极大的鼓励。李校长同时希望校友们有空能到学校看一看、走一走，关心学校的发展，同时也希望校友们利用出差、路过之际，能给学校作一些报告，传授自己的经验和成就、传递全国各方面的有关信息。这种智力上的支持，不比物质上的支持小。

谈到自己的日常起居，李校长说，我坚持运动，过去是游泳，现在不行就打太极拳、做保健操。“我强调四句话：第一要开朗、愉快；第二生活要有规律；第三饮食节制；第四经常运动。我的身体之所以能像现在，全得力于这四句话。”

采访结束，走在繁星似锦的夜空下，望着天空发亮的星星，我们深深感到，这就是科学家的化身、这就是科学家智慧和力量的象征。我们赞美天空的星，我们更赞美为祖国和民族做出杰出贡献的科学家。

岁月如梭，光阴荏苒。在岁月的流逝中，我们敬爱的老校长已离开我们八年。每每回忆起当年采访老校长时的情景，老校长的音容笑貌历历在目，一种崇敬之情、一种激励之情不禁油然而生。

老校长永远是我们的楷模，是促进我们前进的力量。老校长的精神永在！

在老校长百年诞辰之际，谨把当年采访老校长的回忆作为崇敬的纪念。

（作者为同济大学《同济报》原主编）

“两个转变”的提出、内容与历史贡献

喻大翔　周黎萍

同济20世纪第一个10年创校，到今年整整106个年头。其间有25位校长（包括现任）先后掌校。按照时代和学校历史转折的重要性，有四位校长被放在了显著的位置：1907年创校时期的德国医生埃里希·宝隆博士；1917年首任华人校长阮尚介博士；1948至1953年的夏坚白博士；再就是1977年至1984年的李国豪博士。

20世纪70年代末期和80年代初期，无论中国的政治史、经济史还是教育史，都是一个极其重要的转折期，它结束了一个时代的黑暗并开启了一个时代的光明。中国有句古语曰“时势造英雄”，其实，谁能成为英雄，还要看你有没有智慧、才能与胆略去因应那个时势，使自己成为名副其实的英雄。如果那个时势已成历史，英雄的光芒还在光阴里闪闪烁烁，那这位英雄及其群体也就应该被历史记住了。

借东风：第一个“转变”的提出

李国豪对同济的熟悉、了解和热爱的程度，不是一般的词语能够形容的，用他自己的话说，是这个家庭的一员：

我于1929年进同济大学，当了7年学生，于1936年毕业。后来，除了在德国进修和工作7年之外，一直在同济大学做教师和兼任行政工作：曾担任土木系主任、工学院院长、教务长、校长。可以说，我的命运和同济大学联系在一起，同济大学成了我的家。我熟悉这个家的家史，关切它的传统和发展。[1]

正是这种特殊的血缘“关切”，当1977年10月他被任命为同济革委会主任，1978年7月又被重新任命为校长时，他就和当时的领导班子一起，为一所有着70年历史的大学如何重新掌握罗盘，找准航向，带领船队加速航行而忧心忡忡。“文革”前的1956年至1966年，李国豪做了同济的10年副校长，而10年“文化大革命”，挨批被斗住牛棚，正值他53岁到63岁，无论学术创造还是行政管理，都是耽搁不起的黄金年代。李国豪履新3个月左右，教育部于1978年10月颁布了《全国重点高等学校暂行工作条例（试行草案）》，特别规定高校实行“党委领导下的校长负责制”，这无疑赋予了李国豪更强的事业心、更大的责任感和紧迫感。

恰在这时，他以特有的敏锐嗅觉，从当年10月10日第16963期的《参考资料》（俗称“大参考”）上，看到法新社的一则报道：主管全国科技和教育工作的国务院副总理方毅，访问波恩时，与西德各州教育部长会议主席瓦尔特·布劳恩谈到，如何恢复同济大学用德语教学的传统，重新与德国科学界接触。而同济那个与身俱来的传统由于种种原因已中断了几十年。[2]这条从天外传来的消息，像启明星一样，一下子照亮了从黑夜中走来的老校长。他立即动员一切力量，通过私谈和会议形式，重新整理校史，询问政策的可能性，搜罗被“苏联化”和历次政治运动消耗几尽的德语教学师资，并与兄弟院校协商借调德语教学力量，筹办教师和学生德语课程班等等，真可谓是东风一吹，万事具备！经过两周左右的紧张准备，由教研科于10月31日起草成文件初稿《关于我校恢复用德语教学的传统的请示报告》，并随即形成正式文书，主送教育部，抄报方毅副总理办公室、上海市文教办和上海市教育局。该文件首提请示肇因于方毅副总理的出访，接着又披露蒋南翔同志（时为国家科委常务副主任、邓小平助手之一）最近来同济检查工作，“对此事非常关心，并对这方面的有关情况作了详细调查了解”（很显然，这份上行文件的出炉，是询问过蒋南翔并经其首肯的）；接着介绍了“解放前”的同济大学文、法、理、工、医5院齐全，用德语教学的学制和教师、教材等情况，院系调整后德语教学传统的被“没有”；再接着介绍现有德语教学力量和正在进行的举措：“一个教师班、二个学生班的德语即将开班上课”。

这段文字里还提到两个相关问题：第一，这样做的目的是“为了吸收欧洲的先进科学技术，促进西德与我国学术交流”；第二，鉴于我校“德语教师的配备，缺口很大”，希望获得上海和国家的支援。该文最后是这么呈报的：“目前方毅副总理已从西德访问回国，关于恢复用德语教学的传统的问题，领导对我校具体有何要求和部署，请及早作出指示。”[3]

可以说，这个请示是主动的（甚至有些超常）、快捷的，也是极富智慧、眼光和胆识的，它凝聚了中国人对现代化的渴望和几代同济人的梦想，借助国家领导人高瞻远瞩送出的重要信息，第一次以书面形式提出了“恢复德语教学的传统”——两个转变的第一个内容因而也是基础性的、最重要的内容，从而也打开向以德国为代表的欧洲现代化强国学习的大门，把同济与整个世界从学术上联系起来。毫无疑问，这在同济历史上，是一件划时代的文献，而它的诞生，是由李国豪校长主持决策的。

“两个转变”：两个不同方案

随后，同济大学、上海市和教育部，就紧锣密鼓地围绕这件事进行富有成效的磋商。但过程并不顺利，也不那么遂人心愿。

1978 年 11 月 16 日，方毅副总理在上述“请示报告”上签批：“请刘西尧同志（时为教育部部长——作者注）研办，此事我已面告过，应抓紧进行。德方也愿意同我合作，大力支持。”方毅所说的“面告”，根据当时的语境和后来的史实，极有可能是已向当年主管科技、教育和外交的邓小平副主席作了汇报，方毅后来也说：“邓副主席负责抓科学文教，我作

---

❶ 李国豪《学校领导要德才兼备——我任校长的体会》，《上海教育》2001年第3期。

❷ 同济大学《关于我校恢复用德语教学的传统的请示报告》，同济大学档案馆，档案号：2—1978—XZ—13. 0003。

❸ 引文同注释❶。

为邓副主席助手，极力主张恢复同济大学使用德语教学的传统。”[1]在国务院领导的支持和一连串好消息的激励下，李国豪和学校酝酿着更大胆的设想。巨大的历史机遇摆在眼前，机不可失，时不再来，这就是一个睿智的高校政治家和教育家应有的胆识。在一个月左右的时间里面，学校多次与上海市和教育部相关部门磋商，形成了一个目标更远大，内容更丰富，工程更复杂的大“恢复”方案：《关于将我校恢复为综合性大学并与西德建立联系的报告》[2]，主送方毅副总理和刘西尧部长，抄报教育部、中国科学院、国家科委一局、上海市革委会教卫办和上海市教育局。只有一个具有深厚历史底蕴的大学，并且有一个人或一个群体认同自己的历史，又测准了今后国家的航标和一所大学的停泊地，才能够做出至今看起来都是那样抱负宏大的决定。尽管这个报告当时未获批准，但同济一直在朝这个大方向奋斗，且越来越成为现实。事实上，现实在超过它，虽然还不是太远。

报告除引言（交待成文的来龙去脉）外，正文分四个部分：第一部分为“我校概况和与西德建立联系的有利条件”，强调“到解放前夕，基本上还是保持用德文进行教学的传统”，“同济一直在德国科教界中有很大影响”；强调西德科技处于世界领先地位，如我校成为一条引进渠道，“对我国赶超世界先进水平，加速实现四个现代化是十分有利和十分必要的”；而关于战略思想的由来，则对方毅副总理的相关外事活动与提议作了更加详细的说明。

第二部分为“恢复和建设新同济的设想”，它不再局限在单向的德语教学，而要“有步骤地把同济办成吸收德国专长、具有特色的、理工医文结合以理工为主的综合性大学”，打算参照老同济和德国有关大学的院系设置，成立理、工、医、文四大学院，并系统性地调整相关专业。同时，进一步建立科研机构，“把我校建成教学和科研两个中心”。这是该报告的核心内容，关键词其实就是四大学院、两个中心、一个综合性理工大学，相较于10月31日的“请示报告”,第二个报告无疑是一个很大的突破。如再加以概括，“两个转变”仍内含其中——所置“文学院:包括德国语文。历史、哲学、艺术等”。[3]这一短行中的一个冒号、两个顿号与两个句号，体现了当时同济人高超的语文水平甚至可以说是标点符号哲学。“德国语文”是同济传统，是两个转变的第一个突破点，也是国务院和教育部之所以锁定同济的根本原因。方毅曾说:“有人问我，你怎么看上同济，是因为同济有德文的传统嘛，我感到德国出了很多人才，我们应该向德国学习。”[4]还值得注意的就是李国豪和当时的领导班子对文、史、哲、艺的重视，这一个计划，除了历史学迟迟办不起来，其他的都齐了——那些标点符号，巧妙地区别了主次及后三者与前者的关系。另一个转变当然就是针对单纯的土建工科高校提出了将同济建成“综合性大学”，将它放在标题第一项最醒目的位置，其意图和决心不言而喻。

第三部分为“实施步骤”，计划自1980至1985年，分三步完成。第四部分为“具体措施”，其中就当前与西德建立联系的方法，在师资、学生、基建等方面急需做的几项工作做了非常细致的安排。例如将1951年调往武汉医学院（原同济医学院）的部分骨干教师调回我校；调拨上海市一两所医院为附属医院等。

这个报告没有成为尽快开启同济辉煌历史的一把钥匙，它被搁置了。也许因为沟通不畅，也许确有校际和社会单位之间协调的困难，也许还有一些其他未知的原由。其中，后任教育部长蒋南翔在北京面告李校长的一段话最值得注意：“现在恢复德语是以我为主，同济如果完全像解放前那

---

❶《同济大学工作报告》，（80）同办字第45号：附件二《方毅副总理来我校视察时讲话摘录》，同济大学档案馆，档案号：2—1980—XZ—85.0001.

❷ 同济大学《关于将我校恢复为综合性大学并与西德建立联系的报告》，同办（78）字第59号，同济大学档案馆，档案号：2—1979—XZ—5.

❸ 同济大学《关于将我校恢复为综合性大学并与西德建立联系的报告》，同办（78）字第59号，同济大学档案馆，档案号：2—1979—XZ—5.

❹《方毅副总理来我校视察时讲话摘录》，同济大学档案馆，档案号：2—1980—XZ—85.0001.

样就是复旧，要坚持社会主义方向，不要什么都用德文教。”[1]“完全像解放前那样”，其实是暗指同济想恢复1947年前之前的四大学院（在报告里，考虑到师资力量与社会需要，未提出准备恢复法学院）。当时，十一届三中全会虽然开过了，但很多人惊魂未定，这种以意识形态来判定学科和院系设置的思维方法虽不符合高教规律，但在当时应该不只是蒋部长一人的看法。那时高校自主办学的空间非常有限，又涉及“方向”问题，李校长纵然心比天高，他和同济只能如此这般了。

《关于将我校恢复为综合性大学并与西德建立联系的报告》是1978年12月4日发文呈送的，一个多月后，也就是在蒋部长上述谈话之前的1979年1月26日，以教育部名义向国务院报请的《关于同济大学与西德建立联系并恢复使用德语教学的请示报告》（这之前的1978年12月21日，同济在协商与妥协中，还向上海市革命委员会和教育部呈送了《关于与西德建立联系将我校建成以理工为主的新型大学的报告》——相对于12月4日的《报告》，此文件有几大改变：一是主要目标不再提“恢复综合性大学”，而只提“建成以理工为主的新型大学”；二是不再提“拟成立理、工、医、文四院”，只说“调整扩大原有工科，增设和加强理科，把我校办成既是教学中心，又是科研中心的新型大学”；三是“实施步骤”没有了自1980至1985年分三步完成综合性大学的计划，取而代之的只是“积极筹建新专业”和对原有的研究所室“加以充实提高”[2]。这份低调很多、且被当时市教卫办主任批示“同意”的文件，应该就是教育部向国务院呈送件的基础性文件），获得了以邓小平为首的8位副总理的批复。这个方案明确了“首先同西德的大学……建立校际联系……以推进与西德的合作”，“积极创造条件，恢复使用德语教学”；在此基础上“拟参照西德大学的系科设置，并结合我国实际情况，有步骤地增设新专业……逐步将同济大学办成具有特色的多科性的理工科大学”[3]。尽管没有达到“恢复综合性大学”的理想目标，但这个折中方案获得了国家领导人的批示，使同济大学的“两个转变”以国家公文的形式得到确认。应该说，这已经是同济人在十一届三中全会前后短短两月间取得的最令人瞩目的成就了。

"两个转变"形成的原因与历史贡献

第一个方案虽未被批准，但种子已然埋下，萌发是迟早的；第二个方案确定为国家文书，同济人由此开始了承前启后的崭新历史征程。能有这些收获，我们认为至少有以下两大原因：一是中国社会正在改革转型，高等教育首当其冲，同济不甘人后，所谓大势所趋是也；邓小平那时亲自抓科技教育工作，对教育改革给予高度的重视。美国学者傅高义注意到了这一点，他说：

邓小平一般只抓大事，只有他认为的头等大事才会事必躬亲。在1977年到1978年他认为科学和教育就是头等大事。他第一次谈到这项工作时说："教育要狠狠地抓一下，一直抓它十年八年。我是要一直抓下去的。"❹

同济几次提出的发展方案，由于方毅等人的关系得到了邓小平的大力支持，这是同济的历史机缘。而各级教育管理部门和同济的领导班子成员，在真理讨论、科学大会、全国高教会议和十一届三中全会的影响下，思想也大大地松绑了。李国豪非常清楚这一点，他后来很是满意就任伊始提出的"两个转变"，认为它"对同济大学的发展影响比较大，一直受到赞许。应该说，能够实现两个转变，是因为有了改革开放的大环境和当时教育部对高校政策比较宽松"❺。

同济大学实现"两个转变"的另一个原因，当然是老校长的睿智和胆

---

❶ 中共同济大学委员会会议记录《书记、校长碰头会》（1979年3月2日上午）。同济大学档案馆，档案号：2—1979—DW—1.0012。

❷ 同济大学《关于与西德建立联系将我校建成以理工为主的新型大学的报告》（1978年12月21日），同办（78）字第62号，同济大学档案馆，档案号：2—1979—XZ—5.0004。

❸《同济大学工作报告》，（80）同办字第45号：附件一《关于同济大学与西德建立联系并恢复使用德语教学的请示报告》，同济大学档案馆，档案号：2—1980—XZ—85. 0001。

❹ [美]傅高义《邓小平时代》，冯克利译，生活·读书·新知三联书店，2013年1月北京第1版，第206页。

❺ 李国豪《学校领导要德才兼备——我任校长的体会》，《上海教育》2001年第3期。

识。李国豪65岁接任校长，此时，他在同济学习、工作先后40多年了，见过了风风雨雨，亲历过同舟共济，当然也知道在特殊的历史时期，同济的特殊命运和他本人的特殊责任。他7年在德国留学和工作的经验与人脉，对德国社会、教育、科技和大学制度的深入了解，使他理所当然地成为那个时代连接同济与德国大学的桥梁，成为同济大学承前启后的关键人物。更重要的，当然还是他集科学家、教育家和高校管理者于一身的才能与气魄。他认为作为大学校长就要“有远见，抓大事”，“领导者最重要的任务是出主意和用干部。作为校长要对有关提高学校的教学与科学研究水平、学校的发展等重大问题，提出有战略性和有远见的主意，并把主要精力用于实现重要的决策、解决重要的问题”。[1]他是这么做了，才有这样真切的回顾与总结。

“两个转变”是有着特殊针对性的：恢复用德语教学的传统，是针对50年代以后，同济只有俄语和英语教学，而没有了自己历史上除了母语之外的第一外语——德语。失去了德语教学，也就失去了与现代化先发国家德国的联系，失去了与这个有着独特文化、历史和优秀科技教育传统的国家学习与交流的机会。向具有特色的多科性理工科大学的转变，则是针对50年代院系调整后，同济被迫弃多就一、弃大就小的土建单科而言的。在同济大学一百多年的发展史上，“两个转变”有着特殊的价值，我们认为，它是那个时代的最佳选择，如果有关上级部门一致选择了《关于将我校恢复为综合性大学并与西德建立联系的报告》之设想，那对同济已往损失的弥补就会更多，发展的路子会更宽，起点会更高，步伐也会更快。

若要加以总结，我们认为“两个转变”的历史贡献至少有下三个方面。

第一，特色化：恢复了与同济教育传统相关的学科。同济1907年创办医科，1912年创办工科，1927年8月被正式命名为“国立同济大学”，1937年7月1日，继医学院、工学院之后正式成立理学院，40年代又相继建立了法学院和文学院。更重要的是，自创办之初，就以德文为主要教学语言，大多时候还以德国学者为主要教师队伍，且大量运用德国原版教材、教学设备与实践体系，以洪堡的教育理念和严谨、务实、勤勉的德国学风为主要特征。在医学、工学、理学、法学和文学诸学科，成为20世纪以来唯一由德国人创办、并具有德国文化、教育背景的著名国立大学和全国重点大学。院系调整以后，上述的学科特色和语言特色大都被消解了。1978年部分恢复以后，李校长在四大学院难以迅速建立的情况下，仍在德语教学、各学科与研究机构的设置上花了大量心血，扩展了学科领域；又增强了土木与建筑的学科优势，使土建两大学科群长期居于全国领先地位（在他自己的研究领域，在继承20世纪20年代同济工学多个专业和方向的基础上，恢复结构理论研究所，组建桥梁研究室，开展桥梁的空间分析、稳定、抗震、抗风和车辆震动等方面的研究，使他在德国形成的“悬索桥李”一变而成为中国桥梁理论的集大成者，也使同济大学成为中国甚至国际桥梁与结构工程的重镇）；又将工科的交通、环境等学科带动起来；理科甚至文科与德国及欧洲文化相关的部分领域也得到了相当程度的协同提升。还有一点不能不提：德系医学是同济的开山学科，由于李校长的坚持，在他去世前终于也恢复建立起来了。他在2001年写作的《学校领导要德才兼备——我任校长的体会》一文中说：“十分令人高兴。”[2]这是那篇文章的最后一句话，也用一个圆圆的句号圈定了他当年的夙愿。

第二，国际化：加强了与德国乃至整个欧洲相涉的交往。以德语为第一外语的转变，不仅契合了国家改革开放过程中加强对德国交往的需求，也使同济成为我国对整个欧洲交流的一扇窗口。方毅熟谙邓小平的开放战略，他曾说：“德国很值得我们学习。从前美国派人到欧洲学习，主要到德国学习。德国的科学基础雄厚，出了很多人才，德国人思维逻辑性很强……光靠美国不行……现在剩下的问题是用德文、法文进行教学。”[3]1980年开始，同济派出大批教师到德国进修，并聘请德国专家来校授课，

---

❶ 李国豪《学校领导要德才兼备——我任校长的体会》，《上海教育》2001年第3期。

❷ 引用同注释①

❸ 《方毅副总理来我校视察时讲话摘录》，同济大学档案馆，档案号：2—1980—XZ—85.0001。

建立不同类型、不同层次的德语教学组织，快速成为全国德语教学和研究的重要基地。1982年3月26日，学校在致方毅副总理的信中对三年以来对德交流的系列工作进行了总结："三年多来，西德文化教育、科学技术、经济等方面的领导机构和基金会的许多领导人士以及许多大学的校长、有名的专家、学者145批，838人访问了我校"；"从达姆施塔特工业大学和波鸿-鲁尔大学以及西德其他大学到我校来做短期讲学的专家教授有52人，歌德学院和德国学术交流中心为三期留德预备班派来了55位教师任课。在这期间，我校派了62位教师到西德进修……留德预备班已有两期学生208人在西德各大学学习……"[1]1987年同济80周年校庆时，德国总理科尔发来贺信，称："在过去的九年里，通过频繁地交换教授、教师及大学生，同济大学又成为德中科学关系的一个中心。"[2]在恢复与德国全面合作的同时，学校加强了与法、意、奥等国的合作与交流，仅1982年就有23个国家139批514人来校访问、讲学及作专题报告。如今，学校更是在对德联系的基础上先后成立了中德学院、中德工程学院、中法工程与管理学院、联合国环境规划署-同济大学环境与可持续发展学院、中意学院、中芬中心、中西中心等国际合作办学基地，真正走向了开放式、国际化的现代办学之路。2012年，来同济留学的外国学生名列全国高校第四位，这真是了不起的一件事。

第三，综合化：新建了与中国现代化直接相关的专业。李校长主持决策的"两个转变"，一直是以实现四化、复兴中华为己任的。多科性理工大学的规划，最大的目标一个是为了对接德国大学的学科与院系设置，更重要的还是弥补土建单科专业设置的缺陷，在那个时代，以最大的可能性让理、工、文、医等综合起来，培养社会主义建设在几个方面急需的专门人才。1980年所设建筑系、建筑工程系、管理工程系、地下工程系、海洋

---

[1] 同济大学《关于同济大学恢复使用德语教学并与西德建立联系的情况汇报》（1979年7月25日），同济大学档案馆，档案号：2—1979—XZ—5.0010。

[2] 《德意志联邦共和国总理赫尔穆特·科尔的贺信》，《同舟共济——同济大学建校八十周年纪念集》，同济大学出版社，1988年5月第1版，第17页。

地质系、热能与环境系、路桥工程系、建筑材料工程系、机械工程系、电气工程系、数学力学系、物理系和外语系，所设全部 31 个专业，已涉及工学、理学、农学、管理学和文学等学科门类。1999 年之经济与管理学院、建筑与城市规划学院、土木工程学院、环境工程学院、材料科学与工程学院、机械工程学院、电子信息工程学院、理学院、外国语学院和文法学院等十大学院，所设 43 个专业，涉及工学、理学、农学、管理学、文学、经济学、法学和教育学等学科门类。经过“211 工程”和“985 工程”建设，发展到 2012 年，同济已拥有近 40 个一级院系和教学部；本科专业 85 个其中少数专业未招生）；博士学位授权的一级学科点 31 个；硕士学位授权的一级学科点 55 个，涉及经济学、管理学、工学、农学、理学、文学、哲学、法学、医学、教育学和艺术学等 11 大学科门类。而中西兼顾，文理交融，专（业）通（识）互补，内（精神）外（身体）兼修、全民共享的、富有德国洪堡式通才教育理想的现代创新型综合性大学已耸立在现代化的大上海，在世界的东方。这些，是 1979 年也是 1949 年以前的同济大学不可比拟的。

“两个转变”之起步，开辟了同济大学继往开来的通衢大道！李国豪老校长的历史功绩，是值得同济人永远铭记的。

（喻大翔为同济大学校史馆馆长、人文学院教授；周黎萍为同济大学校史馆研究人员）

李国豪教育思想及其对同济大学的影响

黎　君

李国豪校长是一位对同济大学百年发展做出过卓越贡献的杰出人士。他既是一位著名的科学家，也是一位教育家。他的一生与同济大学密切关联，近半个世纪的服务同济，几乎参与了新同济发展的所有重大改革的策划、设计。尤其是亲历并主持了新时期以来同济大学的大变革工作，对工程教育理论的发展和工程人才的培养做出了巨大贡献。他的教育思想曾强烈地支配着同济大学近三十年的发展路径，并相当程度地影响着当下同济大学的行进步伐。在纪念李国豪校长诞辰 100 周年之时，重温李国豪教育思想及其对同济大学的影响有着特殊的意义。

李国豪教育思想的形成与发展

李国豪在 1929 年进入同济大学时，同济大学已经是一所知名的具有德国教育特色的学校了，其培养宗旨已由一般的开业医生和工程技术人员提升为“以教授高等学术，养成专门人才为宗旨”。德国体制已完全形成，并且已经有一批著名的德国教授开始在同济大学任教（如曾经给李国豪教授过铁道工程课的罗鲁（Rouleaux）教授，就是当时具有国际知名度专家学者）。德国式工程教育当时已经在同济全面展开。

在教学管理上，德式教育刻板、严厉，德籍教师对学生学业要求亦极严格。德文课各班每堂课开始均进行口试，以考察学生对上堂课所授内容的掌握程度，督促学生努力复习及课前预习。每学年年终都要依据笔试成绩，决定升留级去向。

在教学方法上，德式教育重视理论联系实际，着重概念、规律，启发诱导，不拘泥于一书之讲解，着重培养学生的研究能力和基本技能训练，崇尚务实、严谨、勤思的学风，强调学生自行总结学习内容并要求学生自己将课程要点条理化。

正是同济大学的具有德国特色的工科教育训练，使得李国豪教育思想在其形成伊始便具有了浓厚的德国工程教育色彩。

青壮年时期，李国豪赴德留学，在德国达姆施塔特工业大学受到了更加正统的德国工程教育，这一时期的亲身感受构成其教育思想的主体内容。

德国的工程教育极其务实，非常重视工科大学毕业生对实际工作的适应性。工科大学的培养目标就是造就工程师。学生在学习期间必须有相应时间的生产实践和实习，以获得工程师工作的经验，毕业时要进行"文凭工程师"证书考试。各工科大学肩负有基本训练与专门化训练的双重任务，学校不但要给予学生以基础教育，而且还要为他们成为专门人才提供专门训练。各大学之间以及大学与有关企业等机构通过跨学科的或职业化的课程合作完成对培养目标的培养。德国工程教育的务实与重视毕业生对实际工作的适应性构成了李国豪教育思想的主线。

不仅如此，德国工科大学对学生要求甚高，不单要求学生要具备很强的自主学习能力，而且还要求学生努力锻造科研活动能力。从入学起，除学校提供的书面指导材料外，学习上一切问题的发现与处理，都靠学生自己。课程学习一般没有教科书，只有参考书，甚至只发讲授提纲，学生要自己去找书看，深入研究、广泛涉猎。在科研活动能力培养上，德国的学校通常要求学生自由选择科研课题。要求学生假期到工厂、企业和社会与科技伙伴共同探索科技开发与研究项目。对有些研究和实习项目学校只提科研实习的要求，并到时收验实习单位出具的证书，具体到工厂、公司去实习，那是学生自己的事。

德国高等工科院校还特别重视培养学生的工程实践能力和联系实际

的工程设计能力，将教学与科研紧密结合。在实验教学中，实验教学要求带有科学研究性质。许多实验课题与技术发展的新成果密切相关，试验题目多是从科学杂志上直接取材，没有实验讲义，完全是独立完成。

在生产实习上，要求学生熟悉生产情况，了解基本工艺过程及生产管理过程中科学技术与经济、组织和社会之间的关系。

达姆施塔特工业大学非常注重造就学生的工程意识，提倡实践教育方针，重视培养学生的解决实际工程问题的能力。李国豪正是在德国达姆施塔特工业大学体悟到了工程教育的真谛。他在后来执掌同济大学时所提出的工程教育思想：工程教育以培养在工业生产第一线从事实际工作的工程师为主要目标，工程教育在进行课程设计时必须从“生产”和“学科”两个维度出发，必须充分考虑工业生产、工程实际的要求。工程师作为高级工程技术人才必须具备设计、研究、创新能力及对工程科技的适应能力等，实际上都是来源于达姆施塔特工业大学的工程教育影响。

如果说李国豪教育思想的基本元素来自达姆施塔特工业大学的留学体验的话，那么，他教育思想中一贯要求的科研与教学结合，坚持不懈地倡导学术研究，一以贯之的要求大学为国家建设和社会发展服务和全力主张对一切事务均采取注重实际的态度和强调实用的立场等，却是来自德国洪堡的大学教育理论。

经过18世纪哈勒和哥廷根两大学的革新，特别是经过19世纪初以柏林大学为代表的改革运动，到19世纪中期，德国大学已大大领先于其他国家，拥有多所世界第一流的大学。尽管第一次世界大战使德国遭受重创，但经过魏玛共和国时期对高等教育的民主化改革，直到二战结束，德国大学及其科学水平仍然在一定程度上领先于欧洲其他国家。明显的例证便是，从1918–1933年，德国获诺贝尔自然科学奖的科学家人数为14人，英国为10人，法国为3人，而美国仅为4人。

德国大学之所以能够取得如此骄人的成绩，一个极其重要的原因，就是德国大学广泛接纳并切实推行洪堡的教育主张和教育思想使然。可以说，洪堡教育思想在德国高等教育体系的全面渗透，是德国大学走在世界前列的根本条件。李国豪教育思想形成的养料，恰恰是对这一渗透着洪堡教育思想的德国教育制度的多重汲取和吸收。

在德国接近 8 年的求学和从事科学研究，秉承了洪堡教育思想的德国大学的科学研究风格和德国高等教育的理论联系实际，给李国豪留下了极其深刻的印象。虽然李国豪并没有直接研究洪堡教育思想，但由于德国大学处处渗透着的洪堡精神，使得李国豪的教育思想烙上了强烈的洪堡印记，突出地反映在以下几个方面：

其一，全力倡导教学与科研相结合。

洪堡反对单纯的传授知识，主张大学应当把科学研究放在第一位。洪堡认为，没有科学研究，就无法发展科学，也不能培养出真正的科学人才。大学教学必须与科研结合起来，教师只有用自己的研究成果作为知识传授给学生，才能算作真正的“教学”。

在洪堡看来，大学既是传授高深知识、培养高级人才的场所，也是生产新知识的工厂。也就是说，大学不仅要培养“完人”，也要做科研。这就要求大学不仅要搞好教学，也要搞好科学研究。没有科学研究，就不会有与现代社会发展要求相适应的大学，在未来的社会条件下，科研水平的高低将成为判别一所大学水平的重要尺度，没有科研的大学是很难被广泛认同。只有教学而没有科研的大学不是真正意义上的大学。

就教学质量而言，作为一所现代大学，如果没有高水平的科研做支撑，它也不会有高质量的教学。因为，科研对教学有直接的驱动功能，这一驱动功能首先表现在，科研与教学结合，有助于驱动教师将科学的思想方法、治学态度向教学转化。可以促使教师从世界观、方法论的高度从事教学，有助于培养学生的科研能力。其次，教师在不断从事科研的同时从事教学，也能够有效地提高授课质量。

在德国大学生活留学长达八年之久的李国豪，对德国大学所奉行的科研与教学结合原则有着刻骨铭心的体会。基于他在留学中所切身感受到的科研与教学结合的益处（他在博士论文准备过程中，克勒佩尔教授让他参与汉堡易北河上修建主跨800米的铁路、公路两用悬索桥的实际计算和构造设计，他在设计计算和构造设计方面积累的实践经验使其终身受益，并最终形成了其一生的研究方向），他在后来大半生的教育实践中，始终全力倡导科研与教学相结合。

其二，在大学管理上，主张学术至上。

洪堡的学术至上精神是通过柏林大学体现出来的。当柏林大学还在胎中孕育的时候，洪堡给柏林大学提供的教授名单就体现了这种精神。按照《威廉·冯·洪堡传》的作者彼得·贝拉格的说法，洪堡为柏林大学提供了一张“没有一位德国的教育大臣或部长可以提供”的“更可值得骄傲的聘任表”，这张聘任表几乎囊括了当时欧洲最杰出的学界人物。洪堡惟才能、学识是举的教授聘任原则是这些人愿意到柏林大学任教的最为重要原因。

对德国大学管理体制中的学术至上，李国豪深有感触。直到晚年，李国豪在谈起大学学术至上的基本原则时，仍然对德国大学的学术自由印象深刻，尤其是对德国即使在政治极端专制的情况下而大学却仍然拥有学术自由的状况更是感慨良多。

其三，在教育目标上，主张用科学来涵养受教育者的个性。

洪堡认为教育的目的是培养一个完全的人，他把教育看作是满足和充实个体本身，用来增强个性的手段。他认为人都具有一种与生俱来的自然天性，这种自然天性决定了每一个人就是一个独立的世界，每个人就是一个独特的个体，他们对社会都有独特而伟大的价值。教育的任务就是最大限度地挖掘和开采这些资源，使之得到磨砺和完善，并将它们有机地融合在一起从而达到和谐的状态。他强调，只有个性独立和自由的人才会组成一个多样化的社会和世界，这样的世界才会更加美好。同时，只有纯粹的教育才能培养出个性和谐、道德修养纯熟、有理智有思想的个体，从而才能提高整个民族的实力，达到国家的真正强大。

在洪堡教育思想影响下的德国大学教育力求最大限度地挖掘人的本

性和潜质，因为每个人的个性特质和潜在力量将会为国家社会带来收益。所以德国大学要求在实施教育的时候务必开发受教育者的内在动力，他们认为只有这样教育出来的人才是有价值的人。

留学期间亲身感受了德国大学教育精髓的李国豪，深切地体会到德国大学的这种关注每一个教育个体，要求以独特的个体的智慧服务于国家社会的培养目标的价值，因此，在其构设同济大学的培养目标时，他始终认为，同济大学的根本目标应当在于全力培养具有正确思维理性的人。他认为，只有正确思维理性的人才能拥有专业的智慧，进而才能最终为国家做出巨大贡献。

依循洪堡教育思想的轨迹，李国豪在洪堡教育目的观上进一步推延，主张大学教育应当最大限度地用科学来涵养受教育者的个性，用专业知识来充实受教育者的身心，并在此过程中推动受教育者达到人生真正的快乐。

需要特别指出的还有，李国豪对德国教育思想借鉴所采取的扬弃的方法。

李国豪立于中德文化交汇的前沿，尽量客观地评价中德教育文化。在中德文化教育的比较中，清醒地看到中德文化教育之间的先进与落后，他并没有用德国大学教育来完全取代中国大学教育，也没有割裂中国文化资源与中国近代文化教育建设之间的联系。他借鉴德国文化，注意从中国社会的现实出发，有选择、有针对、有批判地取其精华，去其糟粕。他的知识、观点、方法，均以中国精神、中国意义为其要旨，为中国大学教育的发展提供了一个积极的模式。

1. 主张大学教育要道德优先

基于传统文化，李国豪一直非常关注道德教育，无论是做教师还是当校长，道德教育“优先”始终占有极其重要的位置。

所谓道德优先，是指把道德教育放在首位，把知识教育放在“行有余力”的次要地位。视道德为解决一切人生、社会问题出发点。要求个人对家庭、国家和民族的责任义务，把个人价值置于社会价值之中。提倡“修身以道，修道以仁”(《礼记·中庸》)。在修己的同时，注重入世，讲求修齐治平，实事实功，以“立德、立功、立言”三不朽学说作为道德教育的最高标准。

传统教育思想认为，高尚的道德品质是教育的根本，应放在第一位。孔子一再强调“君子务本，本立而道生”（《论语·学而》）。“君子谋道不谋食，君子忧道不忧贫”（《论语·卫灵公》），“笃信好学，守死善道”（《论语·泰伯》），“朝闻道，夕死可矣”（《论语·学而》）。在传统教育那里，德是人类社会发展所必须遵守的规范。无论是为人、为学还是为政，都离不开德。德在社会关系中起着极为重要的规范作用。人离开德，便无法实现理想的君子人格，社会无德便会出现礼乐崩坏的无道局面，当德为人们所一体遵循的时候，才会出现真正的和谐社会。

数千年来，上述道德教育优先主张，已化作传统教育的基本信条，渗透于每一个中国人血液。李国豪教育思想的核心，在很大程度上其实是上述传统道德教育内容的现代延伸。

2. 借鉴传统教育，全力倡导“做人教育”

在中国传统教育中，“做人教育”，就是人格教育，人格指的是一个人的“为人”，表现为一个人的心理特征、思想意识和行为实践的总的品格。是心理和伦理的综合。

学会做人，或者说理想人格不是生来就能具备的，是要靠不断地修习才能实现的，而修身则是达到会做人和君子境界的必由之路。传统教育认为，一个人是否会做人，成为有仁德的人（君子），关键在于他是否能够努力地进行道德修养。要学会做人，实现君子人格，必须先要立志于君子人格的培养，要明确自己人生的目标。所谓先有其心，然后才能有其行。“我欲仁，斯仁至矣。”（《论语·述而》）

传统“做人教育”的对李国豪的影响集中反映在：第一，要受教育者持续不断地努力和坚持不懈地学习。传统教育认为，没有学习，则不可能懂得为人的道理。人是学而知之的，不是生而知之的。如果没有实际的学习行动，则不可能实现君子人格。孔子曾特别指出：“吾尝终日不食，终夜不寐，以思，无益，不如学也。”（《论语·卫灵公》）凭空思索、凭空想象是得不出什么正确的结论的，即便得出某些结论也是不能站住的、没有根基的东西。只有用心学习才能有所得。在孔子看来，不爱好学问，缺乏应有的知识，即便主观上爱好仁德的人，也会发生各种流蔽。只有爱好仁德，同时也爱好学问的人，才能有完善的道德修养。李国豪强调的做人教育正是从此入手。

第二，要求受教育者将道德认识和道德情感转化为行动，身体力行，带动他人。在传统教育看来，道德修养的最终落脚点是“行”，而行的最高境界是“从心所欲，不逾矩”。有仁德修养的人（君子），或者说“会做人的人”总是语言谨慎而工作勤劳敏捷的。在传统教育那里，道德实践始终是道德修养以及道德评判的根本标准。如孔子所言：“听其言而观其行”（《论语·公冶》）。李国豪的处处以身作则正是源于做一“躬行君子”思想指导。

第三，要求受教育者自强不息，奋发向上。传统教育认为意志上的坚强，是一种崇尚气节，坚持真理，临难不惧及战胜自我的君子风格。正所谓：“三军可夺帅也，匹夫不可夺志也。”（《论语·子罕》）

正是深受传统的“做人教育”影响，在李国豪的教育思想体系中，人格教育或曰做人教育始终是居于其他教育之首。

李国豪教育思想在同济大学的实践

作为同济大学发展的推动者，特别是20世纪70年代后，作为同济大学新时期的舵手，李国豪以其丰富的中西教育经历和对中国教育现实的精辟认识，带领同济走上了建设现代大学的战略轨道。他在任职校长时期所阐述的关于同济大学的办学方针以及对同济大学的性质、动力及其前途的分析判断，不仅是当时促使同济前进的动力资源，还成为同济大学未来发展的基础支点。他所提出的同济大学的“两个转变”，对于20世纪后期同济的发展更是产生了直接的推动作用。

1. 建国前至院系调整，李国豪对同济的贡献

1936年由同济大学毕业后，李国豪便在同济大学任教，做讲授“结构力学”和“钢筋混凝土”课程的德国教授的助教。当时，李国豪虽受现实生存的挤压，却以一个热心青年的豪情怀抱科学救国的志向，一方面从事教学活动，另一方面致力于探寻更进一步研究发展的道路，努力寻求经世致用之学。

此时的李国豪把工程教育当作治疗中国贫弱的一种手段和方法。在他看来，当时的中国任人宰割，社会陷于混乱，农村发展停滞，面临死亡，最根本的原因就是中国科学技术落后，要使中国富强壮大，不受欺辱，只有走“科学救国”的道路才能得以自救。他认为，中国问题有很多方面，科学技术是改进社会的基本手段。科学教育应以工程教育为起点，通过工程教育最终增强国力，使民族得以自救。在这一阶段，科学救国的思想始终是他最大的动力。

基于强大的思想动力，在这一阶段，李国豪以十二分的热情，全力以赴地投入到一线的教育实践之中。

此间，由于李国豪在钢结构方面所精心组织的教学成绩突出，特别是在相关的研究领域所表现出的特殊才华，使他很快就受到校方关注，特别是倍受德国专家的关注和肯定。阅历丰富、学识精深的德国教授罗鲁教授更是认为他是一个可造之材，亲自与德国有关部门联系，为他申请“洪堡奖学金”赴德国深造。[1]

八年留学生涯结束后，李国豪又一次义无返顾地投身于同济大学，专心致志地开始了其长达半个世纪的教育教学实践。

1949年5月，上海解放，同济大学和所有的学校一样展现出焕然一新的面貌。李国豪和所有的人一样，重燃起希望的火把，为振兴新中国的教育事业全身心地投入教学和科研工作中去。

此间，李国豪在组织教学和设计改革工程教育课程上可谓费尽心机，在其担任工学院院长期间，全面致力于新中国人才培养计划的整合，倾

力打造“工程科学人才”，为中国工程教育的发展留下了弥足珍贵的探索经验。

2. 院系调整后至“文革”前，李国豪对同济的影响

院系调整时，李国豪作为教务长负责执行调整任务，将交大、大夏、光华、圣约翰、震旦、大同等大学及市立工专等校的土木、建筑专业并入同济大学，面对纷繁杂乱的人事调配和专业整合以及设备搬迁，他呕心沥血，殚精竭虑，硬是把从上海和华东地区 10 多所院校调集来的土木建筑专业师生组织起来，使同济大学成为一所全国规模最大的土木建筑类型的高等学府。

1952 年李国豪创办了桥梁工程专业。1955 年开始招收培养我国首届桥梁工程研究生。1958 年，李国豪又创办了工程力学专业，并亲自上讲坛讲授板壳力学。培养我国第一批工程力学学生。

当时，中央号召学习苏联，采用苏联的教材。但李国豪认为新中国的高等学校应该有我国专家自己编写的、适合我国国情的中文教材。为了给学生提供更适宜的专业教材，他不论学校行政事务及教学工作多么忙，每天都要挤出时间编写教材，他所编写的《钢结构设计》，成为新中国第一本桥梁专业的中文教科书！接着，李国豪又编写了第二本中文教材《钢桥设计》。李国豪编写的教科书简明概括、条理清晰、结合实际、明白易懂，深受同学们欢迎。从 1959 年以来一版再版，传播广泛。

3. “文革”后李国豪对同济的再造

从 1978 年开始，作为校长的李国豪开始站在同济大学舞台的风口浪尖。

“文化大革命”中，同济大学的教育教学根基受到严重冲击，在这种情况下，同济大学究竟应当怎么发展，同济大学根本的前进方向到底应该在哪里？作为一所由德国人创立并长期以来有着浓重德国印记的同济大学到底需不需要对外开放，又怎样进行对外开放等等诸如此类的问题，成为当时决策者的李国豪殚精竭虑所思考的问题。

❶ 参见李国豪：战火纷飞中的留德生活，引自《旅德追忆》，商务印书馆，2000年

结合同济大学的实际和当时国家的具体需要，通过对同济大学发展兴衰原因的探究，特别是基于对同济大学的未来发展命运的深入思考，李国豪提出了在同济发展史上起到了里程碑作用的两个战略转变。一个转变是在恢复原有的土建类专业的同时，根据现代科技发展的趋势，改变学校单科性现状，增设了应用数学、应用物理、应用化学、电子仪器及测量技术、热能动力机械、管理工程、园林绿化、德语等新专业，将同济大学办成既是教学中心，又是科研中心，培养优秀人才，创造更多高水平的科研成果的一所理工为主的多科性大学。另一个转变是恢复德语教学，加强以德国为主的国际合作。

在李国豪的一生中，最为辉煌的莫过于这一时期所提出的上述两个转变的经典思想。正是这两个转变的提出并施行，使得他不仅成为新同济的最为重要的创始人之一，更为重要的是，还为同济探索出了一条符合同济发展的道路，使同济跨入了一个崭新的发展阶段。他在同济大学的制度设计上，既继承了传统的精神，又借鉴了国外大学制度，形成了同济的办学特色，其思想至今仍然是同济发展的重要理论支柱之一。

李国豪在此阶段为同济大学所做的付出，超越了他整个人生历程中对任何方面的付出。高远的理想，旺盛的精力，蓬勃的朝气，敏锐的感官，易染的热情，使已经处于迟暮之年的他焕发出了几近青年义士一般的大无畏的进取精神和牺牲精神。

此阶段，李国豪的主要贡献集中表现在：

第一，全面恢复了同济大学的正常教育教学和科研秩序。

“文革”结束后，面对学校的教学组织被破坏，许多专业被取消，教研室的消失和各个学科系的不存在以及实验室的被破坏等这一片荒芜局面，李国豪在莅任伊始，就首先致力于恢复系、教研室等组织。原来的系主任、教研室主任等在“文化大革命”中都无一例外受到过批斗，伤痛铭心，不愿再出来担任领导工作。李国豪现身说法，以自己为例苦劝他们。在他的反复游说下，这些为教学、科研献身大半生的专家、教授们终于出山，把原有的学科与教学框架恢复过来。

基于一向十分重视科学研究，在原有的学科与教学框架恢复的同时，李国豪又迅速恢复和新建了八个研究所、室，开展科研和培养研究生。在此基础上，在他的直接过问下，学校陆续设立许多硕士点和博士点，着手成立研究生院。

此外，在当时“文革”余威尚存之时，他还冒着风险、顶着压力全面布署教育教学改革方案，提出了对同济迈入正常轨道具有决定性的八项重要措施：加强教学第一线的师资力量；改革教研室体制；试行教师自报开设课程，供学生选择；大学生和研究生实行学分制……

第二，在同济大学的办学理念上，明确提出并全力推行实施“两个转变”。

李国豪不仅亲自厘定“两个转变”发展战略，还在多种场合阐述同济大学“两个转变”战略实施的重大意义。他反复强调，50 年代初学习苏联模式的情形已不适应新形势。同济大学的办学思想、结构方式以及管理方法等必须要经历的一场深刻的变化。他透过纷纭的现象，抓住了同济大学办学方向选择、功能定位和人才培养类型选择等重大矛盾，对同济大学的办学理念进行了革命性突破。

李国豪坚持，同济大学的办学传统和历史遗风，是同济大学的成为全国重点院校的一笔重要资源，他要求，同济大学的办学方向，应当强调的是以工科为主多科型综合。

为了恢复同济大学的医科教育传统，李国豪作了巨大的努力。虽然后来功败垂成，但他并不气馁，继续要求同济在人力、物力、师资等方面进行了积极的筹备。直至 20 世纪 90 年代末同济成立医学院。

在同济大学的功能定位上，他紧紧抓住主要矛盾，把高等工程教育与经济、科技结合起来，把同济的科研与上海建设的需求结合起来，要求同济大学更好地为上海经济发展服务，加强与上海的社会实践联系。正是在李国豪领导下，同济大学最终发展成为理工文医结合的多科性的全国重点大学。

第三，全力推动同济大学国际化办学目标。

同济大学是最早被德国同行认可的工程师教育的中国大学，早在20世纪30年代就被人称为“国际大学”。遗憾的是这个关系在抗日战争时期，在同济大学辗转内迁的过程中，于1940年中断了。

为了实现同济大学的第二个转变，1978年8月，李国豪向时任高等教育部部长的蒋南翔请示出访德国，并提出在同济恢复传统的德语教学。

1979年4月，李国豪开始了其为期六个星期的出访德国行程。李国豪的德国之行，不仅为同济大学建立起与德国中断了近40年的合作关系，并由此重开派遣大批教师赴德进修和聘请德国专家来校讲学，开展与德国大学在教学和科学研究的合作旧例，使同济大学的教学和科学研究，以空前的速度追赶国际水平。更为重要的是，通过李国豪的出访，通过李国豪与联邦德国政府及相关部门的广泛交往，为中德未来的合作办学打开了大门。

正是在李国豪的努力下，从1979年起，德国的大学每年都派专家、教授到同济大学讲学、授课、合作科研；同济大学也派出教师和“留德预备部”的毕业生到德国学习、进修。同济大学成为全国中德文化交流的中心之一。

第四，坚持教育与科研的紧密结合，力促大学走出象牙塔，全面服务于经济建设主战场。

在这一方面典型的表现是李国豪对宝钢建设的全力支持。

作为宝钢顾问委员会首席顾问的李国豪始终密切关注着宝钢的发展。在宝钢几度面临危难，几度面临下马之时，在当时主要中央领导已明确表示不赞成宝钢项目继续之时，李国豪以其高尚的人格和科学家的责任感，用严密的科学数据，仗义执言，全力主张宝钢项目绝不能停止。

多年后，每当宝钢人提起宝钢一期工程建设的曲折历程时，依然念念不忘那年8月，国务院作出宝钢一期工程续建的决定。他们说，那完全是以李国豪为首的20多位顾问签名的意见书起了起死回生的大作用。

李国豪教育思想对同济大学的影响

在人类社会发展进程中，有一条基本的定律，即不同社会部门的现代性转化的启动，通常是以某一个精明睿智的管理者进入决策层为先导，变革由上而下推行的。之所以如此是因为，当历史的机遇来临时，总有一些精明睿智的特殊人物，由于他们较早地看到了事物发展的本质，因而首先成为现代性转化运动的倡导者。在绝大多数人还不能以更广阔的眼光看待自己的部门，不能把自己部门放到更大范围的大坐标系上去定位之时，进行所谓现代性转化的责任只能由这一特殊的人来承担。特别是在传统力量空前强大的情况下，在整个社会还远无现代性转化的自觉意识之时，这些特殊人物的强制干预与强行灌输，事实上便成为他所在部门接受现代性转化的观念并取得现代性转化成功的关键因素。

李国豪之对同济大学，从一定意义上看，其实就是重现了社会发展的这一条基本的定律。略有不同的是，李国豪的教育思想遗产还会在未来相当长的一个时期成为同济大学发展的动力资源。

就大学的发展而言，一所大学所取得的成就，虽然远非个人能力所及，但是，一所大学在一个特定的历史阶段中所取得的成就，却常常是由于某一个杰出人物的努力而就，尤其是当某一个杰出人物所凝练的教育思想得以确立，进而成为大学主要决策者的核心理念并通过大学管理层加以具体落实到实践时，他的思想将是一所学校赢得成功的决定性因素。

无论从哪一个角度来看，李国豪与同济大学的关系都具有上述特质。20 世纪 50 年代，李国豪在参与领导和开展的新中国大学教学建设工作之时，便形成了一套改革发展同济大学的新型教育教学的思想，极大地推动了同济大学的发展，如 20 世纪 50 年代由他主持修订的课程改革方案。而在 20 世纪 70 年代末 80 年代初，在“文化大革命”结束后的新的历史时期，历史于此重要转折关头又为李国豪创造了领导同济大学进行现代性转换的契机：出任同济大学校长。此时，“生逢其时”的李国豪凭借敏锐的眼光和超凡的领导力，全力提倡和推行同济大学的两个转变，使处于困境的同济大学摆脱了后“文革”时代意识形态的牵拌而进入现代大学运行的快车道。进而由此，在长达近三十年的时间里，李国豪一直扮演着同济向现代大学转换的组织者、推动者和实行者的角色。

作为一个头脑冷静、富有卓识远见，并且拥有坚强意志力和强烈责任感的科学家和教育家，李国豪教育思想对同济大学的发展所产生的影响是极其深远的。

首先，李国豪在办学思想上进行的一系列探索和卓有成效的开拓，铸就了同济大学发展的灵魂。他在20世纪70年代末与80年代早期所制定和强力推行的同济大学的综合化和国际化发展方针，在根本上为同济大学开辟了发展的路径。

就前者而言，他以一个教育战略家的非凡气魄反思苏联教育模式的利弊，克服了许许多多的挫折和阻力，对计划经济下的仿照苏联教育模式建设的同济大学办学思想进行了艰难的突破，提出了学科结构综合化的思想，全力主张多科化、综合化发展，为同济大学今天的成就奠定了基础。

就后者而言，他对于德国工程教育和教学的研究始终抱有热忱，强烈要求同济大学恢复学习德国大学的优良传统，他以睿智开阔的眼界不仅着眼于教育手段方式的学习借鉴，而且更注意对大学制度的改革引进，他所倡导的学习德国工程教育的灵魂，主张将德国工程教育的思想、理论及其相关制度置入同济，使同济大学真正拥有独具风格的德国特色，为同济大学当今的国际化办学开辟了绝佳的道路。

在其任校长期间，通过将上述办学思想的有机结合，李国豪不仅提出了新时期的同济大学发展纲领，更是制定了同济大学发展的总路线，确立了同济大学发展的战略方针，构设了同济大学的发展框架，完成了同济大学最为根本的战略方针建设任务，开启了同济大学迈向新世纪的步伐，影响了同济大学的发展走向。

时至今日，李国豪的办学思想仍然是推动同济大学发展的重要资源。

其次，他强调大学教育的社会功用，要求大学教育为社会服务，强调

“为建设”与“为国家”的有机结合，极力反对将教学与科研相分离的苏联模式，大力推崇德国的教学与科研相结合的大学管理路线，要求在教学与科研密切相关基础上的科研在先的大学管理思想，为当今同济大学务实求真的大学精神的进一步弘扬提供了宝贵的养料。

再次，李国豪所拥有的清晰的教育家意识，他的人格风范与道德教育追求，他在高等教育价值取向上历来所强调的大学教育不仅要培养自由、独立的健全个体，将科学和人生结合起来，更要培养合乎社会伦理要求和具有健全的道德的人的人格教育主张，也为同济大学提供了一笔丰厚的教育遗产，为同济大学今后更健康地发展奠定了一块不可或缺的基石。

著名教育家傅任敢先生曾评价清华大学校长梅贻琦道：“就他与清大而论，前后共达三十九年之久。就他服务清大而论，前后共达三十三年。就任校长到现在以达十七年。他这一生，由少而壮，由壮而老，整个韶光，都是为了清华。清华由游美学务处、清华学堂、清华学校，发展到今日五学院的清华大学，他都是身亲或躬与其事的。”综观李国豪一生与同济大学，将此评论用于李国豪似乎也是合适的：“就李国豪与同济大学而论，前后共达近 70 年之久。就他服务同济大学而论，前后共达 50 余年。就任校长到现在已达 30 年。李国豪这一生，由少而壮，由壮而老，整个韶光，都是为了同济大学。同济大学由建国后的重新复校、学习苏联的院系调整成为单科院校，发展到今日的多科性、综合型的国际化知名大学，他都是身亲或躬与其事的。”

回首李国豪校长的奋斗历程，再次领略李国豪校长教育思想的要义，值此百年诞辰之际，我们向老校长致上诚挚的敬意。

（作者为同济大学职业技术教育学院副教授）

我心目中的教育大师李国豪

章仁彪

“锦瑟无端五十弦，一弦一柱思华年。庄生晓梦迷蝴蝶，望帝春心托杜鹃。”2005 年 3 月 10 日，当我慢慢踯躅在吊唁名誉校长李国豪院士的长长的队伍中，脑海里回想着李校长辉煌而又几多坎坷的传奇人生，也穿插着与李校长不多但却印象深刻的近距离接触的情景，听着大厅里传来的低沉而庄严的哀乐慢板，不知怎地突然想起了李商隐的看似有题实无题的七律诗。8 年后的今天，当我坐在电脑前，撰写《我心目中的教育大师李国豪》时，耳畔似乎又回旋起这首难解而又多解的《锦瑟》诗：“沧海明月珠有泪，蓝田日暖玉生烟。此情可待成追忆，只是当时已惘然。”

一

大师已逝，睿智长存。作为“桥梁大师”的李国豪成名于其在德国留学期间研究悬索桥的分析方法的博士论文《悬索桥按二阶理论的实用计算方法》的横空出世，“悬索桥李”之雅号诞生于德国而至今载誉学界；而作为“战略科学家”的李国豪业已在“宝钢建设不用下马”、“大跨度桥梁中国自己能造”和“国际深水港建设时不我待”等重大战略决策的关键时刻的高瞻远瞩的战略分析和严谨求实的科技论证而令人信服；然而，享誉中德学界的“Grosser Lie（“伟大的李”是源起于德国土木工程结构学界的尊称，当时李国豪用的德文译名为 Kuo-Hao Lie，缩写为 K. H. Lie）之伟大不仅属于科学界，也（或“更”）属于教育界——2003 年 9 月，这位新中国科学院首批学部委员、中国工程院首批院士，中国工程学会联合会首届主席，上海力学学会、中国桥梁与结构学会创会理事长，曾经获得过多个荣誉称号的耄耋老人，在欢度九秩生日之年，又收获了他传奇人生中的最后一个荣誉称号：首届“上海市教育功臣”。名至实归，这位终身执教鞭、桃李满天下的“李老师”、“李校长”，又何止是上海的“教育功臣”，更是一位将现代大学理念践行于中国、为中国教育改革呕心沥血、屡建功勋的“教育大师”！

诚然，李校长不是教育理论家，而是教育实践家。他没有留下教育学（pedagogic）的理论专著，却以自己近 70 年的教书育人的实践和半个多世纪以来历任土木系主任、工学院长、教务长、第一副校长、校长、名誉校长等要职而为同济大学的恢复、改革、发展、壮大殚精竭虑，晚年更为中国高教体制的改革和现代大学建设做出了独特的贡献，他是当之无愧的真正的“师魂”和“教魂”。我认为，最能体现教育大师和战略教育家李国豪的办学理念和教育思想的就是在 1978 年做出的、关于同济大学实施“两个转变”的重大战略决策而备受关注，以及退居二线后在世纪之交的中国高教体制大变革中仍屡屡发出正中时弊、言简意赅的大胆建言而振聋发聩。“两个转变”中，李校长既是高屋建瓴、着眼未来的战略谋划和决策制定者，又是善抓机遇、突出重点、步骤缜密、扎实推进的战役设计师和直接指挥者，有时还是张弛有道、细致入微的熟稔的战术实施者和杰出的管理艺术家。而世纪之交的中国高教体制改革时尽管李老已经退居二线，但不仅在教育改革的高位顶层设计上屡谏诤言，而且在实际的推进过程中始终给予高瞻远瞩的全局关照与关键问题上的智慧点拨。这两场改革也是李国豪教育人生中最为精彩绝伦的两段华章鸿篇，体现了他作为科学家的同时，也是一位运筹帷幄的战略教育家。

在李国豪校长诞辰百年之际，我依然在苦苦思索着怎样用我的笔来描述“我心中的教育大师李国豪”。因为没有现成的李国豪教育文集可供作为研究的“文本”，也因为毕竟缺少更深入的接触（近距离的直接接触只是他晚年最后的10载岁月中那不多的几次）。为此只能努力搜索着脑海里有关李校长的点点滴滴，反复查阅手边所能找到的一切资料……

二

解读大师，难在何处？难就难在其人格魅力之至大至深难以穷尽。“教育大师”何以谓大？乃在于其“学高为师，身正为范”；Grosser Lie何以伟大？同样不仅在于他的学术贡献、博大精深，而更在于他的人格魅力之至高至大。

回顾教育大师李国豪之传奇而又颇多坎坷的一生，弟子们印象最深的是老师的这一教导：“做人要正派，做事要讲诚信”。这也是李校长一生的人格写照。直到晚年，当听到学校正在探索在素质教育中提出自己的“知识（Knowledge）、能力（Ability）、人格（Personality）”（简称KAP“三位一体”）的人才培养模式时，老校长非常高兴地带话说，这一提法好，教育中重视“人格”的培养很重要，甚至是最重要的。

何以解析李校长的人格特征？作为教育大师的人格魅力靠什么展示？当然是身教重于言教。本文在此仅举几个方面加以描述，一孔之见，挂一漏万亦在所难免：

1.“外表严肃”、“对事不对人”的李国豪是“严”而不“厉”有“大爱”。

在课堂、实验室里工作起来非常认真、不苟言笑，执行制度纪律很严的“很德国”的李校长之“严格治校”是出了名的。连他的弟子都感到“有点怕”，如项海帆院士回忆，第一次见到风度翩翩，穿着西装领带、戴茶镜提皮包的老师时，就感到这位只有38岁、正值壮年的工学院院长“身上有一种说不出的威严和令人尊重的气质”。而范立础院士也始终对李校长心存敬畏之情，有一种说不清的“怕”：“也许是怕老师说自己笨，不动脑筋”，有一次李校长得知他带了五六个博士，就严肃地问他：“你有那么多选题让他们做吗？”

当然，李校长一贯强调的“严格治校”的前提是“严于律己”：

治校必须严，严才能出人才，出成果。治校要严，校长必须严于律己，以身作则，淡泊名利，遵守规章制度。对教师要严格要求，其中重要环节是把好升级关。……对职工的工作，我主要通过校办的工作来督促检查。对学生，我的方针是严格与爱护相结合。考试必须严格。对品质上的错误……初犯从宽，再犯从严，开除学籍，对思想上的错误则着眼于教育挽救。

但李校长其实是“严”而不“厉”，“尊重人格，平等待人”的“很宽厚”、“有大爱”的良师益友、慈祥长者。尽管曾经长期担任领导管理工作近 50 年，工作中得罪人也是难免的，如对教师严把升级关，就很得罪人，有人说同济 1956 年全国高校定级时一级教授只有他一人（据查是 2 名，另一位是叶雪安教授，后奉调武汉测绘学院），是他的“苛刻”、“不容人”。且不说同济“院系调整”中“伤筋动骨”大伤元气几乎只剩土木单科，大量同济精英悉数散尽到他校任职之背景（据我有限的同济历史知识，也无法判定其中有多少原同济教授在其他地方获评一级教授的，至少搬迁武汉的中南同济医学院就有 6 名一级教授，当然也包括同时并进的原武汉大学医学院）。20 世纪 50 年代初中央成立高教部对高校绝对控制之严尤以为甚，当时的定级标准之条件是高教部直接控制制定的。据我查阅到的一篇专题研究此段历史的学位论文披露，当时一、二级教授主要由中央主管部委与地方政府商定后排队下达高校的（据网上查悉，医学院较为特殊，一级教授居多，上海 34 名一级教授中一医 16 名，二医 6 名，占了近三分之二。其他好像浙大倒真的只有 1 名，而从“院系调整”中获益多多、汇聚了许多高校的知名老教授的复旦也只有 4 名，其中就有 1949 年奉调复旦的原同济中文系主任、文学院院长郭绍虞，而著名教授胡曲园、杨武之、谈家祯、卢于道、刘大杰、吴文祺、孙大雨、金增嘏、周予同、周谷城、谭其骧、漆琪生等也都是二级教授）。不过，深受德国学衔制影响的李校长自己也承认在校内升级中把关是严格的，他认为这是为了“使人感到教授职称可贵”，而防止后来出现的“教授不值钱”的现象。李校长知道自己是个“性急，有话直说”、“外表比较严肃”、“人们有点怕我”，但所以能“见面时彼此还是融洽的”，而且“退下来十几年了，大家相见还是很亲热”，实际上主要是因为李校长处理问题历来是“对事不对人”，与同事和教职工“只有争论，没有吵架”，说了气话，主动道歉。特别是当人们发现，一向被认为对人比较苛刻的李校长能容人之过，不计前嫌，重用曾经误解或严重伤害过自己的干部、教师时，都由衷地佩服他“大公无私，胸怀宽广”的高风亮节和人格魅力。

李校长执行纪律也很严，对此，《城市规划学刊》主编董鉴泓教授可谓亲身经历、终身难忘。据他回忆，当年因为外出没有及时按照规定时间把暑假期间搬进教室睡觉的物品搬回学生寝室，差点受到工学院院长李国豪给予“记两个大过”的处分，好说歹说地求情才给减了一个（要不积累到3个大过就要被开除了）。但李校长复出后，却首先不耻下问地征求这位当年被自己记过的学生对校政校务的意见，并委以对德交流的外事重任。“文革”前“左”风日盛时，李校长却对一位偷渡香港未成被抓回的学生未予开除处分，而是亲自谈话教育，还送了一本方志敏烈士的《可爱的中国》以资鼓励真诚悔过，知错就改。晚年出席新生开学典礼时，当发现同学们正面对阳光难以睁眼时，立即起身招呼让同学们侧转面向……这时的李校长更多露出了他严而不厉有“大爱”的那一面。真可谓是“养不教，父之过；教不严，师之惰”，“严师出高徒，师爱重如山”。

2. 屡屡被批“重业务轻政治”或“重才轻德”的李校长最重“师德”并率先垂范“为政以德”。

众所周知，在科学的攀登中，尽管也曾历经艰难险阻，但 Grosser Lie 一路攻坚克难捷报频传，而恰恰是在教坛的辛勤耕耘中却屡屡挨批受整，曾几度被迫检讨。检索历史档案，翻阅“工作日记”，屡屡看到李校长反反复复地检讨所谓的“重业务轻政治”或曰“重才轻德”之错误。当然，在这些批判中，我们也能从他的同事一些可能是随大流的批评的字里行间一窥李校长的一些正直独立的人格特征，如“长处有见解，敢说敢坚持，但对政治运动有抵触情绪”，“有正义感，能恨品质恶劣的人，但对有政治阴谋的人却恨不起来”。这些言辞中，我看到的却是一个令人肃然起敬的“大写的人”的勇敢和正直！

这种种“政治不正确”的批判或检讨，也同时令我这位政治学理论学科的研究生导师不得不再次检点“政治”这个困扰人类两千多年的“耳熟能详”却又常常“熟视无睹”的概念。中国古代《尚书·洪范》载有“八政”说，即“食、货、祀、司空（管水利、营造）、司徒（管理民众、土地、教化等）、司寇（司职驱捕盗贼、诛戮奸臣、监察等）、宾（外交礼宾）、师”（注意：师，教育亦为“政”务之一）等 8 项公共事务。政治乃管理公众之事，“公务”也。西人亚里士多德说，政治是城邦之事，有城邦乃有公共空间，而人们来到城邦乃为生活，居住城邦为求更好生活。所以，政治亦为求得公民公共生活之美好之务。公共空间的事务要以公共利益的公正为上。此也即是孔夫子所曰，“政者，正也”，“为政以德”，故“大道之行也，天下为公，选贤与能，讲信修睦”。当然，政治不能光停留于道德层面的说教，而须有法治之“治”之伴随。我认为，“重业务”的李校长并不“轻政治”，问题是何谓政治？是被简化为仅仅是“阶级斗争”的政治？或是被视为争权夺利的“权力”之争的政客的“政治”？或是空谈大道理的空头政治？还是真正“管理大众之事”、谋划大众“权利”、正确处理“群己权界”以谋共同“美好生活”的政治？

从20世纪40年代满怀报国情怀的海归游子和保护爱国学生的“民主教授”，当然是一种政治觉悟高的表现；到20世纪50年代从以需要科研助手整理文献综述之名义保护被错打成右派的青年才俊项海帆（后来的工程院院士），这也许在当时是一种“阶级立场不坚定”的“政治不正确”；再到60年代政治运动和“文革”动乱中反对“空头政治”，听“活学活用（毛著）”经验交流时竟埋头演算数学方程，身系囚室仍坚持科研不辍等等的“不合时宜”，以及20世纪70年代提出拨乱反正的“两个转变”的卓越政治远见、80年代政协主席积极推动落实政策时纵横捭阖、折冲尊俎的娴熟政治艺术、90年代继续在重大工程与教育决策中战略顾问咨政问策的卓越政治智慧。此外还有那宝钢决策中敢于直言批评中央有关部门先停建、再论证是“程序颠倒，不恰当”，反对搞大起大落，“对宝钢要算经济账，政治账也要算”；在南浦大桥、虎门大桥的建设中，突出强调“中国自己造”具有的“政治意义”；晚年对教育改革屡发诤言：“贫穷不能成为教育无力投资的理由……中央在这方面的失误会给全国造成巨大的深远的损失”，所有这些都体现出了这位战略科学与教育家的超凡的政治胆略和远见卓识。

3. 出国学习“心要在国内就像风筝牵着线”：“很德国”的李国豪实际上“更中国”。

在科学与工程的理性思维上，李国豪深受德国理性主义思维传统的影响，这是毋庸置疑的。一个人的思维习惯乃至某些生活习惯也往往是在历经青春反叛期后逐渐冷静与成熟的时期慢慢定型的，而大学（包括本科及研究生阶段）学习期间的经历和体悟是十分重要的，因为这是一个思维受到严格的系统训练的时期。但是在家国情怀的皈依上，“血浓于水”的民族认同感，对故乡的思念和依恋，可能是更早些就已经通过耳濡目染的环境熏陶得到了积淀和形塑。所以，“洋装虽然穿在身，我心依然是中国心”，这就是李校长给我的一个非常深刻的印象：每每谈到人格塑造，李校长必要连同谈“国格”。

改革开放，在大量国人跨出国门的同时，也出现了许多滞留不归的现象，特别是一些公派出国人员中也出现这种现象。李校长对此很感忧虑。据 1998 年 11 月 4 日《同济大学生报·研究生专刊》发表的《李国豪院士》专访说：“李国豪校长首先谈到高素质人才应当在国内做出贡献，而不是跑到国外去再来讲报国。”文章说，有些在国外的学生讲，在国外也一样可以为建设祖国服务，像杨振宁、李政道一样，李国豪叹息“他们的报国之心不切呀”！认为“在国外与在国内报效祖国是不一样的，高素质人才应当回国自起炉灶做研究，并为祖国培育出一批人才来”。他以项海帆院士为例，出国去进修，吸收国外的先进技术是必要的，但“心要在国内，像风筝似的，有一根线牵着”；“项院士学成后如不回来，那么我们学校的这个风工程实验馆就建设不起来，就没有今天世界排名第二的规模，就没有在国内建造近二十座大桥的辉煌成就”。但项海帆院士却更记得的是老校长对他的批评，当时为了更快地学习国外先进的科学技术，项教授曾经热情地推荐和帮助不少年轻教师联系出国深造，但大部分教师没有按期回来，李校长一次严肃地批评他是“放人太松，会影响同济的工作，以后要注意”。

由于李校长在德国的广泛人脉关系和巨大的学术威望，开拓了多种渠道和方式将同济人一批批送去德国学习进修，某种意义上也成了同济人“很德国”的一个原因。而在如饥似渴在学习德国的现代化的科学技术，无意中也被德国的音乐、艺术、环境、生活等等所吸引，这也是有一些出国人员滞留不归或推迟返国的原因。的确，德国的文化艺术和生活环境是很吸引人的。在李校长晚年的留德生活回忆中写道：

达城周围有很好的森林绿化地带和一些景点，是周末和假日去游览的好地方。夏天我经常去大学体育场晒太阳或游泳，其他季节则去市室内游泳池游泳…… 此外，我常常骑自行车去近郊森林和名胜以及外地游览…… 当时，老百姓的汽车或者被军队征用，或者因为没有汽油供应而停驶，马路上空得很，骑车子很舒服。我也曾乘火车去南德一些城市和名胜游览。所到之处，野外森林苍翠，绿草如茵。城镇中街道，各种设施，博物馆、展览馆、教堂、古宫、古堡等等，都整洁悦目，井井有序，加之民风淳朴，彬彬有礼。德国人民和德国环境实在令人赞赏。

有过德国生活经历的人，都会有此同感，读来倍觉亲切，犹如身临其境，如闻花香鸟语。

“战火纷飞中的留德生活”尚且如此，经历了战后经济复苏的联邦德国的生活环境当然更加优美怡人。作为曾经的留德学子，李校长深知这种吸引力的巨大，为此在送人出国时，他总要语重心长地谆谆告诫，珍惜机会，抓紧时间，刻苦学习，早日归来。开始几批的出国培训，李校长都亲自去作报告。

最近我与第一批通过德国“同济之友”资助出国进修的一位德语老师谈起，他讲起1981年出国前李校长对他们亲自做培训的情景，至今仍历历在目。李校长结合谈自己当年留德的艰苦岁月，反复嘱咐要珍惜学习机会，勤奋学习，搞好团结，互相关心帮助，遵守外事纪律，按期归来报效祖国，并结合自己把访德期间节省下来德国马克捐给学校购置进口教学仪器设备的体会，要求大家节约一部分资金，支援学校发展。还反复嘱咐在德期间要时刻想到自己在德国人眼中就是中国人的代表，一言一行都会影响到德国人对中国的印象，要为祖国争光，作为同济老师，要有大学老师的礼仪风度等等。拳拳爱国心、爱校情十分感人。

4. 念念不忘恢复综合性大学的“很科技”的李校长也“爱艺术”、“倡人文”。

李校长对家乡复办嘉应大学的希望是“培养高级专门人才和发展科学技术与文化艺术的中心，既是大学又是研究院”，并“发展成为具有文、法、理、工、农、医等专业和研究所、室的万人大学……”这种多学科的综合性大学，其实也正是老校长希望通过“两个转变”要达臻的洪堡的大学理念。在要求“制定比较全面的长远规划”时一针见血地点明“国内外许多大学都痛感这方面的失策”，我想这里的“痛感”也一定包括李校长本人对同济被“伤筋动骨”的切肤之痛！因此，李校长恢复综合性大学的决心是坚定不移的。而一生从事理工科技研究的李校长本人自己也一辈子是一个“爱艺术”而富有人文精神的德智体美全面发展的大写的“人”。我想，这也是李校长在主持政协工作时，也曾经大力呼吁上海不仅要成为国际经济金融科技等的中心，还要努力建设成文化中心的深远战略意义之所在。

李校长 1998 年在接受学生记者采访时曾经就理工科专业学生的综合素质发表看法，他以自己德国求学时经常到剧院去听歌剧、音乐会为例，勉励青年学生努力提高自己的艺术修养和文化素质。在李校长的那篇回忆德国生活的文章中是这么描述的：

达城（达姆施塔特）有一个大戏院，上演交响曲和歌剧，还有一个小戏院，上演小歌剧和话剧，可以预定一年不同演出场次的固定座位。我这样订了几年票，领略了一些西方音乐戏剧，并体会到德国人对此欣赏的情趣。他们把去戏院听音乐或歌剧当作精神生活中的一个盛宴，盛装打扮，漫步大厅，全神投入，身心超脱。盛会之后，余音袅袅，的确是高雅享受。我也从中调剂孤寂的生活，并养成了以后对这方面的爱好和乐趣。

习惯于理工思维、专攻工程力学、桥梁结构的科学家、工程师，何以有此闲情逸致于赏析音乐戏剧？李校长的叙述也会勾起所有曾经浪迹海外的游子共同的回忆。有时克服“文化休克”、超脱乡愁、融入异国的最好方式是通过艺术，因为音乐、艺术是可以超越国界、民族、语言等等的羁绊和隔阂，沟通心灵、陶冶情操，亦可磨砺品行、升华人格。1994 年圣诞节我曾到过李校长当年留德生活的达城访友，1999 年仲春，我随吴启迪校长一行 4 人访德时，又专程访问了同济最早结缘的姊妹学校达姆施塔特工业大学，并抽闲浏览了解了这座美丽的黑森州城市。19 世纪这里曾经是德国著名的工业城市，20世纪又发展为一座世界闻名的“科技城”、德国的“软件之都”，但她同样是一座充满着浓郁的艺术氛围的文化古城，又因荟萃众多年轻的大学生和青年科技精英而尤为青春勃发。从市中心路易斯广场中央的路德维希纪念柱，到城东高地上青春风格、造型别致的五指“婚礼塔”，城市的标志一目了然；从东南山林中随处可见的中世纪的古城堡，到始建于16世纪的大公府宫殿、18世纪的巴洛克式王子花园、19世纪末专为大公妹妹暨末代沙皇皇后而建的漂亮的俄罗斯教堂，以及作为建筑史上公寓建筑典范的“森林螺旋城”，这里的确是一个建筑艺术的博物馆；从著名的“历史之家”的老剧院的音乐会，到“青春艺术风格节”的流行音乐表演，从四月的春季游乐会、五月的露天音乐会、七月的海涅节、八月的“黑森秀”、九月的诗歌之夜……这个城市的人们节会不断，音乐常伴，欢乐永续。我想，艺术的熏陶与浸淫对于“科技城”的专业技术人员和工程师们的创造性思维和工作一定会是大有裨益的。

看来李校长还是很有文艺细胞的，从在留学期间养成的对音乐艺术的爱好与乐趣中受益终生。怪不得人们常常可以在学校举办艺术节的音乐、戏剧的演出现场看到依然风度翩翩、西装革履的老校长和他夫人前来享受“精神生活的盛宴”的身影。在好几次学校辞旧迎新的联欢晚会上，人们还能看到老校长轻盈地漫步在舞池里，大家最喜欢看到的是年迈的老校长和当时的吴启迪校长合作的经典舞步与旋转的身姿，每次人们总是用最热烈的掌声献给这一对新老同济人的杰出代表组成的舞伴，共祝同济大学的明天更美好！

李校长还一直和另一位高足范立础院士一起大力倡导“桥梁美学”，记得他们两人曾经在20世纪80年代合作发表过一篇《桥梁工程的现状与展望》长文，如数家珍地介绍了桥梁的历史与未来，李校长自己曾经写过一篇《关于中国拱桥》的美文，图文并茂地描绘了拱桥之美。其实早在20世纪40年代末李国豪就在一篇关于上海苏州河上桥梁的意见的技术性分析的文章中，就开宗明义提出了桥梁的美观问题，专门介绍并分析了“美观之桥梁式样之三种”，同样是科学与美学的结合。学习人文科学的人都知道，德国大哲学家马克思曾赞誉“人是按照美的规律创造的”，中国大教育家蔡元培主张以美学代宗教，塑造中国人的人生境界，有一位当代哲学家说过一句名言，谓“美学是人学的峰巅”是啊，比起求真、向善的活动与追求来，也许“审美”是最自由自在、自觉自愿的表达人的自然而又自由的“游戏”本性的一种“非功利而具普遍性”、“无目的而合目的性”的活动。不仅是作为“凝固的音乐”的建筑成品应该满足人的审美需求，工程技术人员的设计、制造、操作也需要符合“美的规律”。无怪乎“庖丁解牛”之手舞足蹈、如痴如醉，依乎天理、因其固然，从而能游刃有余、踌躇满志……真可谓“技也？”“艺乎？”，“近乎道也”！李校长及其高足范院士所倡导的“桥梁美学”也同样如出一辙，出神入化、“由技入道”，“技”近乎“艺”，“所好者道也”！

所以，我以为一向被认为“很工程”或者相当时期“很土木”的同济的传统文脉中始终奔涌着“很艺术”甚至“很人文”的血脉！其实素以理性和严肃著称的德国，不管是18世纪六七十年代兴起的“狂飙突进”文学运动，还是19世纪蔓延持续的浪漫主义文艺思潮中，都涌现出了一大批叱咤风云、雷霆万钧的杰出文化天才。“很德国”的同济是否也应该挖掘和传承发扬一下自己的艺术、人文、社会关怀的基因和包括诗歌、音乐、美术等艺术细胞呢？不管是被称为“凝固的音乐”的建筑营造学还是常被误读为“又土又木”的“土木工程学”，都是需要充满人文关怀和社会责任担当的关乎“民生”大事的专业之“政事”，古人“八政”中“司空”不就是专司水木土工、建筑营造之职吗？英语中的“Civil”本意不就是“市民”、“民用”吗？正因为如此，同济人在20世纪90年代率先提出了“科技教育与人文教育协调发展”的命题和理念，还成立了由戴复东院士当主任的学校艺术中心。并陆续办起了一系列传媒艺术设计、电影、音乐等新专业，逐渐形成了有自己特色的“同济设计”的办学模式。我认为，这也正是在践行我们同济人提出的“科技教育和人文教育的协调发展”理念的深入。

三

2001年初，《上海教育》上刊载了一篇李国豪校长与教育界同事谈谈做校长体会的文章《学校领导要德才兼备》，老校长说：

校长作为一个单位的领导者要具有领导者的德和才，而作为培养德智体美人才的领导者，此外还应是全校德智体美的典范。这两方面的要求很多，我体会最主要的可以综合为如下几点：一、大公无私，胸怀宽广；二、尊重人，平等待人；三、严格治校；四、有远见，抓大事；五、当业务内行、高手；六、热爱教育事业，热爱学校。

老校长的这六条可谓是肺腑之言的切身体会，句句平易实在而又富有哲理，而且也是多年他身体力行的治校经验，但从中更能看到他的为人处事的准则和人格价值的取向：即“德智体美的典范”。记得上溯45年前，风华正茂、风度翩翩的李校长对同济青年团员教师讲培养目标时提出的也正是“德、智、体、美都齐全”。的确，这就是李校长的终身之道。

总之，李国豪的问学之道，可谓世界一流的“桥梁大师”，力学专家；李校长的成人之道，亦可谓首屈一指的“教育大师”，杏坛楷模。纵观其传奇一生的风霜坎坷，从年轻时负笈海外求学的艰辛经历，以致学成归国后的几多磨难，再经政治运动中多次挨批、“文革”动乱中几陷灭顶之灾，但从不言败，反而愈挫愈勇，一如古人所言“天将降大任于斯人也，必先苦其心志，劳其筋骨，饿其体肤，空乏其身，行拂乱其所为，所以动心忍性，曾益其所不能……”（孟轲）。直到老而弥坚，年逾花甲再度披挂上阵后，更是以只争朝夕之精神，拨乱反正，披荆斩棘，勇于开拓，善于践行，“两个转变”不仅为同济大学闯新路，为上海教育开新局，亦为中国高教改革开放创新篇。晚年退居二线，仍然心系教育，以极大的热情为教育改革把脉问诊，并以纵观全局的卓越智慧，为高教体制改革建言立策，努力为推动科教兴国战略的实施与现代大学的办学理念的落实作出了巨大的贡献。我以为，大胆实施“两个转变”是践行现代大学的办学理念的伟大尝试和勇敢探索，而敢于大胆呼吁并积极主动促进中国高教体制改革则促成了中国高教现代化的一场具历史意义的深刻变革，这两件大事最能体现作为“教育功臣”的李国豪的教育思想与理念，也最能见证“教育大师”的远见卓识和非凡胆略。

我们完全有理由说，李校长不愧为杰出的“教育功臣”，更是一位具有大智大勇的战略教育家。综观其一生，李校长始终坚守着自己的“做人要正派，做事要讲诚信”的人生信条，“遇难不苟免”，“大难不死，矢志不休”，艰难困苦，玉汝于成。

《上海教育》对李校长进行访谈的时候，也正是同济大学完成第二次并校之后的第一年，20年前规划的“两个转变”至此终于有了较为圆满的结局，老校长心头自有一种如释重负之感，因此在这篇访谈稿的结尾处，是他饱含感慨的一段话：

一个校长热爱教育事业，才会为教育事业献身；热爱这个学校，才会为这个学校的事业竭尽全力。……可以说，我的命运和同济大学联系在一起，同济大学成了我的家。我熟悉这个家的历史，关切它的传统和发展。所以我当校长时，积极提出恢复同济大学传统的“两个转变”，并且极力试图恢复50年代调整到武汉去的医科，可惜没有成功。现在学校又有了医科，并且大大发展了，这是国家发展兴旺的缩影，十分令人高兴。

与同济相依为命70余年的老校长高兴了，大概也放心了，随后，老校长终于搬离同济新村，住进了市里安排在华山路的住所，以便于就近就医，颐享天年，并继续为国家和上海的重大工程建设“既顾又问”当高参。自此以后，四平路的同济校园就较少再见他的身影了，我也只能在某些特定场合再见到他，印象最深的是那次为他90华诞举行的祝寿大会，几代同济人济济一堂恭祝老寿星寿比南山。也许在迎新的晚会上还有他的舞姿依然那么优雅？也许在学校艺术节的礼堂里依然会走过他的身影，是否步履依然那么稳健？但2003年秋最后一次出现在沪西校区的新生开学典礼的老校长虽也高兴地站起来向同学们挥手致意，但不再像往年那样致辞讲话。

最后一次来到四平路校园是已住院治疗中的老校长执意来看新落成使用的医学院大楼。这就是2004年11月14日，老校长最后一次踏进这梦绕神牵了近60年的同济校园，可惜终身热爱运动的老校长这次只能是力不从心地坐在轮椅上参观新大楼了，当他微笑着向对他欢呼的医学院学生们挥帽告别时，也许并没想到，就在这最后一次校园行的第101天，老校长永远离开了这块美丽的校园、离开了爱他敬他的师生们……

四

2007年百年校庆之后，李校长的半身塑像开始矗立在校园里，祥和的目光从容地扫过自己曾经留下的脚印、亲切地关注着校园里或匆忙或悠闲走过的每一位师生……

一个冬日的下午，我走近塑像，轻轻地摩挲着他的衣领，端详着他的慈祥的脸庞和硕大的额头，凝视他那坚毅淡定而充满睿智的慧眼，像吗？形似胜于神似，抑或相反？脑海中又浮现出那一次与李校长最近距离的亲密接触。那天，也是一个下午，淡淡的阳光，穿过窗子斜斜地照进来，我受吴启迪校长之托，去他在同济新村新四楼东头底楼的家，为并校改革中的一件事征求老校长的意见并送去一份材料。我静静地坐在老校长的对面，隔着一个小小的茶几，阳光正洒在他的脸颊上，老校长带着淡茶色的眼镜，双目在阳光中稍稍地有些眯缝，那慈祥而睿智的眼神中透出的是那种阅尽人间沧桑的安详与从容，只是在时不时地眨一下眼的时候，我才能又瞥到那一丝聪慧的狡黠在镜片后闪过……

所以，如今对着眼前的这座墨黑色的塑像，我总觉得好像有些陌生。

噢，也许是没塑上一副眼镜？也许，我心中的老校长的塑像应该是白色大理石的全身坐像，一如位于柏林市中心菩提树下大街上的洪堡大学校园里的洪堡塑像，此时，洒落的阳光应该为其披上金色的余辉。我想起了传说中的黑格尔名言："没有洪堡大学就没有光辉灿烂的德意志文明。"或许，我们也可以说："没有李国豪就不会有同济大学今天的辉煌。"同济人将永远可以自傲地以李校长为荣！

离开李校长的塑像，来到大礼堂前庭广场上，我又停步瞻仰了一会那镌刻着李校长遒劲有力的校训题词——严谨、求实、团结、创新。为这 8 个字的校训的雷同性，曾经有过多次能否寻找到更好的替代性表述的讨论。但是，此刻我觉得，这 8 个字的平淡无奇却恰恰是作为"教育大师"的李校长留给我们最好的教育思想！她是那么的朴实，却又是那么的贴切！

"严谨"是学术的生命，"教不严，师之惰"，博学而慎思，大学的使命是学术（Wissenschaft 科学），学术（科学）的本质是理性，也就是要谨守思维逻辑，尊重客观规律，任何天马行空的"想象（理性 Ideal）"的合目的性，必须是基于严格的概念界定所作出的判断和严谨的逻辑思维进行的推理，并经过严肃的学术探讨才能被确定和接受。

"求实"是科学的本质特征与基本要求，任何研究的目的是发现（Discovery），发现未知，发现对象的真实，发现内在的客观规律，不论是对现象的如实描述还是对本质的深入揭示，都以求真务实为本。

"团结"是大学共同体的本质，unity 何也？联合、团结，大学本来就是以一种基于自由自主的自愿自觉而组成的"同业公会"，不论是博洛尼亚大学的学生会还是巴黎大学的教师联合体，都是以独立的个体为基础而形成的共同体，同舟共济而不屈不饶，以应对各种来自外在的（权力或金钱的）压力和诱惑、干涉乃至迫害，而保护共同体内部每一个成员的独立思考和自由研究的权利（故闻网民认为"同济"校名最为贴近大学之本质），当然，不是“党同伐异”，而是五湖四海，既是独立思考，又是团队合作，如同济土木工程的“桥梁梯队”，海洋学院的“海洋精神”，也是建筑城规曾经的“八国联军”（指当年同济的建筑学科汇聚多国建筑流派传人“兼收并蓄”、“百家争鸣”、“八仙过海，各显神通”的“海派”文脉）。

“创新”，不管是各种 new idea 的创意，还是 new material 的创造，都是学术研究、科学发展的永恒原动力与其存在的生命，更是工程技术的特长与本质所在，不论是天才的发明创造，还是不息的改良革新，都最终会通过创设出新的“东西”、“事物”：事和物、道和器，乃至技和艺，以适应、满足（实际上是永不会满足的）具有“匮乏”本性的人类的精神与物质（ideal 和 material）需求，造福于人类共同体的繁衍、承续、进步，这恰恰也是工程师的天性与天职，能力与人格，使命和愿景。这 8 个字的通俗简朴恰是大学精神的基础和保障，真理有时就是那么简单而不需矫饰，何必再去苦苦追求辞藻的瑰丽与寓意的深藏呢？

我在冬日阳光的最后一抹余辉中缓缓走出校门，回首瞥见右边那幢静谧地矗立在暮色中的逸夫楼，眼前又浮现出最后一次见到老校长的情景。那就是 2003 年春，在出席学校为其 90 华诞举行的祝寿会上，老校长依然容光焕发。壮心不已的老寿星还兴致勃勃地把一年当一天，细数着“下礼拜”的几个重要的时间节点，期待着下一个“礼拜天”即 2010 上海世博会年再见！惜乎，他没能等到 2010，甚至没有等到“礼拜四”的同济百年校庆。但他等到了“礼拜二”国际深水港一期工程进展良好将于当年顺利开港的好消息，那是他身前最后操持过、惦记着的最大工程和“这辈子最后关心的”最长的一座大桥，那也是近百年前李国豪的广东同乡孙中山先生《建国方略》中最期望的“东方第一大港”工程。据资料记载，读初三时的李国豪在学校的一次演讲比赛中荣获第一名得到的奖品就是《建国方略》。

记得2006年春我和夫人及德语系的同事一起第一次乘车经过长长的东海大桥，登上深水港区的小洋山岛上的小观音山，观摩著名的“海阔天空”等摩崖石刻时，不禁心潮澎湃。俯首鸟瞰港区热火朝天之万千气象，抬眼眺望长空海天一色之壮阔美景，脑海中浮想出几多往事：38年前，我夫人和我先后来到离此一水之隔的东海之滨芦潮港围滩垦殖，劳作之隙，常会倚锄远眺蓝天碧波中的这大、小洋山之朦胧轮廓，想象着据说有野猴出没的奇异山景，放飞着青春的远大梦想……如今终于一桥飞架、“天堑变通途”了。但是，曾经为此“东方第一大港”圆梦而呕心沥血的我们的老校长李国豪院士，这位东海大桥名誉顾问最后却未能实现他“真想到大桥上去走一走、看一看”的心愿，就在医院最后一次听取东海大桥总指挥带来的工程进展如期顺利的消息时，在说出这个愿望后的第24天——2005年2月23日，“桥梁大师”永远离开了他心爱的大桥，名誉校长离开了他梦绕神牵76年的同济大学，“教育功臣”走完了他近70年的教育人生……

“昔人已乘黄鹤去，此地空余黄鹤楼。黄鹤一去不复返，白云千载空悠悠。”

但同济人继承并实现了老校长的遗愿，在他期待的九秩后的“礼拜四（2007）”，同济人隆重庆祝了百年校庆，面向世界，诺言如山：守护大学之道，创新办学理念，坚持“四个统一（文化传承与科技创新的统一，学术自由与社会责任的统一，满足需求与导引变革的统一，民族认同与全球意识的统一）”，建设一流大学！在那一周的“礼拜天（2010）”，同济人在世博会上尽情地施展和挥洒了一番自己的学识和才华，实践了自己的誓愿：“同济，为‘世博’添光彩！”老校长在天之灵一定会感到无限的欣慰——十年树木，百年树人，“同济代有才人出”！

如今，我的思念亦随白云飘去千万里，举目远眺，杭州湾上，万顷碧波涌彩虹，继宁波跨海大桥竣工使用以来，新的绍兴跨海大桥又一条巨龙腾飞越海湾，通车日期指日待，大师回眸应笑慰，您所主持制定的“杭州湾交通通道预可行性研究”纸上蓝图已化为现实……再极目南望，虎门大桥，伶仃洋上“跨”伶仃，“销烟”烽火化彩虹……“日暮乡关何处是”，烟波江上“无需”愁：大师魂归故土桑梓地，白云深处嘉应“复”大学。

呜呼，大学何为？千年大学，魂兮归来，“师魂”、“教魂”、“大学魂”；同济何往？百年学府，“校魂”巍然，继往开来学无涯，止于至善任重远……Grosser Lie，伟大的李，永远的校长！国之英豪，校之魂魄！

（作者为同济大学政治与国际关系学院教授，原同济大学改革与发展研究室主任、原高等教育研究所所长，原文法学院、法政学院院长）

师恩难忘

做学问，好比造桥，桥基不稳，地动山摇。工科学生一定要扎扎实实打好数学、物理、力学等基础，再艰苦也要咬牙挺过来，千万不能做“思想懒汉”。

他指引我踏上科研之路

俞载道

2012 年的大半年光景，我是在第一人民医院的病房里度过的。静静躺在病床上，在半梦半醒之间，思绪总会不由自主地陷入对过去的回忆中，多少人生记忆的片段接连涌现脑际。定睛回望来时路，我分明还能看见我无比想念的李校长，其音容笑貌在眼前清晰浮现。

与许许多多的人一样，我无比崇敬李校长的学识和思想，敬重他的人格和品德。除此之外，还有一种情感一直充满心间，那就是我对李校长的深切感恩之情，任岁月流转，它不曾有丝毫褪减。最让人感怀、难忘的是在我工作刚刚起步之初，他对我的悉心教诲、指点与扶持。

那是 1946 年初夏，从李庄回到上海之后，我就担任李校长回国之后的第一任助教，他的言传身教对我后来踏上科研道路启发很大、影响很深。

现一·二九礼堂所在，曾是工学院的办公楼。我记得土木系有两间大办公室，我们几位助教和李校长同在其中的一间。见面后共处没几日，他就对我说，作为一名大学教师，仅仅能“传道、授业、解惑”还不够，还要培养起自己过硬的科研素质，最起码要力争在大学毕业后的 5 年之内，科研起步并做出一点成绩来。其言辞极为诚恳殷切。他还特别提醒我：“年轻人啊，要以正确的态度对待科研，要勇于习作，怯于发表。”

那时李校长从德国归来，带回了几本最新出版的德文专业著作，有他的博士论文，有他历年在《钢结构》杂志上发表的多篇论文，还有德国科学家关于钢结构研究进展的论文集。他把这几部专著郑重交到我手上，让我先逐篇认真阅读，还从一本《钢结构研究纪念论文专辑》中挑出了一篇题为《工字梁在集中力作用下的应力分析》的论文，叫我试着用与文中不同的方法来解决同一个问题，写成文章后交给他看。

当时，我大学毕业不过两年，还从未接触过实质性的科研工作，不免有些心怯。但在他的鼓励和启发下，我前后一共写过三篇小论文，其中两篇是用德文撰写。尽管当时并没有打算拿出去发表，但对这其中的每一篇，李校长都极尽耐心地批阅、修改，当面给我指出不足之处，其要求之严丝毫不亚于对待要去发表的文章。这样耳提面命的教导，拨开了我心头的一层层迷雾，使我开始对科学探索渐渐产生了浓厚兴趣，并初步认识到了一些如何进行科学研究的思想和方法，令我终身受益。

四年之后，我从助教升任讲师职称，这几篇论文就成了晋升的证明。穿越一个多甲子的岁月烟尘，那本纸页早已发黄的《论文专辑》，至今仍牢牢占据着我书柜的一角。只要一捧起它，当年情景就会一幕幕萦回脑海。

1951年，冯纪忠教授为学校对面的公交一场设计一个薄壳结构的车间。此前，这一结构在国内还没有建设先例。李校长积极支持这个新型结构方案，鼓励我上图书馆，查阅1935年首次在德文原版《钢筋混凝土结构》期刊中提出“圆柱薄壳”严谨理论的经典论文，作者是德国著名结构专家汀辛格（F. Dischinger）教授。

他举荐我参与到对薄壳结构的计算理论研究，协助何广乾工程师去完成这个新型结构的设计。当时，我刚刚升任讲师才一年多时间，李校长就把这样一副重担压在我肩上。由此，我对圆柱壳体结构计算理论以及传力情况有了一些认识。这也是他对我在工程设计方面的一个极有力的培养。

1952年院系调整之后，尽管我和李校长不在一起工作，但他仍然十分关心我、信任我，对我寄予期望。记得那是1955年，我从鞍钢回校后在钢结构教研组工作期间，李校长希望我能针对钢材的可焊性问题做一些研究工作。在他的关心下，我完成了对上钢转炉沸腾钢有关可焊性方面的各种试验，并根据研究成果发表了三篇有关可焊性问题的论文。

正是得益于李校长的垂爱提携，20 世纪五六十年代，无论是从事土木工程结构的教学，还是工程结构的设计工作，我都习惯于挤出一些时间来做做结构的理论研究，以此不断扩展深化自己对结构理论方面的科学认识。也正是因为在结构理论上的一些深入思考，1959 年在负责同济大学大礼堂的结构设计时，我大胆采用了 40 米大跨度网壳这种新型结构。1978 年，学校成立了结构理论研究所，我有机会专门从事十多年的结构理论研究，在科研道路上又向前迈进了几步。

20 世纪 80 年代，有一段时间，李校长还让我同时担任《上海力学》以及《同济大学学报》(自然科学版) 这两份杂志的主编。此外，我的两本专著《结构动力学基础》及《随机振动理论及其应用》，都曾承蒙他在百忙之中非常仔细地审阅并提出了极其宝贵的修改意见……。

凡此种种，忆往追昔，如果说我这一辈子还做出了一点科研成绩的话，也都归功于李校长的搀扶和指引。是他牵着我的手，朝着科学殿堂迈出了宝贵的第一步。这份恩情，永铭我心！

犹记得那一日，2005 年 2 月 23 日，敬爱的李国豪校长永远离开了我们。第二天一早，噩耗传来，我闭门在家呆坐良久，难以言说的哀伤在空气中弥漫。斯人虽去，但精神宛在，风范长存，思念无尽！敬爱的李校长，我在心底永远怀念感激您！您的形象永远活在我们心中！

2013 年是李校长诞辰 100 周年。我身已羸弱，怀念之情永不变，愿以一瓣心香，敬祝李校长在另一个世界一切如意！

（作者为同济大学土木工程学院教授，曾任《同济大学学报（自然科学版）》主编，李国豪先生的第一任助教。2013年3月3日在上海逝世）

忆与李国豪老校长的交往

罗小未

回想起与李国豪老校长的接触，我印象比较深的有三件事情。

一件事与我加入中国民主同盟有关。我是1957年前后加入民盟的，当时李校长已经是老盟员了（编辑注：李国豪1953年加入民盟，1956年加入中国共产党）。我其实是想加入共青团的，可是入团已经超龄了，我很明白我家庭“出身不好”，加入中国共产党不够资格，但是我也想“改造”自己、想追求进步。当时我们系里的党总支书记是王辉老师，他人很诚恳，待人也很好。王辉老师找我谈心，他说，你各方面都挺好，但是入党还不够条件，你可以考虑入盟，入盟也是争取进步的一种方式。老实说，我之前对民主党派关注并不多，正因为这样，我才开始有意识地关注民盟。

1956年，时任同济大学副校长的李先生给同济师生作了一场报告。作为一名从旧社会过来的老知识分子，他出国时和外国人打交道时坚持中国公民的立场、为国争光等内容，让我们听起来觉得很新鲜，对我启发很大。越是离你距离比较近的人的成长，越容易让你产生共鸣。我开始意识到，加入民盟也是“改造”自己、靠近党的一种方式。我在入盟申请书上这样写道：李国豪教授的报告对我触动特别大，同济大学有这样一位盟员、老师，他的成长经历给予了我们一种指引，原来我们也可以走上这样一条道路。

中国民主同盟上海市委员会对知识分子申请入盟十分重视，民盟上海市委负责和我联络的是一位女工作人员，她常常会来同济开会，也来我家做过家访。联络员给我看沈钧儒、邹韬奋、李公朴等“七君子”的书籍，还和我谈心。她说，知识分子总要走一条路，加入组织的话，组织可以带着你前行。加入民盟后，我先后担任同济民盟支部主委、民盟上海市副主委、民盟中央委员会委员直到退休。

第二件事与我参加上海市科协的活动经历有关。20世纪60年代末，当时我担任上海市建筑学会的副秘书长。李先生知道我是市建筑学会的副秘书长，有一次他遇到我后，跟我说明天市科协有一个活动，大概你也要去参加的。他和我约好明天早上7点半去他家里，一起坐他的车去市里开会。李先生还说，以后市里有什么会议，是你去我也去的，你就和我联系。第二天大清早我就去了李校长家，那时候他还住在同济新村同字楼的二楼，一个楼梯上去，两户都是他家的。到他家后，我等了他一会儿。他吃好早饭，我们就走了。从这件小事就可以看出来，李先生对我们这些教师是很关心的。想想看，当时我们的校长住宿条件也不过如此。后来同济新村村字楼造好了，他才搬了过去。

还有一件事情就是“文化大革命”时期，因为我海外关系很多，大概在20世纪60年代末的时候被隔离了。我关进去时间蛮长的，头一年12月份关进去，第二年7、8月份才放出来。我进去的时候，隔离室人很多，我认识的就有好几位，其中就有李先生、后来担任同济大学副校长的黄鼎业老师，但是我们都不敢打招呼。造反派当时态度蛮凶的，隔离室的地板是单地板，我住二楼，常常听见造反派在楼下打人的声音，我很害怕，还好他们没有打我。后来被关着的人一个个出去了，剩下的人越来越少。有一次造反派叫我们到一个房间去训话，训了很久后，造反派走了，我们各自回到自己的房间去。李先生经过我身边的时候，跟我说“你不要怕，没什么事的”，语气有点藐视的意思。

我在隔离室里主要做的事情就是从头到尾读《毛泽东选集》，每篇都读，读了两三遍。出来后，我们教研室里的人，需要引用《毛选》里的话，过来问我，我马上就可以背出来了。再后来隔离室就剩我和李国豪两个人，因为我们俩都是“国际间谍”，最后我被我们系给领回来了，李先生大概也被他的系领回去了。

（作者为同济大学建筑与城市规划学院教授）

深切缅怀恩师李国豪校长

孙　钧

敬爱的恩师李国豪校长离开我们转瞬已近八个年头了，但他的谆谆教诲、那慈蔼可亲的音容笑貌仍然活在我们心里。

忘不了那刻骨铭心的一天冬晨。我接听了学院朱院长的电话："告诉你一个很不幸的消息，李校长昨天傍晚在华东医院谢世了。"恰如晴天霹雳、五雷轰顶呀，毫无思想准备的我，当时最大的自责是在李校长最后的日子里我怎么没能前去做最后一次探望。这将令我抱憾终生、自责终生啊！除了马上电话宽慰师母林老师外，两天后，我赶到了设在桥梁馆的灵堂，面对遗像，泪流满面地深深三鞠躬；在龙华殡仪馆的大厅里，面对慈容，我以无尽的哀思，与到场的数千人一起，深切悼念着这位桥梁力学与工程界的伟大导师、同济大学发展光大的主要耕耘者和开拓者——李国豪老校长，愿他静静安息！

记得李校长已经连续三个年头在医院病榻上过春节（尽管天气回暖后还是回到家中静养），当时我脑海中也曾隐约感到有一丝不祥的预兆。这年春节前，我又一次想去医院问安，电话那边林老师说："李校长身体恢复得还好，准备春节后天气暖和些就回家，现在就不要来医院了，李校长要陪着说话会感到吃力，等回家后再来畅叙吧。"就这样，那次通话竟成了与敬爱恩师的永诀！我深深悔恨着自己啊！

回忆起半个世纪来在与李校长许多交往中受到的教诲、鞭策和鼓舞，往事历历，如在眼前。

我最早认识李校长是在1952年初秋的一天早上。那年全国高校院系调整，上海交大的土木系要合并来同济。我当时是交大土木系的秘书，当天随系主任杨钦先生（后来任过同济副校长）和全系教授大概十余人一起到同济来联系合并的事。李校长当年40岁不到，是同济的教务长，他亲自率人在其美路（四平路）学校大门口迎候我们，并一起去到一·二九大楼会议室。同济人对交大师生过来表示欢迎和高兴，有关仪器设备（专业实验室）和图书资料等如何分割、转迁到同济，也都谈得十分融洽，相互谦让，只一个上午问题都基本解决好了，还在同济食堂吃的午饭。李校长给我的第一印象是十足的学者风范，他是一位已蜚声国内外的桥梁专家，又正值盛年，言谈举止却十分谦和，显得特别平易近人。来同济后，在一次与我们青年教师的座谈会上，他语重心长地告诫大家说："大学毕业、立业之初的前三、五年，对今后一生至关重要，要养成勤勉好学的习惯，要培养自己独立思考和钻研的能力；如果这个期间做不到，我看他以后也就难了。因为人总是先要犯手懒的毛病，不想动笔；再就是犯脑子懒的毛病，更又不想用心了。"李校长的警语说得多好啊。我们听进去了，也这样照着做了。数十年来，尽管年齿渐长而在治学上却始终铭记恩师教导，未敢稍有懈怠，今天才不致有"少壮不努力，老大徒伤悲"的感喟。

1954年，苏联桥梁专家斯尼特柯（И. Д. Снитко）教授以及道路、建筑施工、建筑工程管理与经济、建筑工程机械等学科领域的六七位苏联专家来校授课并培养、指导研究生。学校除了配备生活翻译外，还要有人担任专业翻译。我那时在学校负责工程力学方面两个大班的讲课，夜间在市内中苏友协俄语专修学校进修俄语，已有一点基础，就由李校长安排，与曹善华、赵骅、朱照宏、江景波等几位青年老师一起，要我承担桥梁专家的专业口译（上课和指导学科建设、培养研究生等）。这样，我改换门庭，承担起专家讲授的两门专业课程："钢桥设计"和"桥梁施工组织与计划"的讲稿笔译和课堂口译。李校长亲自听课，基本上有专家讲课都会来，还对我翻译中有不妥切的地方，课后会一一向我指出。如此两年多下来，我在桥梁设计、施工和掌握俄语基础（阅读、写作和口语）等等方面都有了很大长进。这得感谢李校长的安排，给了我那次上好的学习机会哩！

几十年韶华流逝，而李校长在我个人成长的年月里对我的教育和帮助，应该说是受益终生。在此我再次告慰李校长，学生会感恩戴德，永远铭记，终生不忘！

记得是1963年秋吧，李校长召集徐植信、翁智远、朱伯龙、洪善桃、沈祖炎和我等人开会，说想与大家一起组建“结构理论研究室”（即现在结构所的前身），并想把主攻重点放在“结构防护工程学”研究方面。他说：“现在全国学界都在做结构抗震方面研究，我们不要赶时髦、随大流，我看结构工程防护问题关系到国家安全，理论上也有深度，可以深入系统地搞。”因为我那时已奉调并负责在同济组建国内第一个“地下建筑工程”专业（也是李校长的主意），在地下核防护方面略有些基础，研究室内的第一讲就叫我说说核防护工程研究的重要性、主要研究内容和方法，以及理论成果的工程应用等方面的问题。当时我们研究室的规模小，就上面说的几号人（那时大学还没有开始招收研究生），只在南楼楼下占用了一个大间，李校长上午10时后总会从校部来研究室做学问。他安排的学术活动是每周一个下午，由前面提到的几位，大家轮流着讲；而他本人总是带头，每学期的第一周第一个讲。这督促着我们不敢丝毫马虎应付，每学期都该出新的研究成果并要在集体团队内宣讲。李校长也总是实打实，听完后就对大家所讲的阶段研究作点评，并提出不少中肯的指导意见，然后是互动交流。这使我们获益良多，几年来在结构防护工程力学方面打下了比较坚实的基础。由李校长主编，我们几个参编，三年后还出版了一部《地下防护结构理论》的学术专著，并在《同济大学学报》上发表了一期专刊，还研制、添置了一套“结构模爆器”等大型试验设备。可惜在1966年“文化大革命”之初，由于李校长和我们几个都受到了“冲击”，造反派砸封了研究室，还说，“靠你们几个臭秀才，理论脱离实际还搞什么国防技术研究，就是该彻底给砸烂掉”。“文革”后，李校长还提出要想重振旗鼓，但他说单就搞一件列居全国先进水平的大型激波管就得上百万元，没有这么大投入的可能啊！后来，就成立了现在的结构所，所里仍设有“防护工程”研究室，这是后话了。

“文革”以后，李校长被任命为同济大学校长（“文革”前是主管教学、科研的副校长），怀着同济一定要振兴和大发展的心情，他第一次来我家中串门，要听听我们教师对学校大发展的意见。他问：“高校的教学和科研要上去，你看最重要的环节是什么？”我几乎不假思索地就回应说：“那当然是人才，是学校教师队伍的素质和水平。”李校长十分同意我的想法，说：“学校就像京剧团，校长也就是剧团团长，我看同济第一位重要的倒不是我这个校长；京剧团里有了梅兰芳和马连良，团长也就好当了，同济有了好老师，我这个校长自然也好当了。”他又说：“我看像同济这样的大学，如果能够有8个、10个国际一流水平的教师骨干，在他们带动下再造就一批高水平的中、青年教师队伍，这样，我想解放前我们国立同济大学在国内外的学术声望是可以振兴回来的，还可以更加发扬光大。”他当时还表示想要重新恢复我校的医学院，再想办药学院，要搞学院三级负责制，等等。那次恳谈，使我对同济的振兴和发展满怀着希望。他当时还试探着说有意向校党委举荐我来担任在他麾下“文革”后的第一任校教务处长。

可能我当时流露了一点担任行政工作会影响自己专业业务的意思吧，在后来我去教务处上班的第一天，他握着两位副处长的手说：“孙钧老师首先是一位教授，处里经常的教务工作请你两位要多偏劳一点，让孙老师能在下午处里如果没有太重要的事情和开会，就仍然可以留在系里多做一些他自己的研究。拜托了。”李校长当时那恳切的一番交待，直到现在都使我为之感激涕零呢！

在李校长的提名和支持下，我后来又赶上了“文革”后第一批赴美进修，做高访教授。离校的那天一早，校党委黄耕夫书记和李校长等聚在学校门口为我们一小批人送行。李校长特别叮嘱说：“你们这次去美国，要多走一些高校，带着同济的教学、科研问题，看看人家有什么好的经验和做法，这方面也多学一些带回来。这同样是一项出访的任务，不要局限于只关注自己的学术研究。”1980 年秋季开学时我赶了回来，又接着被任命为“结构工程系”的系主任。我与项海帆、沈祖炎两位一起分工协作，大家志同道合，事情来了，我们也想到一块去了，真是“英雄所见略同”吧！三个人合作得十分愉快，直到我满 60 岁才退离了“双肩挑”的行政岗位。由于时代好了，这个时期也是我一生中出成果比较多的时候，这些都被李校长看在了眼里，也得到了他的赞许。

1991 年，“文革”后的首届科学院院士（当时还称作“学部委员”）选举开始了。李校长让科研处关照我写申报院士候选人材料，并表示愿意当我的推荐人。我原先还不知道当年有增选的事，电话里向李校长表示了自己还不够格的意思。李校长说：“这事不只关系到你本人，同济不能只有我一个老学部委员，这次如果我校能够评上 1、2 个，主要是为了学校荣誉的需要。我看你成果还可以，不妨去试一下。”在评选结果正式见诸报端的前一天，也是李校长第一位一早就来电话对我当选表示祝贺，我当然非常感激他的举荐和支持。

我认为李校长一生学术成就最值得我们后辈称道和学习的，是他始终坚持理论研究密切联系工程实际的好作风。众所周知，他专长桥梁结构振动与稳定理论研究，兼涉静力和动力学分析，几十年耕耘辛劳可谓硕果累累，而在从事研究的理论和方法上都始终坚持密切结合重大项目来进行，如：武汉、南京长江大桥、江阴大桥和虎门大桥、上海南浦和杨浦大桥、宝钢工程建设等等国家重大建设工程，研究成果为工程所用，取得了丰硕的技术和经济效益。我后来追随李校长担任一些大桥的技术顾问，在参加历次专家组会议时，他作为顾问组组长，总是能深入浅出地清楚论述他的理论依据和由此指导得出的工程处理措施与意见，而为众多专家们所折服。这是多么难能可贵的呀！

我年近 80 岁时，有年春节我偕老伴去李校长住处拜年问安，临别依依，他动情地说：“老孙啊，你自己年岁也大了，以后过年，来个电话相互问候一下就是了，天太冷就不要年年都来了。”谁知言犹在耳，敬爱的李校长却已经与我们永别了啊！上天有眼，我们为失去这样一位令人崇敬的恩师和前辈而深感哀痛，他厚德载物、高尚的人品亮节和卓越的专业学识都将永驻人间，永远是我们后学的表率和前进的动力。

在李校长百岁诞辰的纪念日子里，敬写述了上面的一点文字，是为永念！！泪洒湿纸，书不尽意。

（作者为中国科学院院士，同济大学土木工程学院教授，曾任同济大学教务处处长）

斯人已逝 精神永存

董鉴泓

值敬爱的老师李国豪教授百年诞辰，作为他的学生，毕业留校后，又一直在他的领导下从事教学或行政工作，将近60年的言传身教，使我终生受益。他的成就和贡献是多方面的，现记述一些以表对他的怀念之情。

1946年，流亡了8年的同济又迁回上海，原来的吴淞校舍已被日军炮火炸得片瓦不剩，工学院只好安排在其美路（今四平路）上的日本中学，二三百位学生住在健身房里。虽然生活条件很差，但所幸从德国回来了一批年轻教授，教我们力学的是刘先志（后为中科院学部委员、山东工业大学校长），教物理的是来自哥廷根大学玻尔教授的学生王福山（院系调整调至复旦，任物理系主任），教房屋建筑的先是郭汝铭后是冯纪忠，教都市计划及市政工程的是李先生在同济及达姆施塔特的同学金经昌教授……

其中就有土木系主任李国豪。他留学德国8年，取得了博士学位，在桥梁方面有重要学术贡献。战争一结束，他急于回到日夜思念的祖国，当时尚不通航，他与夫人医学博士叶景恩搭乘联合国救济总署运难民的轮船回国。

李国豪教授讲授“钢结构”及“钢桥”两门课，他讲课时夹杂一些德文，深入浅出，能把一些很复杂的内容讲得易于学生理解并吸收。

1947年初，发生了抗议美军暴行的游行以及“五·二〇”反饥饿、反内战运动，李老师对学生们的爱国行为十分赞赏，但并不赞成无限期罢课。

5月30日，军警包围工学院，持枪冲入校内要逮捕黑名单上的学生自治会负责人杨前坤、许傲西等十人，同学们聚集起来抗议军警入校捕人。一些同学去李国豪教授家中请他支持，他立即打电话给当时的校长董洗凡。此时教室大楼前学生与持枪军警正在对峙，大家高呼口号要董校长主持正义，董洗凡只好宣布拒绝接受逮捕名单，军警在一片口号声中退出学校。1948年“一·二九”事件中，在丁文渊校长主持的校务会议上，丁及其几个追随者，主张开除一批“闹事”学生，李国豪在会议上义正词严地提出了反对意见。

“一·二九”事件学生遭镇压后，学运处于低潮，校内的反动势力在礼堂后门厅处开设一个“松柏服务社”，卖咖啡点心。同学们不齿他们，服务社生意十分清淡，只成了反动势力一伙人聚会的场所，当时任工学院院长的李国豪以“违反校纪”勒令他们停业，这使得他也上了黑名单。

1949年3月，被镇压解散的学生自治会终于在普选中复会，在庆祝大会上，李国豪及文学院院长郭绍虞代表教授会讲话祝贺，并献了锦旗，锦旗上写着“野火烧不尽，春风吹又生”。

“四·二六”大逮捕后，师生被迫离开工学院迁入市区善钟路（现常熟路）的医学院，一些学运骨干被安排在秘密的地方，以免特务追查，但仍有20多人无处安排。党组织命翁智远去找李国豪教授帮忙。李教授和翁智远一起冒着倾盆大雨找到在南市区开工厂的校友李国华，由他在苏州河南岸的一个旧厂房中藏下了这20多名同学，直至5月25日上海解放。

解放后，同济建立了青年团组织，第一批入团的都是地下党的外围组织和学运中的积极分子，教师中一些进步人士因年龄关系不能入团，就组织了一个团友会组织，李国豪教授积极申请参加，其他入会的还有翟立林、胡松林、王时炎、黄明煦、王友石等人，他们自己组织起来学习政治理论、交流思想。20世纪80年代李国豪教授当选为上海市政协主席，他当时就想到应该把历届的政协委员组织起来，继续参与一些活动，他建议成立政协之友会，并担任会长，他说这是因受到解放初同济团友会组织的启发。

李先生家住在大礼堂东面新盖的几排平房（后来叫四平斋），当时是教授宿舍，房子不大也很简陋，夫人是医学博士，因孩子多全力管家务，家中大人小孩都讲德语，几个孩子的小名都是动物的德文名，Maus、Fuchs、Wolf……。当时教授工资不高，物价又飞涨，李先生还要在外资公司兼职养家。

李先生长期在德国学习工作，有明显的德国作风，严谨、求实，对人对己严格要求，严格的法规观念，不说空话套话。有一件事我记忆犹新，那时工学院住宿条件很差，好几个宿舍是原先日本中学的体育馆健身房，安放了许多双层铁床，拥挤不堪，又闷热，不通风。1948 年暑假，我们几个人临时搬至教学楼（现“一·二九”大楼）二楼教室中住，比较宽畅凉快。大约是“八·一九”大逮捕后不久快要开学了，李先生那时是工学院院长，出了布告限几日内所有住在教室的学生搬回宿舍。我当时没有看到布告，限期那天我正好去交大看望老同学，回校后发现我的铺盖被丢在走廊里，而且贴出布告给我记两个大过。那时记三个大过就要开除，一个大过要扣一个月公费，而我们的伙食费全靠公费。第二天我去院长办公室找他，他严厉地批评我不守校规，我认了错，再三恳求，后来总算只记了一个大过。

李先生不仅课堂教学水平高，还非常重视实践。记得上海解放后一个多月，大约 7、8 月间，他带我们全班（土木系三年级）去松江石湖荡，那里的黄浦江铁路大桥在蒋军撤退时被破坏，解放军正在抢修。他带我们在现场讲钢桥的结构及抢修的工程，记得现场的一位工程师全身晒得很黑，是广东人，和他讲家乡话。这时舟山群岛尚未解放，敌机常来，还扫射，他指挥我们疏散，就地卧倒，教学完后，在江边休息，他就脱衣服在黄浦江游泳。他对游泳的爱好，在我的记忆中一直坚持到八十多岁的高龄。即使在冬天也买月票，在温水游泳池游。他身体那么健康和他坚持运动有关。

“文化大革命”结束后的 1977 年夏，大礼堂开大会，宣布他为同济大学校长的任命。那天晚上，李先生突然来我家中访问，他说他当了校长，要听取群众的意见和希望。我说了群众听到这消息非常高兴，都说同济大学的发展有了新的转机，也说希望他下决心把“四人帮”在教育战线上的种种倒行逆施坚决加以否定和纠正，也谈到破坏太严重，重新起步困难也很大。

李校长在任期内的显著贡献，就是执行和初步完成了同济的“两个转变”即恢复多科性大学及对德联系。

1978年他通过冯纪忠先生向我转达，想调我去图书馆任馆长，后又说希望我去科研处，我都表示想多搞些专业，不想去搞行政。到1978年冬，他约我去谈话，他说学校要实施“两个转变”，在对德联系方面，原来的外事办公室，只是个接待班子，不适应要求，今后要与德国院校合作，要聘请德国专家教授讲学，一定要有专业职称的人去负责。他说：“这件事你一定要帮助我。”他是我的老师，既然这样说，我只好答应。我说从未搞过外事工作，他说“有困难来找我”。我说我不想离开教学岗位，城规教研室主任还想继续干，课程还继续上，他说可以。后来波鸿-鲁尔大学及达姆施塔特工业大学代表先后来访，签订校际合作协议，他两次都陪他们去杭州参观游览，我陪同去做一些事务性安排。

李国豪教授认为同济大学以医建校、以医见长，过去有“北协和，南同济”称号，所以他任校长不久，就开始筹备成立医学院。他通过各种关系把在云南工作的中国医学科学院的庞其方（解放前同济地下党的副书记）调回同济，又先后调回一些原医学院的校友，成立了医学院筹建小组。他又召集原医学院的老校友开座谈会。来的都是当时上海几个大医院的院长及老教授，在胜利楼的会议室大家情绪激昂，有的表示可以回来兼课，有的表示要把自己的图书资料捐出来。李校长曾与翁智远副校长赴北京向教育部申请同济恢复设立医学院，但教育部认为医学院归卫生部管，清华交大也无医学院，未能同意，但他回校仍继续筹备工作。1982年校庆75周年武汉同济医学院院长裘法祖，也是李校长的老同学来同济参加庆祝活动，他表示武汉同济医学院就是同济大学医学院，不必要在同济恢复医学院。李校长不同意他的意见。直至后来与上海铁道大学合并，带进来一个铁道医学院。记得那年的春节团拜会上，他激动地说“我们学校终于有了医学院”。2004 年，他病中也是最后一次回学校，是坐在轮椅上参观新建的医学院大楼。

李国豪教授虽然离开了我们，但他对同济的贡献和精神影响将是永存的。

（作者为同济大学建筑与城市规划学院教授，《城市规划汇刊》主编，曾任同济大学外事办公室主任）

缅怀同济老校长李国豪院士

赵松龄

2013年4月将迎来老校长百岁华诞纪念日。面对这个值得深深怀念的日子，老校长栩栩如生的声音容貌不断在我的脑海里重现。回忆尘封多年的如烟往事，我着重对与老校长密切相关的片段进行描述。

1951年秋，我从浙江大学物理系毕业。当时我国高校首次实行应届毕业生统一分配制度，我有幸分配到同济大学物理系担任助教。有一天我新结交的“老同济”陪伴我到市区黄浦江旁欣赏外滩风光，他与我并肩坐在苏州河流入黄浦江交汇处附近。仰望近旁的外白渡桥，他触景生情，有声有色地侃侃而谈，如数家珍。要点是：外白渡桥曾因年久失修面临垮坍的险情。当时上海城建部门曾向德国有关方面求助，得到的回音称：同济已有桥梁专家李国豪，何必舍近求远。后来老校长亲自出马，经测量分析，判定出现的险情是由于外白渡桥附近高层建筑基础不均匀下沉所引起的。弄清了原因，对症下药，采取相应的技术措施，险情也就圆满可靠地予以解除了。倾听了“老同济”的介绍后，我的心情非常激动，特别是对老校长严谨的治学态度，理论联系实际，负重若轻，感到十分钦佩。

1952年秋，我国高校实现跨校的院系调整，作优化的组合，同济调整后成为以土建工程为主体的工科大学，我被留在同济物理教研室继续任教。当时，老校长作为主管业务的行政领导，根据调整后同济大学的特点，主要采取了两项重大措施：一是设置多项新建的专业或细化原有的专业，引入或编写相应的专业教材，并加强专业实验室的建设；另一项是设置相应的基础部，监管诸如数学、物理、化学、马教、外语、体育等担任基础课教学的教研室。两项措施相互配合、相互促进，充分发挥了有限师资队伍的潜力。当时同济大学校舍正在同步地新建或扩建，招生的规模相应成倍地增长，使学校进入高速发展的快车道。

在老校长的精心培育与促进下，到 1957 年前后已大见成效：院系调整后招收的大量莘莘学子已经陆续开始茁壮成长，及时为我国蓬勃发展的建设事业增添重要的骨干力量；在同济校园内掀起了向科学进军的浪潮，学术讨论会或科研成果报告会经常定期举行；特别是创办了具有鲜明特色的《同济学报》，在我国学术界发挥了重要作用。

老校长学术思想上视野广阔，高瞻远瞩，认为要使同济获得进一步发展应该理工并重，相互促进相互补充，从而可以发扬高校多学科产生综合作用的优势。1958 年，在大跃进形势推动下，同济决定设置数学、物理及工程力学等三个理科专业，当年秋季即开始招生，实现了老校长的初步设想。可惜到 1963 年前后，我国经济状况处于严重困难时期，新设置的理科专业纷纷下马，老校长深感遗憾。

1966 年爆发了史无前例的“文化大革命”，老校长被视作为“走资派”受到审查与冲击。那期间我因封建家庭出身及个人政历问题受到审查与批判，与老校长直接见面的机会反而比平时还要多。老校长光明磊落的风范与坚定刚强的性格是我敬仰的楷模，直接见面时反而默默无言，其实当时我心中蕴藏着很多不便说或不必说的知心话。

1976 年“文化大革命”结束，党中央采取一系列“拨乱反正”措施，消除十年动乱造成的后遗症，至 1979 年已产生显著效果。当时，高校已恢复了正常的教学秩序，老校长心情舒畅，精神焕发，又操心起有关同济发展方向的大问题。

1979 年是我国实行改革开放政策关键性的一年。老校长凭借他在德国学术界深厚的影响，争取到一个跨国共同研究的项目。创办基金由德方提供，研究内涵暂限在物理学分支学科内。在落实研究项目内涵的协商阶段，老校长曾找我面谈，征求我的意见与建议。我也畅所欲言。要点是：当时可供选择的物理分支学科主要为声学、光学和固体物理三门。其中声学已在 1964 年成立经建工部审查批准的研究室，在十年动乱时期该室开展科研工作从未中断，已具进一步发展的条件。但从全局考虑，凭借这次难得的机遇，我认为在同济成立新的科研单位更为有利。根据当时同济专业设置的情况与特点，比较设置光学与固体物理研究单位所需的条件与发展潜力，我认为优先选择后者较为适当。老校长赞同我的观点，与德方签署了协议，同时相应地在国内引进固体物理专业领域内的优秀人材，迅速在同济园内成立以“波尔”命名的固体物理研究所。该所同仁也不辜负老校长的殷切期望，在较短时期内就开始获得多项高质量的科研成果，为提高同济大学在国际上的名望做出重要贡献。另一方面，在老校长支持与促进下，同济声学研究室也在 1984 年顺利升级成为声学研究所。

20 世纪 80 年代后，我国在建设有自己特色的社会主义快车道上，开始长期稳定地高速向前发展。在这段时期内，老校长社会活动繁忙，先后兼任多种学会或科技协会的职务。同时对国内多项大型桥梁建设工程方面主要以技术顾问的身份作出了卓越的贡献。特别是对上海南浦大桥的建设工程，老校长起了关键性的作用。据当时传闻，曾有外资公司期待承包经营该项大桥建设工程，老校长提出充分论证，据理力争才改变这种局面。老校长论据的要点是：我国实施改革开放政策后，自西方引入先进的建设大桥技术及相关设备已有多年；结合中国具体情况，对建设大桥已拥有一大批具备实践经验的技术骨干力量；建设大桥所需相关设备的制造业已经初具规模。在这样的背景下，主要依靠我国自己的力量筹建大桥，不但可能而且是切实可行的。

老校长的设想与建议被采纳后，在实施阶段，他被任命为上海南浦大桥专家组组长，其具有创新精神的建桥方案顺利地得到贯彻。首座具有鲜明中国特色横跨黄浦江的大桥高质量地快速建成，标志着上海大发展时代的来临。

在当前老校长百岁华诞的纪念日里，祝愿老校长的光辉形象能永远铭记在我们一代一代“同济人”的心中，“严谨、求实、团结、创新”的校风，也一定能够永远传承下去。

（作者为同济大学物理科学与工程学院教授）

敬爱的老师，学习的楷模

朱照宏

在纪念李国豪先生诞辰100周年的时日里，我不禁浮想联翩。自从1952年院系调整我来到同济大学后，在半个多世纪的时间里，从共事于道路和桥梁系到学校的行政领导工作，从筹建同济的民盟组织、参加上海市政协、政协之友社等政治和社会活动中，我一直伴随着先生，聆听他的教诲，学习他的为人品质，使我终生受益。我与先生直接面对面接触的机会并不多，在教学科研的业务上也是“路归路，桥归桥”，但是他的治学精神，做事为人的坦诚直率，使我深受激励和指引。以下就若干片断实事略述我的缅怀。

1952年院系调整，华东地区多个高等院校的土木、建筑、测量学科的师生集中来到同济大学。当年10月初，我从圣约翰大学调整来到同济大学，担任结构工程系的助教，早有名望的土木界名师李国豪担任了学校的教务长，他为学校的振兴、师生的团结、教学秩序的规范化，尽心尽责，做了大量工作。10月下旬，学校召开了助教工作会议，会议前后历时约一周。教务长以“认识人民教育事业的重要性”为题给我们做动员报告，接着，在小组会、大组会、经验交流会到总结大会，李国豪教务长听取汇报，诱导学习，既严格，又温柔，在总结大会中对我们肯定成绩，要求克服困难，树立信心，把无限希望寄托给全校100余位青年教师。11月中旬，教务长再次召集全体助教会议，总结了几周来助教对学生辅导工作的情况，提出如何指导好学生自学的方法，从组织、计划、检查到各项具体工作，有批

民盟同济大学小组1953年1月正式成立
摄于民盟上海市支部大门口
后排（从左到右）：张问清、黄蕴元、程良生、李国豪、姚杏初、毛　引
前排（从左到右）：王吉鑫、朱照宏、孙利君、章　明、陈进森、江景波
（组长纪增爵同志未到）

评，有鼓励。他说："你们必须想方法，最后目的是要求使学生自觉地进行学习，不要做思想懒汉。"

李国豪先生不仅在学术上有很高造诣，他极度爱国，关心政治，热心于社会活动。1952 年底，先生参加了中国民主同盟（简称民盟），为同济大学建立民盟组织，积极贡献了自己的力量。民盟是中国共产党领导的爱国统一战线的组成部分，主要由从事文化教育以及科技工作的高、中级知识分子组成的、与中国共产党通力合作的、具有政治联盟性质、致力于建设中国特色社会主义事业的参政党。

院系调整迁入同济大学后，由测量系纪增爵同志为组长，会同我们圣约翰大学来的5人（张问清、朱照宏、王吉鑫、章明、孙利君）以及光华大学调入的江景波同志等一些原来的盟员，于1953年1月成立了同济大学的民盟直属小组，附图为1953年同济大学民盟直属小组全体成员在上海市民盟支部门口所摄照片，其中我们的组长纪增爵先生未到，其他人员的情况都在照片下注明。李国豪先生为在同济第一批发展的民盟盟员。在民盟小组会议上，李国豪畅谈了如闻一多等民盟前辈在知识分子中所起的作用，在新中国建设中民盟组织对学校的教学改革能够起的带头作用和桥梁作用，对民盟组织在共产党的领导下在知识分子群体中可以有丰富的政治生活等。在同济的民盟组织中以及在市一级的民盟组织中李国豪活跃在多项政治活动中。1956年，李国豪参加了中国共产党。1958年任民盟上海市委副主委。

1978年十一届三中全会后，改革开放，先生担任了校长，提出了恢复对德联系和多科性大学两个大转变的设想，并付诸实践，同济获得了全面的振兴。我获得了第一批赴德国进修的机会。我写就了赴德进修的详细计划，当面请李校长给以指点，他就德国几个著名大学和师资给我详细解释，使我能在德国亚琛（Aachen）和达姆施塔特（Darmstadt）两所工业大学资深教授的指导下就交通规划和高速公路建设等专业领域内获得很多教益，并在日后获得与德方学校长期科研合作的经历。1980年，学校开始教授职称评审，由于停顿了15年之久，校内教师思想波动较多，校长召开了全校教师大会，对那些闹情绪或四处钻营者进行了严厉的批评，并对曹善华和我两人由于没有自己主动提出申请教授进行了点名表扬，我意外之余，同时也深感不安。未几，李校长找我个别谈话，说了他对振兴学校的设想，然后提出学校内部管理有“教学”与“科研”两大块，要我与曹善华两人分管，让我选择一块。我说听从组织安排，自当奋力而为。此后，曹善华担任了教务长，我由此出任了学校的科研处长，并同时筹办研究生院。我受到校长如此厚爱，工作当然不敢懈怠。

1983至1988年，李国豪担任了上海市第六届政协主席、党组书记，后又担任全国第七届政协常委。因为年事已高而退居二线后，他仍然热心于参政议政，他创建了上海市政协之友社，担任理事长。我从1978年起担任上海市政协委员，直至1993年换届退下来后，就参加了政协之友社直至今日。在这不平凡的二三十年间，他带领着我们，一直是我们的好领导，历经大大小小的会议，各种现场参观和考察，记忆犹新，特别是在改革开放的关键时代，为上海市的经济、文化、市政等重大建设项目，浦东的开发开放，反复探讨，议政献策，尽心尽力，履行职责，为祖国的建设和科教事业作出了重大的贡献。

李国豪对我国多个重大工程的决策作出了不懈的努力。晚年，他对上海国际航运中心洋山深水港工程建设的决策，贡献尤为突出。自1996年5月正式开展洋山深水港区选址论证，到2002年6月开工建设，历时6年多。1996–1997年，我参加了中国科学院沪宁两分院组织的专家组，由严东生院士总领导，对长江三角洲地区的经济发展进行了调查考察。同济由我和孙钧院士参加了其中的“长江三角洲交通规划”分组，由河海大学的水利、水运专家严恺院士为首，带领我们走访了长江三角洲地区的主要城市和港口。嵊泗县领导还带领我和孙钧驾轮船前往大小洋山岛详细考察，我们阅读已有技术资料和三航局对洋山深水港的初步规划，深切地感受到这项工程的重要和艰巨。从1996–1999年，围绕上海国际航运中心洋山深水港的规划和建设进行了多次论证，李国豪一直担任专家组组长。此后，他于2000年9月和10月，先后两次给中央最高领导写信，在信中坦诚地表述自己对于在上海设立国际航运中心的看法，并且陈述在大小洋山建设深水港的可行性，恳切希望这项关乎中国未来的工程尽快上马。在政协会议上他也着重提出建造洋山深水港的提案。2002年2月，国务院最终批准洋山深水港建设方案。2005 年 2 月，洋山深水港工程中的重要组成部分“东海大桥”即将完工，李校长在病房中还念念不忘地想去看大桥通车，10 天后，李国豪离开了他心爱一生的大桥、学校和学生们。

岁月不居，人生易老。回首前尘，我们深深怀念前辈和老师李国豪，铭记他的功绩和他的教导，他永远是我们学习的榜样。

（作者为同济大学交通运输工程学院教授）

毕生难忘的恩师

肖友瑟

我早年在同济大学求学（1946–1951 年）时，学的是机械工程专业，但有幸聆听了时任同济大学工学院院长的李先生讲授的“力学”课程。解放初我留校任教，最初曾在人事室工作并继续担任《同济人》报（后改为《同济大学校刊》）的主编，得到时任教务长的李先生在师资聘任、教学工作报道等工作上的直接教诲，建立了深厚的师生情谊，一生受他的培养、教育和提携。李先生是我毕生难忘的恩师。

下面我将从两方面阐述。一是在政治思想方面，李先生可谓是一位热爱祖国、受科教兴国影响走上革命之路的老知识分子。当年与李先生接触较深、关系较密切的中共同济地下党员翁智远、夏正行、熊同舟等同志已先后离世，其他同志均年事已高，所涉事例，单凭记忆，较难复及原话，仅能就意成文。本文将力争讲述那些我亲身经历而其他老同志较少涉及而行将被遗忘或湮没的事例。二是在对德交流方面，由于我在这方面的一些特殊经历：从首任负责筹建中国驻联邦德国大使馆教育处的外交官，到回国后协同建成联邦德国研究所等实际事务，得以与李先生有较多交往，深受他教诲指导。为此，我曾于 2005 年有专文发表于《德国研究》杂志。

热爱祖国，受科教兴国影响走上革命之路

1945 年世界反法西斯战争胜利后，在德国悬索桥理论方面有所突破并获得达姆施塔特工业大学工学博士学位而后得到大学教师任教资格的李

国豪，怀着满腔热情，与获得德国医学博士的爱人叶景恩，积极寻找机会，准备回到企盼已久的祖国，振兴中华。由于时局混乱，李先生一家于1946年才得以从法国马赛绕道西贡回国。当时女儿尚在襁褓中，船上设施条件极差，李先生不止一次地对我们说起过他为女儿洗晾尿布的情景。

回国后李先生受聘母校同济大学并兼任土木系系主任。他遇到的是同济大学原吴淞校舍完全毁于日寇炮火，学校回沪后无处安身，只能四零五散得以安置的情形。学生住在原图书馆的书库和体育馆分隔的大统舱里，教授只能暂时以教室或旅舍为家。国民政府接收大员的贪腐、美军的横行等种种社会现状，也给心怀科教兴国理想的李先生如当头一棒。他一方面在教学上仍严格要求学生，被一些学生在背后戏称为“方头”；另一方面，他又热爱学生，校方准备给那些参加“反饥饿反内战”学运的学生记过或开除时，他竭力为学生说话，并在学运集会的场合公开站出来支持学运，因此被国民党特务列入黑名单而险遭逮捕。

我清楚地记得，1949年解放前夕，“四·二六”晚大逮捕后，次日学校即奉命迁往市区以便军队进驻，当时身为工学院院长的李先生，马上在院长办公室召集学生代表会商。时局紧迫，院办挤满了学生。李先生以无奈而诚恳的口吻对学生们说道：“现在政府命令我们即刻搬往市区，但学校存储食品有限。我恳切要求家在上海及附近的同学尽可能回家，留食品给外地或无家可归的同学，待时局稳定后，只要我李国豪在，我担保大家复学……”这番讲话让同学们深受感动，保证了工学院的安全搬迁。

1950年抗美援朝战争中，当党中央发出知识青年参加军事干校以保卫祖国的号召时，身为教务长的李先生出席了在一·二九礼堂召开的动员大会，他满怀激情地发表了讲话：“如果我们不能抵抗侵略的火焰，当年的吴淞同济被毁的遭遇还会降临，我号召同学们踊跃报名参干，如果我年轻，也会与同学们一起……”在他的鼓舞下，学校有300多人报名参干，最后批准了130多名。

1966年“文化大革命”初期，李先生和我们这些干部还没有被隔离审查，当时《人民日报》还发出所谓革命干部站出来向走资本主义道路当权派夺权的号召。曾任校办主任的夏正行同志串联熊同舟、赵明洲和我等同志组成了“险峰战斗队”。有天晚上，我正在熊同舟家谈论此次行动时，李先生居然也来到了熊同舟家，和我们交流他的感触。他说，他已逾半百之年，度过了战火连天的岁月，满心想着回国后建设国家，没想到遇到“三反、五反”和思想改造的冲击，事后想想自己是旧知识分子，受冲击还可以理解。到整风反右，他看到一些他赏识的青年学生，因言论问题受到批判最后被戴上右派分子的帽子时，他曾为之不平而发表了一些不合时宜的意见受到批判。此次运动，他虽已逾知天命而随心所欲之年，却无所适从。他还谈到，人生 30 岁前后，只知努力求知，不知老之将至；50 岁后，就感到老的威胁。这次谈话可以说是李先生第一次，也是唯一一次与我们谈论运动、人生的话题。他得知我们准备组织一个战斗队参加革命运动时，表示了支持。事后我们曾将李先生的来访和谈话大意告诉了夏正行等同志。但不久就开始了所谓的“反击二月逆流”事件，中央针对一批老帅进行揪斗，下面当然不放过我们。文革深入发展，李先生和我们这些人都被隔离审查，历经残酷批斗，虽然互不见面，谁也没有“戴罪立功”，揭发检举李先生。

20 世纪 80 年代后期，何长城等近 20 位解放前因参加学运被学校开除后奔赴解放区的校友，相约回到母校，由我张罗接待。名誉校长李先生参加了招待会并讲话。他说，同学们当时被迫离校或遭开除，应该说是同济的光荣，要永载史册，我赞成追认同学们的学籍学历。学校还设宴款待了这批校友。

1990 年前后，已是耄耋之年的李先生，仍不忘在土木建筑专业领域挖掘国粹，发扬祖国传统文化。他亲自牵头组织汪应恒、张纪衡及我等离退休人员，以校图书馆馆藏《古今图书集成》为母本，利用馆舍提供的一间房间为编辑办公室，主编编篡《建苑拾英》，前后历经 10 多年，编篡而成约 2500 万字的四册巨著，由同济大学出版社出版。这套书曾荣获上海市

（1989–1990）优秀图书一等奖，首册还在台湾地区出版。

致力构建中德文化交流平台

1982年2月，联邦德国驻中国大使馆在歌德逝世100周年纪念会上，授予李国豪先生歌德奖章。1987年5月，联邦德国驻沪总领馆授予李国豪先生联邦大十字勋章。李先生两度荣获德国方面的奖章，不单是反映了他从德国学成回国后在科学技术上的辉煌业绩，也反映了他在中德文化交流上的卓越贡献。

科教是兴国之本，作为后起之秀的德国，正是凭借一度领先世界的科教而得以崛起。李先生在德学习并工作多年，时刻不忘借鉴德国在发展科技教育、培养人才方面的成功经验。1952年我国高校院系调整，同济由一所理、工、医、文、法专业设置齐全的综合性大学调整为单一的土木建筑类高校，就连数理化及相关的机电类师资也随专业调出。时任教务长的李先生，意识到这一调整有违学校发展必须有赖于扎实的基础学科及相关学科支撑的规律，也有悖于德国等国家成功的高等学校办学模式。他找来我、熊同舟等同志进行个别谈话，讲明他的想法，建议我们在自愿的基础上不随专业外调。他运用自己的影响力为学校挽留了相关教师作为专业“种子”，继而又通过引进、培养等方式加强这一学科的专业力量。经过五六年的发展，在条件许可的情况下，时任第一副校长的李先生，即时决定学校重建基础学科专业及与土建相关的机电类专业。今天，我们深深地体会到了他这一决策的远见和英明。正是由于他当时的决策，奠定了1978年后同济恢复对德交流并发展为综合性大学的基础。

1958年在大跃进的形势下，上海市建委有意建立上海建筑科学研究院，李校长立即抓住机会，在同济大学建立了一些研究所，以借鉴洪堡教育思想，使教学与研究紧密结合，改变单纯“教研室”的组织形式。当时由我负责筹建“建筑物理研究所”，下设建筑声学、建筑光学、建筑热学三个研究室。该所在人员组成及任命皆已就绪情况下，由于上级管理体制上（同济是部属学校）的问题而搁浅，但这无疑是李校长在教学组织模式上引进德国先进经验的先例，此后，在他主持下，一些研究室所得以相继建立并发展壮大。

1963 年前后，我国与苏联关系破裂，工程技术上向苏“一面倒”的政策得到调整，然而当时国内尚无像样的工程技术手册类书籍。面对国内生产技术发展的需要，李校长同吴之翰副校长和清华的张维副校长一起邀请留德回来的刘馥英、王福山等大师级的学者，与上海科技出版社签约翻译享有盛誉的德国名著《工程技术手册》（Hütte）的基础知识部分。我作为晚辈，有幸参加了这一工作，除承担其中热学部分的翻译任务外，还担任秘书，负责各项具体事务工作，对翻译中出现的技术问题进行整理。老一辈大师们在翻译中认真负责、一丝不苟的精神，令我毕生难忘。经过两年多的努力，当三百多万字的全稿正文经主译审定送交出版社试排之际，不幸遭遇十年“文革”浩劫，这一宏伟的经典名著的翻译出版功败垂成。在当时批判“洋奴哲学”、“爬行主义”的浪潮下，存在我处的索引卡片等虽被造反派抄家时抄出，但由于我曾有热工德文译书出版，以此蒙混过去，未涉及“Hütte”的翻译出版，这样也就避免了波及李、吴校长及参与此项工作的老一辈专家学者。

1978 年国家实行改革开放，李校长在国家的支持下，全面推动同济作为对德交流的窗口。除了他亲自率团赴德国访问建立校际合作关系，在同济恢复德语系、开办留德预备部外，我有幸参与的还有以下两件大事：

一是当时国家派遣大批访问学者和留学生出国，出于在国外管理上的需要，要在美、日、德、英、法等一些主要国家的驻外使馆设立教育处。1979 年，教育部物色适当的驻德教育处的人选时，李校长及同济党委积极配合了这一工作，推荐我赴驻外使馆，作为外交官负责教育处的筹建。他在和我谈话时说：“你虽然要暂时脱离专业，但实际上是在国外办学，这对国家和我们学校都十分重要。”从我以后，同济大学的教师相继被派往驻德使馆教育处工作。此举既拓宽了学校对德交流的官方渠道，也为学校培养了一批外事干部，还为学校从留学人员中引进人才创造了有利条件。

二是我在1984年回校后负责图书馆工作，时任校长江景波转达了李校长的意见，要求我协助新引进的马大地老师，在原来设在德语系的“德国科技情报研究室”的基础上，组建一个全国研究德国、开展对德交流的学术机构。经过半年多的筹备并报经教育部批准、外交部备案，1985年11月“同济大学德意志联邦共和国问题研究所”正式成立，李校长担任研究所名誉所长。1986年《联邦德国研究》（现名《德国研究》）杂志正式创刊发行，李校长担任了顾问。他亲自出席编委会，并明确办刊宗旨：研究德国，介绍德国，促进中德人民之间的交流与了解，提高我国对德研究学术水平，为我国改革、开放、经济建设服务。他指出，要在政治、经济、法学及文史哲等各方面开辟栏目，突破学校刊物只重科技教育的框框。研究所及杂志编辑部遵照他的意见，聘请国内外的专家教授为顾问和编委，此举既扩大了杂志的影响，也弥补了当时我校对德人文社科方面人才的不足。

通过研究所这一平台，在李校长的授意下，经与上海市欧美同学会联系，同意组建上海市欧美同学会留学德语国家分会，挂靠德国问题研究所，由李校长担任分会名誉会长，时任副校长兼研究所所长的高廷耀担任会长，由我担任秘书长。此后又与中国社会科学院联系，使德国问题研究所得以作为中国欧洲学会德国研究会的主要成员，主办了该会在上海举办的几届年会并由李乐曾担任主编出版了年会论文集——《新世纪的德国——政治、经济、外交》。在上海召开的几届年会上，李校长都出席会议并发表了恳切的讲话，给与会同行留下了深刻的印象。目前，研究所的研究人员也是上海国际关系学会的成员。此外，研究所还承担了德文出版物《德国》杂志中文版翻译工作及《德国发展报告》（蓝皮书）的编著工作，培养了一批硕士、博士研究生，为中国人了解德国、促进中德文化交流作出了贡献。

《德国研究》杂志是国内唯一一本经国家新闻出版署批准的国内外发行的对德研究的中文核心刊物，创刊20多年，获得了国内外政界、学界的重视与赞誉。前国家主席江泽民、前德国总理科尔都曾专门题辞致意。中德两国的大使、总领事及有关官员，也常通过《德国研究》发表文章或讲话。杂志通过刊物的作者、读者这一双向渠道，以及中国社会引文索引（CSSCI）来源期刊《中国学术期刊》（光盘版）和中国期刊网的电子网络媒体等渠道，有力地推动和扩大了中德文化交流的工作。

在 1986 年纪念德国问题研究所建所暨《德国研究》杂志创刊十周年之际，李校长曾以“采石攻玉　成绩斐然”的题辞表示祝贺，前四个字示明了我们工作的目标，后四个字是对我们工作的鼓励和鞭策，我们将为实现他的遗愿而努力奋斗！

（作者为同济大学教授、图书馆原馆长）

忆李国豪老师几件事

徐植信

我自1962年作为研究生考入同济大学后，一直在李老师指导下学习，毕业后留校工作，又一直在李老师领导下工作，前后相处42年多。对李老师教导学生及其为人处事十分钦佩，许多事记忆犹新，难以忘怀。现仅就李老师对待工程的主导思想与在创办和发展上海力学学会中的贡献作一记述。

对待工程实际的主导思想

对于工程研究课题的选题，李老师首先是选当前迫切需要解决的课题，例如1976年唐山地震造成大量人员伤亡和财产损失，就决定把结构理论研究所的主要方向转为抗震工程。

开展工作后首先是调查研究。对地震震害现场进行调研，对倒塌的建筑、将倒未倒的以及部分损坏的建筑要分析其原因和机理，还要根据有关刊物刊载的国内外地震中倒塌和受损的建筑进行分析研究。接着要根据调查分析的结果对各种建筑、构筑物想出抗震的办法。结构抗震并不一定要把结构造得过于强大，这样可能会费用太高，应该造得延性大、柔顺性高以减少地震时产生的应力。这样可以用较低的费用得到足够的安全度，要把建筑做到柔而强，切忌刚而脆。这样就要做必要的试验，以检验分析是否正确。因此研究组十分重视建立试验设备，发展到今天已经有了世界上最大、最好、独一无二的振动台，承担或参与了各种大跨度桥梁、各种类型的建筑以及特种结构的抗震设计、鉴定和加固。

在创办和发展上海力学学会中的贡献

上海力学学会成立于1962年，经历了科学技术兴旺发展、科学技术人员人心鼓舞的短短4年之后，遭遇了“文化大革命”的十年浩劫。直到粉碎了四人帮之后，迎来了改革开放的大好形势，改革开放30年来力学界和其他各种科学技术得到了空前发展。首先是有了一个良好的环境，同时也与力学界人员本身的努力，上海力学学会的正确引导分不开。其中，力学学会首任理事长李国豪老师的贡献尤其值得一提。

50年前上海的力学科研人员较少，只有一些高校和研究机构中有若干教学与研究组。当时对力学是基础学科还是技术学科存在着不同看法。李国豪同志对此的态度是从实际出发建立了固体力学和流体力学两个专业委员会。后来又增设了实验力学和振动力学两个专业委员会。学会的主要工作是组织学术活动，使科学技术人员能在各种形式的会议中进行学术交流。除了组织各种学术会议外，还组织专题报告会，并创办了两个刊物——《力学译丛》和《上海力学》。《力学译丛》是翻译国外综述性论文，对于了解力学学科各分支的发展起到了积极作用。《上海力学》虽是上海地方刊物，但对全国开放，全国力学工作者的学术论文均可投稿刊登。当时国内力学刊物甚少，除中国力学学会的《力学学报》外，只有《上海力学》作为正式刊物发行，该刊物在国内起到了一定的影响。现改名为《力学季刊》，着重于刊登应用性学术论文。

除了对专业力学教学、研究人员服务外，李国豪老师还很重视培养下一代对力学的兴趣。在力学学会内成立了力学普及委员会，开展各种活动。请人做适合青年学生需要的报告，举办有关力学方面的竞赛，着眼点是激发对力学的兴趣而不单是灌输力学方面的知识。李老师还非常重视理论联系实际，提倡研究理论要在工程实际中有所应用。

李老师在实际行动中很重视培养青年同志。1980年李老师身体很好的时候主动辞去上海市力学学会理事长的职务，让年轻同志来承担，在实践中去磨练。

（作者为同济大学土木工程学院教授，曾任同济大学副校长，李国豪先生的研究生）

风范永存

何友声

1949年9月，上海刚解放不久，我作为200名新生之一进入同济四平路校区，这是工学院有史以来第一次录取那么多的学生。那时的校区很小，仅占现校区东大门附近一隅。学生宿舍更是捉襟见肘，200人窝居在一座上空相通的大统仓里。晚上某个角落的学生说梦话，大家都能听到，每晚热闹非凡。那时全校都很艰苦，包括老师们。我们工学院当时的院长李国豪教授的家属宿舍就在离大统仓不远的长条矮平房内，灰白色的墙面，显得很寒酸。每次从校门进来左拐向南都可见到这些矮平房，现已全部拆除，建了崭新的逸夫楼。

由于我学的是造船，无缘直接听到李老师的授课和教诲，但一进校，老学长们不时地向我们透露工学院的名师和名教授们的学术逸事。李院长的形态特别引人注目：宽大的脑门特显智者风度，一口广东普通话韵味十足且动听；个子虽不高，但走起路来风风火火，英姿非凡；解放以前，在驶车不停情况下李老师承担外白渡桥大修任务取得非凡成功的故事代代相传，我们这些年轻学子一见李院长就肃然起敬。1951年校庆，开放了许多实验室，让低年级学生大长见识；院部还举行了学术报告会，我们这些乳臭未干的嫩芽是没有胆量进入会场的，但也有个别“勇敢分子”闯了进去，回寝室后则绘声绘色地大肆“渲染”；有一则传说在学生中传播颇广：在讨论会上刘先志教务长作主题报告，就有关的学术问题与李国豪教授发生了争论，而且愈争论愈激烈，发展到用德语互辩，许多老师都听不懂了，最后会场上只剩他们两位还在争辩。学子们对他们两人的学术风范更增加了非凡的敬意。

解放初期，学校的党组织尚未公开，团组织的活动很活跃，吸收了许多要求进步的学生加入新青团（后改称共青团）。当时同济教授中的地下党员极少，党组织特意建立"团友会"来吸收一批进步的、有威望的教职工参加，李老师是其中的积极成员。我们这些年轻人听到这个消息，感到特别兴奋，觉得有了老一辈的亲切支持和关怀，更增加了对党的事业的信心。"三反"、"五反"运动刚开展不久，惊愕地听到消息说李国豪、翟立林等老师被隔离了，传说在建设新楼中有贪污受贿行为，学校里正组织打虎队追查。我们班上同学都不信，议论中纷纷为之不平。可惜当时正值我们提前毕业即将离校之际，于是约定一有确切消息就相互转告。事隔几个月后得知这是一桩莫须有的案件，大家才放下心来，对李老师镇定自若的道德风范有了更高的敬仰之情！

我与李老师的直接接触始于1958年冬的大跃进期间。那时北京以中科院力学所为基础开始建立火箭研究队伍。上海市考虑到自身工业制造基础的优势，也自告奋勇筹划建立相应的研究基地。从何处着手？市科委特邀李国豪（同济）、谷超豪（复旦）和我（交大）等人来商议。李老师高瞻远瞩地提出首先要开办速训班，从各校抽调一批骨干、青年教师和高年级学生加以培训以形成队伍，同时积极支持筹建华东力学所。这两项建议很快获得市委支持并付诸实施。在以后几年中，李老师一直是华东力学所的首席顾问并给予了实质性的鼎力支持。他还派遣同济的王龙甫、朱颐龄等资深教师来协助工作。与此同时，以他为首筹建上海力学学会。建会伊始，他就为学会确定了以下几条原则：(1) 团结全市各方力量来建学会，吸纳高校、研究所、设计院、企业、工厂的科技人员与会并参与领导；(2) 倡导并强调力学要为工程服务、为经济建设服务、为本地区的工业发展服务，积极推动力学与工程的结合；(3) 学会要重视开展学术活动，举办各种活动以加强力学队伍的建设。1959年9月，上海力学学会在他的推动下宣告成立，李老师被推举任第一届理事长，以后又兼学会党组组长。在他的指导下，创办了力学业余学院；先后出版了《力学译丛》和《上海力学》，后者现已改名为《力学季刊》，是国内重要的力学期刊之一。他多次亲自挂帅带领队伍赴工厂、企业进行调查研究和听取意见，力求力学研究为生产第一线服务。在他的掌舵下，学会工作受到市科协多次表彰并获得星级学会的称号。由于他对学会的重大贡献和崇高威望，大家多次推举他为学会理事长，但李老师高风亮节、一再推让，最后由他提议学会理事长由有关单位的合适人选轮流担任，以团结各方力量把学会工作搞好；在他的诚恳开导下大家终于对此形成了共识。这也是上海力学学会至今仍然生气勃勃、精诚团结、不断开创学会工作新局面的重要因素。

在学会工作中，他对后辈们非常爱护和关怀；1999 年上海力学学会准备出版一本《力学与工程》的文集，邀请李老师和我合写该书的序言。经与李老师商定由我先写一初稿。他非常认真地对初稿作了许多重要的修改，但在复信中却谦逊地对我鼓励有加，让我深受感动。

李老师不仅是桥梁结构领域享有盛誉的开创者，而且也是一位杰出的战略科学家。在他进入耄耋之年还不断地为我国许多重要工程和工业基地建设的布局和谋划作出了重要贡献。他作为专家顾问组的带头人为宝钢基地建设、上海国际航运中心洋山港工程建设、全国各地桥梁建设……的顶层设计、布局、谋划、关键技术的解决等方面作出了不可磨灭的贡献。

他在无辜受害中所表现出来的崇高气节以及对国家、民族、科教事业的无限忠诚，永远是我们敬崇和学习的榜样。他的风范和功绩将牢牢铭记在广大人民心中并永垂千秋。

（作者为同济大学校友、中国工程院院士，我国流体力学知名学者、高速水动力学研究先驱，1986–1992年任上海交通大学党委书记）

李校长指导我选择桥隧专业

居荣初

我1956年毕业离开同济已近一个甲子了，但对母校的感情与日俱增。105周年校庆时我曾回到校园，就如远行的游子回到母亲的怀抱，感到特别温馨。我特地来到了李国豪老校长的塑像前，鞠躬祭拜，表达深深的敬意。2013年是李国豪先生100周年诞辰，老校长昔日的音容笑貌和与之相聚时的情景，再次清晰地呈现在我的脑海。但真到落笔记述之时，又觉语言所能表达的只能十之一二，然我终是情真意切！

一

我于1951年夏考入同济大学土木工程系。1952年适逢全国院系调整，学习苏联模式。同济自然也不例外，各系又要分专业。我当时年纪小，对如何选择专业全然不知所措，心中自然满怀焦虑。虽然在一·二九礼堂听了李国豪先生对全校学生作的首次专业介绍，但我还是犹豫不决，不知道自己适合学习什么专业。

经过两天的煎熬后，我决定去当面请教李国豪先生，请他给我明确指导。那时校舍十分简陋，他的家就在一·二九大楼旁边的一排矮平房内。我贸然进入李先生家，说明来意。也许是看到我有些胆颤心惊的样子，他热情地招呼我坐下来慢慢谈，并亲切地问我是哪里人、喜欢哪些课程、是否喜欢数学等等。我一一如实作了回答。他略加思考后，向我建议道：“我看桥梁工程还是比较适合你的吧。”我想起了他在作专业介绍时，说到造桥梁不仅要有严谨的力学基础，光荷载就很复杂，还要有水下施工作业的经验，难度远大于盖厂房和大楼。觉得造桥真不简单，其中的学问真大。我当即点头表示赞同，并连声道谢。李先生进而提示我学桥梁要有吃苦的准备，要好好学习之类的话。

虽然我毕业离校后并非直接从事桥梁工程工作，但还是有许多次与桥梁有缘，诸如筹备长江三大桥的科研工作会议、参加南京长江大桥正桥的钢梁设计等、在国防科研中也时有类似桥梁中所发生的技术问题等。

二

1958 年 8 月，在北京文津街 3 号中国科学院院部召开了一次“长江三大桥”的筹备会议。“三大桥”就是指我国拟修建的南京长江大桥、安徽芜湖大桥和四川宜都大桥。其中，南京大桥的位置较肯定，其他两桥的桥址尚在选择比较之中。

当时，长江上仅有一座刚建成通车的武汉长江大桥。它是依靠苏联的技术建造的，在中国桥梁史上由于是万里长江第一桥而载入史册。中国造桥必须靠外国人吗？如果国际关系突变又怎么办呢？这个问题已迫在眉睫地呈现在铁道部、交通部及所有具有远见的中国知识分子面前。果然，不久之后中苏交恶、专家撤退，一切都得靠自力更生。

正是在这样的背景下，铁道、交通两部门及中国科学院系统决定联合商讨召开一次长江大桥的科技研讨会。当时，由于我在中国科学院土木建筑研究所（现名工程力学研究所）工作，刘恢先所长指派我作为代表参加会议。

当时，从上海至北京的火车在经过南京时，必须在浦口停下来分拆成几个节段摆渡过江到对岸，然后再连接成一列火车继续运行，通常需要花费不少时间。常说交通命脉是振兴国家的排头兵，由此可见一斑。

正是在这种客观需求的大背景下，由国家计委、国家经委、铁道部、交通部、中国科学院有关院所、教育部及部分高校共同发起组织这次长江三大桥科研会议。这次会议规模之大，层级之高为历史之最。会议邀请出席的专家学者，大多为国内有影响的人士，其中有不少学部委员，他们是国家顶级的科技专家如李国豪、钱令希、张维、刘恢先、郑哲敏、汪菊潜、罗英等。此次会议于10月18~21日在武汉市汉口饭店隆重举行，会议一共开了四天。

李国豪先生在总结大会上代表上部结构组首先发言。他说初步设计应按三个方案考虑。即（1）梁式；（2）吊式；（3）拱式；跨长为100~240米，初步确定8个、16个题目32个项目，研究工作以集中和分散相结合，共有18个单位，4个生产单位，7个研究机构，7个高等院校参与。大会还研究了大桥的上部结构、引桥和桥面系的问题。大桥的美术布置问题未充分讨论，主要请梅总负责（铁道部总工程师梅阳春）。他还作了拟建的芜湖大桥、南京大桥与已建成的武汉大桥的各项指标的比较、分析。

这次会议，几乎是一次空前绝后的桥梁盛会，大家专心致志讨论实际问题，食宿条件也非常简朴，更没有安排参观什么名胜古迹。会议安排非常紧凑，讨论问题也十分集中和明确。那时我还是一个小青年，能够在通讯设备十分贫乏的情况下，按上级领导指示，邀请到如此众多的专家学者和工程技术人员，特别是有我的母校同济大学的李国豪教授，内心感到十分荣幸和喜悦。

至今我仍清楚记得会议期间李国豪先生托我办过一件事：他有一个弟弟在湖北财经学院（现湖北财经大学）念书，让我帮他传个信，叫他弟弟来汉口饭店见个面。我一口答应，但办起来并非易事，那时通讯落后，又无法与他弟弟直接通话，直到第二天中午，他弟弟才从武昌赶来匆匆见了一面，也算圆了李先生的一次兄弟相会梦。李先生非常高兴，并说："这次来武汉收获颇多，真是不虚此行，我们兄弟俩已多年不见，这次能相会是你的功劳。"随后我们同桌共进午餐。

三

1964 年，我受上级安排，带领一支队伍去四川渡口攀枝花钢铁基地从事一项地下管道抗地震的爆炸模拟试验任务。路经西昌，恰逢周日，我们去邛海游玩。我们有几个同事在凉亭里打扑克，我独自一人在海边远眺。老远望去海对面好像有一个小黑点在向我们方向漂来，因为这里大多是驻军，一般人是不准进入的，我在想这究竟是什么？大约过了六七分钟，我可以清楚地看出对面的黑点竟是一位泳者，泳者越来越近，我认出是李国豪教授，就情不自禁地叫着“李老师，李老师”。他也慢慢地上岸了，他已记不起我的名字，但他知道我是他的学生。这次和李老师的相见，真是一次奇遇。

（作者为同济大学校友，浙江工业大学土木工程系教授，曾任土木工程系主任，1951—1955年本科就读于同济大学桥梁与隧道专业）

怀　念

赵其昌

有缘

初识李国豪教授是在书中，德国毕尔格多斯特的《稳定理论》和美国铁木辛柯的《弹性力学》中，前者讲解他的用于德国稳定规范中的稳定鉴别公式，后者介绍他结合汉堡易北河大桥研究发表的二阶理论。

面识李国豪教授是20世纪50年代在德累斯顿大学的一次国际学术会议上。他报告武汉长江大桥的设计与施工情况，当时我作为学生参加了会议。

60年代初，我毕业回国，被选定再次去德攻读博士学位。因在国外学习生活已多年，要求在国内熟悉情况两年，学习地点安排在同济大学。后因中苏关系破裂，殃及中德关系而不再赴德，便留在同济工作。后来考取了李国豪教授的研究生。真是有缘不远万里来相会。

实践

李国豪教授培养指导研究生的方法因人而异，重在实践。对我来说，并没再要求我系统听课，而是指定一些参考书进行自学、定期汇报心得，研讨问题。平日正常参加教研工作。

我曾先后参加桥梁教研室、结构理论研究室及公路工程研究所的工作，曾参加南京长江大桥预应力混凝土梁的研究，江苏阜宁大桥的设计等，指导大学生的力学毕业论文、桥梁毕业设计、辅导低年级研究生等，还参加李教授的教材《桥梁结构稳定与振动》的编写等。

这样的培养方式在改革开放后的今天已常态化，但在当时属少见。

爱国

“文革”开始不久，上海市委就向同济大学派驻了“工作组”，宣布李国豪教授为“反动学术权威”，是重点批判对象。公路工程研究所的一组“造反派”贴大字报说我是李教授派到所里的代表人物，要我主动揭发批判。李教授是我的导师，接触机会较多。我认为李教授确是学术权威，但并不反动。无奈之下只能抄抄报纸，笼统地批判一些似是而非的东西，为此双方僵持了很长时间。

为了考验我的立场,党总支安排我参加到“李国豪专案组”的前身“打李战斗队”的工作中去。虽然感到为难，但作为党员我服从了组织的决定。在工作中，我认真按照报纸公开发表的政策办事，尽力查证、弄清事实真相，同时防止再次发生意外。对专案组内个别人的粗暴行为还曾提出过批评。为此，我被认为是“内奸”，经辩论，却仍按“右倾”被除名，离开了“专案组”。

最后，70 年代的市委否定了 60 年代市委的结论，向全校宣布李国豪教授不反动。

在被隔离审查的恶劣环境下，李教授仍坚持有关南京长江大桥晃动问题的研究和解决办法的探索。这种坚持不懈地为祖国桥梁事业奋斗的精神证明了他对党的信任、对祖国的热爱和忠诚。

转变

“文革”后，李国豪教授被任命为同济大学校长。国家实施改革开放后，他当即提出学校的“两个转变”的办学方针，即转变为多科性大学和国际性大学，恢复同济大学与德国的联系。从而使同济大学得到快速度发展直至今天。足见其反应之快、目光之敏锐。

在李校长的要求与安排下,我也随着同济的“两个转变”改变了我后半生的专业重点——由工课转为文科。当时，我正在路桥系任副系主任。李校长找我，要我筹建外语系、留德预备部和德国问题研究所。为顾全大局，我痛快地接受了任务。基本建成后，由于对原专业的眷恋，受波鸿 - 鲁尔大学教授的邀请研修了核电站土建结构。回校后不久，又因工作需要被调至我国驻德大使馆工作。后又再次出任德语系主任及科技德语中心主任。

开拓

李校长不仅有远见卓识，且富有开拓创新精神。仅仅从学校的“两个转变”、恢复德语教研就可得到充分证明。

当时，国家已确定同济大学为对德交流窗口，急需大量德语人才。可是，同济大学原有的德语教师和图书资料等在20世纪50年代已全部并到了南京大学，校内仅有四位德语公外教师，没有教材，缺乏资料和设备，德语公外教学亦断断续续。为适应交流合作需要，李校长要求在立即扩大公外德语教学的同时，开始德语专业本科生和研究生的教学，开展广播德语、业余德语以及专业教师用德语上课的教学，并从科技专业本科中抽调200名学生进行强化德语教学。任务之重可想而见，但师生们都很努力，成绩也很优秀，例如200人班在一次与上海外国语学院同一教学进度班级的共同测验中获得了前几名，大家深受鼓舞。为了尽快尽多地培养出高水平的德语人才，尤其是德语教师，李校长决定让我大规模招收德语硕士研究生，第一届为18名，第二届为15名。三年后同济获得了科技德语专业硕士学位授予权。科技德语专业学位设置在我国属首次。

在上海建设方面，李校长不仅促使宝山钢铁厂、多座黄浦江大桥和洋山深水港建成，而且主持了杭州湾通道和连接上海、崇明与苏北的长江口通道的预可行性研究，使上海通向南北的交通得到较大发展，改变了上海的半岛状态。

上述事例充分展现了李校长的创新思维和开拓精神。

同济心

李校长大学毕业于同济，国难时期怀着一颗报效祖国的心从德国回到祖国后又回到同济。在校工作期间，他始终不遗余力地为学校的快速发展而努力奋斗。

为了尽快实现“两个转变”，除大家见到的成效外，为恢复同济医学院他曾调来了老同济医学院的相关教授负责筹建工作。他还努力调回一批在 1952 年院系调整时离开同济的教授们，可惜未得到有关方面的支持。

在国际合作方面，首先开展了与德国的交流合作，一方面是由于历史原因，另一方面是方毅副总理访德时已与德方商定。至于规模，李校长考虑先试点后铺开，逐步扩大与更多高校更多国家建立合作关系，虽然 1979 年我陪同李校长夫妇访德时发现很多德国高校想与同济建立联系，最后选定了波鸿-鲁尔大学和达姆施塔特工业大学。相应地，在德语教学方面以德语为重点，形成特色，达到国内领先水平。同时搞好英语及其他语种教学，例如老同济的毕业生的德语、英语水平都很高。

2013 年是李校长诞辰 100 周年，如何纪念他呢？笔者认为，最好是大家都拥有一颗同济心，为同济大学的壮大发展努力奋斗。

（作者为同济大学外国语学院教授，曾任外语系主任）

怀念李国豪老师

范立础

在《科学巨擘——院士风采录》一书中，作者唐丹曾访问了我并写了一篇短文《生命中应当感谢的人和事》，其中重要的一节即是“恩师李国豪是我的指路人”。20 世纪 80 年代，李校长对桥梁工程学科逐步确立了三个研究方向，即桥梁抗风、桥梁抗震及桥梁计算机技术，分配我负责研究桥梁抗震。李校长在指导我的研究工作计划时，曾对我说：“你所分析、研究的桥梁抗震成果，必须能解释和证实以前的震害，只有击中要害才能取得发展。”先生语重心长的教诲，我一生铭记在心，也是鞭策我不断学习、努力在抗震学科中钻研的动力。

研究工作切忌急躁、急于求成。李校长要求我首先是深入广泛阅读有关文献，对前人已完成的果实，要“细细品味”，深入理解。然后才能层层剖析、寻疑，找出尚未完满解决的疑点、难点，再一步一步、踏踏实实去分析这些疑点、难点的“拦路虎”所在，抓住重点，细敲细打，去寻求进一层的正确答案。李校长严谨求实的研究精神一直是我一生不断努力实现的目标。

我深切感受到，在我一生教学与研究工作的历程中，李校长的治学理念对我起了深刻的影响。在老校长诞辰 100 周年的日子里，我唯有坚持他所崇尚的实事求是的作风和严谨科学的态度，才是对恩师最好的纪念。

（作者为中国工程院院士，同济大学土木工程学院教授，李国豪先生的研究生）

李国豪先生的敬业精神令我印象深刻

钟万勰

我是1956年同济大学桥梁与隧道专业毕业生。李国豪先生是我国桥梁泰斗，是亲自教我们“钢结构桥梁”课程的老师。我毕业后去了科学院力学研究所，所以在桥梁方面工作并不多。

李先生同时也是我国力学的大师。我到科学院力学所，是因要成立力学学会，征求论文。我在校期间曾写了各向异性接触问题的一篇文章，承蒙李先生从学校推荐上去，给了我机会之故。当年还承蒙李先生召见，予以教诲，非常感谢。李先生的敬业精神给我留下了深刻印象。

我这样开始了一辈子应用力学的教学科研之路。但人生风云变幻，并非一切顺利。在困难时期，老一辈的敬业精神始终支撑我，不颓废，不放弃，相信会有未来的。

尤其记得在“文化大革命”期间，我有机会回到同济大学。进入校门时，居然看见李国豪先生在扫地！无非是对“反动学术权威”的改造而已。李先生的扫地姿势很特别，身子挺直，一下、再一下，绝无失落之感。

我们见面非常亲切，他停下了扫地，就大讲自己亲手做的桥梁结构空间，还带着我们到了他家里，观看自己亲手做的结构模型，一切自己动手做。说明哪怕是“文化大革命”，他也并不失落。敬业，依旧是如此敬业，给我们以深刻的印象与教育。

李国豪先生取得了多方面辉煌成就，是我们学生辈的楷模。这与他的爱国、严谨、敬业精神是不能分开的。

影响函数在公路桥梁工程有重要应用，但如何加载问题却是当年一个有待解决的问题。在李先生的精神感召下，就在“文化大革命”期间，我将控制学科的动态规划方法用到了影响函数的车队加载问题，倒也算是与桥梁工程相关的一件工作。其后，我们团队的林家浩教授发现了随机振动虚拟激励算法，这原来是用于海洋工程结构的。其后，我国要建立公路桥梁抗震细则。经过努力，终于将随机振动理论与算法也列入其中了，也算是给我国的桥梁工程方面的一点微薄贡献吧。

（作者为中国科学院院士，大连理工大学教授，1952—1956年本科就读于同济大学桥梁与隧道专业）

春风化雨，育人于潜移默化之中

赵振寰

1956 年自桥梁与隧道专业毕业后，于 1957 年下半年经组织决定派我给李先生做助教及科研助手。当时科研的主要助手是项海帆同志。李先生当时正在对平行弦杆多腹杆体系例如三角形腹杆和米字形腹杆（例如武汉长江大桥），腹杆在与弦杆连接处的次应力的研究。李先生给我看了一篇匈牙利博士的论文，对次应力作了简化处理。先生认为太粗糙。李先生对一些桥梁问题的研究，一向是着手严格的解析来解决问题。在这项课题中复杂的工程数学解析是李先生自己做的，项海帆和我只是协助做计算工作。当时的计算工具还很原始，用一台飞鱼牌计算机已经蛮好了。参加这项课题的研究使我领悟到李先生从事科学研究的精神，思维缜密、精益求精、治学严谨。论文发表后还将稿费全数送给教材科一位职员老王（因其子女众多）。

1958 年，他为桥梁专业三年级班（1960 届毕业班）开设“桥梁总论”课程，作为一位著名教授、科学院学部委员，坚持面向本科大学生上课是难能可贵的。我当时是他的助教，上课用的讲义他亲自撰写，讲义中的每一张插图，都是他亲自选用。我记得他选用的参考书籍，都是当时近几年出版的国外专业书籍和工程手册，我总是提着一大叠书籍到学校的复照室去拍摄制作讲义的插图。总论的篇幅虽不长，讲课的时数也只有十多节课，但内容极为丰富，一篇涉及古今中外桥梁技术发展史洋洋大观。当时旁听的教师也极多。由此可见先生教学态度认真、严谨、追求完美。身为院士，不摆架子，即便是本科生一门桥梁课的开篇，尚且如此认真对待。一丝不苟的认真、求实精神，值得我等后辈学习、仿效。

我除了协助教学、研究之外，还协助处理一些学术求助的书信往来。记得一次西北地区桥梁人士来函，遇到高桥墩栈桥的水平制动力的问题，向先生请教如何处理。李先生交待我看一看文件着手回信。我当时还是一个说话做事愣头愣脑的青年，我写了回信，在没有给先生审阅的情况下便擅自发出。李先生没有为此责怪我，只轻轻地和我说，以后这类事要给他看后再发出。这时我才知道我有点擅自而为了，但李先生却说得轻描淡写。由此可见先生对学生的教诲如春风化雨，沐雨育人。

我除做助教、助研之外，还兼做62届毕业班的班主任。这个班当时刚进校（1958年），我每周都要花一定时间与班级干部讨论、研究政治学习与班级活动。在那个年代运动特多，运动一来难免在班级工作上花费的时间多了点。时间是刚性的，班级去得多了，到项海帆同志那边，和他一起搞李先生课题的研究与计算的时间就少了。李先生对我说，工作和研究业务两边的关系要处置得当，不要不务正业。李先生虽然言语不多，但说话极为恳切。师长对学生的谆谆教诲全在春风化雨，尽在潜移默化之中。

1958年全国的大跃进波及学校的教育，学生们三天两头敲锣打鼓并在校内游行，然后就下工地去了，下农村去了，学校及课堂的正常教学秩序几乎停滞。我们是处在第一线给学生上课的教师，面对这种状况深感不安，但又惶惶然不知所终。对此局面李先生也束手无策。低声悄然地对我说：“这还有什么正常的教学秩序？”不久，我又和铁路系、桥梁系的师生到杭（杭州）—宣（安徽宣城）线去踏勘选线，先是和李秉成教授从安徽广德开始一路选线走到宣城，我负责为大、中桥选定桥位。未几，学校停课，我与铁路、桥梁师生下到安徽宣城青弋江大桥工地。不久，我又奉命调到地下系筹建水工建筑专业。因为有这个教育大革命，才会有后来1962年的整顿教学秩序，以及调整、整顿、巩固、提高的八字方针，恢复被已经搞乱的正常教学秩序。可见，李先生看问题之深刻，早在教育大折腾之初即看到问题之弊端，只是迫于大势所趋，不好公然发表反对言论。

1959 年我调出桥梁教研室，这就一度中断了在李先生身边的工作。一直到 1976 年“文化大革命”结束，李先生复出主持学校工作。1982 年春节前夕，李校长找我谈话，在座的有人事处长吾鼎新同志。李先生对我说要调我到校长办公室去工作，征询我的意见。既然只是征求意见，我遂向李先生明确表示，我希望继续在下面当教师。当时我在基层当教师已近三十年，虽然也兼地下系副主任，但主要精力仍在教学与研究之中。我感受当教师好，没有繁杂的琐事缠身，但李校长说，调你上来工作已在党委常委会上作出决定了。我一听组织已决定，二话不说，服从决定，但要求李先生给我能继续搞业务、面向学生上课的机会。最好有一个任期。李校长笑笑对我说：“我当校长的也不知道自己有几年工作的任期，何况你呢？”我哑然无语，而后一个时期，李先生要调到市里做政协主席了，我想，这下子我可解放了，可重新回到教师岗位上去了。其实不然，为此事我专门找李校长谈要求时，李先生对我说了一席话，又使我哑然无语。“振寰，这时我还真不能放你回去。我李某人在任时调你来辅助我工作，不能说现在我离开这岗位了就将你放走。这样做岂不让下一任校长说我拆他的台么？”这一席话既是批评，又是教育。所以我说师长对学生的教诲不会是什么长篇大论的说教，只是说上一两句话点拨点拨。真是春风化雨尽在其中，先生不搞亲疏关系，而是立党为公。

最后说一点先生的办学思想。这个问题我说不好，只能讲点鸡毛蒜皮。先生的办学思想其中最重要的一点是要恢复同济当年的综合性大学的规模，文、医、理、工、法五大类一级学科和二级学科因综合而可相互渗透、互为裨益。只有一定的规模效应才能产生质量效应，才能办出国际一流的学科，独木不能成林这是众所周知的道理。为此，他亲自到当时的国家教委汇报、游说，争取领导部门的支持与批准。又到相关部委如国家卫生部去游说，寄希望支持我们恢复医学院，在 20 世纪 30 年代、40 年代，在国内、在上海，同济的医学院声名卓著。先生又向当时上海市长汪道涵汇报，争取市长批准一笔启动经费，又让我联络上海市各大医院如华东医院、第一人民医院、儿童医院、第二军医大学附属长海医院、市肺痨防治所等单位的校友。李校长要亲自主持召开医学院校友会议，座谈恢复医学院诸事宜。还让我陪同翁智远副校长与市卫生局谈判、商谈如何具体支持同济恢复医学院，并商量划拨第一人民医院作为同济医学院附属教学医院，并与当时的卫生局及第一人民医院签订了协议，为筹划办学资金，李校长还亲自与煤炭工业部商谈委托同济培养并输送大学毕业生到煤炭部工作，煤炭部为此可拨款支持、委托同济办学。当年，已届古稀之年的李校长为同济办学、为同济实行两个转变真可谓呕心沥血，不辞劳苦。同济大学会有今日，虽是几届领导人和全校师生不懈的共同努力，但关键的时期是在实行两个转变之后，才有了大的起色，长足的进步。

（作者为同济大学土木工程学院教授，曾任同济大学副校长）

他留给我们宝贵的思想文化遗产

高大钊

在李国豪先生诞辰 100 周年之际，作为一个普通的同济人，怀着崇敬的心情，从我所亲历的和了解的一些历史，缅怀先生对同济大学的发展所作的贡献。

我 1954 年进入同济大学，那时候刚经过院系调整的同济大学已经变成一所学科十分单一的建筑类工科大学了。我在同济大学学习和工作了近 60 年，其间，同济大学经历了巨大的变化。从 60 年前的工科大学，发展成为今天一所多学科、综合性、研究型的大学。在这个变化过程中的每一步，都倾注了李先生对这所学校深切的关爱。

在 1956 年到 1966 年的十年间，李先生担任同济大学副校长，薛尚实校长和后来的王涛校长都是老干部，在专业和学科的发展上他们都非常尊重和支持李先生的建议和意见，学校学科和专业发展的规划体现了李先生一贯的办学思想。学校在院系调整以后不久，就开始了新专业和新学科的建设，1958 年到 1960 年间，新办了许多专业。例如，包括地基基础专业、工程地质专业、工程测量专业和地下建筑专业，以这些专业为基础建成了当年的水工系、勘察系和后来的地下工程系。直到 80 年代以后所形成的岩土工程重点学科，在国内处于领先的地位，就是在那个年代里奠定的基础。如果在院系调整之后，学校安于当时单一学科的现状，不着力发展的话，就没有同济大学的今天。这是同济大学以李国豪先生为首的一批老教育家带领大家经过几十年的努力所取得的成绩，体现了按照李先生发展教育事业的思想，具体实践的结果。

在 60 年代初，李先生根据国家的需要和当代科学技术发展的趋势，考虑了学校既有的条件，在同济大学创办了结构理论研究室（在“文革”以后发展为结构理论研究所）、新材料研究所、声学研究所和公路研究所等一批研究机构，聚集了一批科学研究的力量，开展了一些例如抗震、抗爆、复合材料等新兴领域的科学研究，为在“文革”以后同济大学的新发展奠定了基础，这些布局体现了李先生要办研究型大学的办学思想。

1966 年初，为了贯彻国家学科布局的调整，为了建设大三线的需要，李校长亲自率团到重庆建筑工程学院考察和商量同济大学地下工程系迁到重庆建筑工程学院的准备工作，地下工程系主任张问清教授也随团访问了重庆建筑工程学院并负责地下工程系的内迁工作。他们回来后，在干部会议上，李校长说明了学校坚决贯彻上级决定的态度，布置了地下工程系迁系的有关工作，除了完成技术基础课教学所需要的教师和设备以外，地下工程系整体迁往重庆，并且要求在当年的暑假里完成迁系工作。在李校长的领导下，随即迅速开展了迁系的各项具体准备工作，包括人员的安排和试验室仪器设备的打包装箱。后来虽然因为“文化大革命”的突然爆发而搁浅，但从这件事可以看出李先生处处以国家利益为重，服从全国学科布局的大局观念非常强烈。

“文革”结束以后，李先生出任校长。经过“文化大革命”十年摧残的同济大学百废待兴，李先生着手学校内部机构和人事的拨乱反正，撤消了“文革”中成立的科革会，建立了结构理论研究所，恢复了其他几个研究所的建制。对地下工程系来说，先后有三件比较重要的事：一件是恢复被撤消了的地基基础教研室建制，任命俞调梅先生为教研室主任；另一件是任命孙钧先生为地下工程系的主任；还有一件是在李先生的支持下，成立了由郑大同先生领导的土动力学研究室，开展了地基抗震和海洋土的研究，拓宽了同济大学岩土工程研究的领域。

20 世纪 70 年代末至 80 年代初，对外学术交流还处在起步阶段，李先生非常支持俞调梅先生运用他在国际学术界的影响开展国际学术交流的工作，批准成立了同济大学岩土工程情报站。对参加在同济大学召开的海洋工程国际学术会议的国内外专家，对邀请来校讲学的几位国际岩土工程知名学者，李先生都一一会面，对俞调梅先生和地基基础教研室的工作以极大的支持。

后来，我调到学校科研管理部门工作以后，对李先生的办学思想有更多的具体了解与接触。1982 年，学校调我筹建学校的科技咨询服务部，管理学校的社会服务工作，参与社会建设的科技开发工作。李校长找我谈了一次话，明确了工作的要求。这个部门实际上是学校后来产业工作的发端，体现了李先生认为学校教学应该与社会工程建设密切结合的办学思想。李先生为了恢复同济大学与德国密切联系的传统，恢复同济大学原来的优势专业，如医、机、电等学科，进行了多方面的准备工作，调了机械、电气、材料、生物医学等领域学科的著名专家来校工作，成立了一些研究机构和研究生专业，开拓了一些新的研究领域和研究课题，这为后来的学校多学科发展创造了极为有利的条件。李先生的这一办学方针成为同济大学以后几十年间学校工作的主轴，影响极为深远。

1984 年以后，作为名誉校长的李先生仍时时关心着同济大学的发展。有几次，我在江景波校长的办公室汇报工作时，校办主任或党办主任不时地会进来转达李校长对某些问题的意见和建议。那几年的春节团拜会上，李先生的发言总是针对学校工作的一些很关键的问题，有感而发，体现着老校长的一片真诚的关心。特别是那一次任命高廷耀校长的会议上，李先生对高校长殷切期望的拳拳之心，溢于言表，令人难忘。

前几年写了纪念张问清先生和俞调梅先生诞辰 100 周年的文章，追忆先人，回忆老一代的风范，也能净化自己的思想，会有很大的启迪。虽然在我读书的时候，没有机会直接受业于李先生，后来和李先生也没有什么私交，但我在同济大学读书和工作了几十年，李先生是我们尊敬的领导和师长，他的为人、他的学术思想都深刻地影响着我们同济人。同济大学之有今天，是李先生毕生努力的结果，李先生严谨的治学态度和务实的作风，对同济大学的校风有非常深刻的影响。同济大学的校友都戏言，同济大学的毕业生，在社会上当官的少，埋头干事的多，这或许和李校长的为人有关。记得80年代中期，同济大学高级职称的比例仅与全市高校的平均数相当，由此可见，同济大学对教师职称提升的把关是很严的，要求是很高的，有人也戏说这可能与同济大学的严谨校风有关。在浮华日盛的当下，我们所需要的，不正就是这种严谨的治学态度和务实的作风吗？

李先生留给我们的不仅是一所繁荣的同济大学，也不仅有丰厚的学术成果和学术传人，更为可贵的是他留给我们宝贵的思想文化遗产，这是一笔巨大的精神财富，需要我们一代一代地继承与发扬。

（作者为同济大学土木工程学院教授，曾任同济大学科研处处长）

严谨治学 诲人不倦

——忆老校长李国豪教授二三事

黄鼎业

一晃老校长李国豪教授已经离开我们这么多年了，我们至今十分怀念他。老校长曾经是同济大学的灵魂人物，影响着学校的办学和发展方向。现在重新翻检自己的记忆库，讲述几件自己亲身经历的过往小事，来与大家一道重温老校长实事求是的科学精神、严谨求实的治学作风以及诲人不倦的师长风范。

20 世纪 50 年代，建材部赖际发部长从当时苏联进行的一次核爆试验中，发现其使用了一种新材料，具有轻质、高强、阻燃的特性。建材部决定要攻克“玻璃纤维强塑料”（FRP, Fiber Reinforced Plastics）这一被赖部长命名为“玻璃钢”的新材料。为此，分别在全国布点建立了玻璃纤维制造厂、生产树脂的化工厂。同时，决定材料要依托典型产品，最终定下建材部要造出一架航速较低的“安 2”双翼飞机。飞机的设计制造单位落到了同济大学，成立了同济大学“601”课题组。

建材部的这项任务总负责人是我校王涛校长，技术总负责人为李国豪副校长。同济“601”课题组设在学一楼（现海洋楼址），后正式改名为同济大学新材料研究所。主要成员有力学系调来的著名学者朱颐龄教授、化学系王进生教授，我和力学专业的费云鹏当时是在学的研究生，被抽调来分别担任结构室负责人和力学测试室负责人。同时从在学的力学专业、工民建专业、化学等专业的本科生中抽调了 30 多人，进研究所半工半读。在李国豪教授的领导下，大家干劲很大，研制出了玻璃钢的各种试件，并经多次试验取得了拉、压、弯、扭、剪等力学性能数据。工作过程中李校长始终紧抓工作的质量。

为了开展设计工作，学校派我和另外二位同志赴北京航空学院进修。尽管建材部事先已为我们的学习做了安排，李校长还是写了私人介绍信给北航武光校长，并叮嘱我，我们的任务是用玻璃钢材料仿制出一架“安2”飞机，所以不需要做气动性能方面的研究，到北航要集中精力学习飞机的强度设计，学习怎样用玻璃钢取代铝合金。

经过一个月紧张的学习，北航负责指导我们的老师检查我的学习后，十分诚恳又慎重地对我说了一番话（应该是代表他们学校的）：“造一架飞机决不像你读几本书那么简单，我们北航几千号人，就是为了我国能独立造一架飞机，在国家各部门的支持下，才勉强造出了一架‘北京一号’，发动机还是用现成的，在北京上空飞了一圈，从此再没有飞过，原因是质量不过关。航空工业不是孤立的，涉及许多行业。同济大学要独自从强度设计、原材料提供、建造工艺等解决一系列问题，造出一架飞机，难度很大。”最后，他建议我们是否可尝试造一架无动力的滑翔机，用FRP（玻璃纤维强塑料，俗称玻璃钢）替代木材。

我返回学校后，向李校长汇报了这一情况。他仔细询问了我们一个月里读过的书，最后说道：“进修的事可暂时告一段落，以后需要可以再继续。我们目前材料的性能水平和研究的积累，离建造高级产品尚有距离，不过你们毕竟探索了一段时间，已搞出了高强轻质的玻璃钢，是否搞一种强度要求低一些的产品来检验一下，是值得考虑的。至于造飞机的任务是建材部党组的决定，必须严肃对待，决定没有改变之前大家要继续努力，克服困难，争取完成。”他的话既实事求是，又肯定了成绩，令我们如释重负，同时也明确了方向。

后来在李校长的领导下，两年后同济新材料研究所造出了我国第一架全玻璃钢滑翔机，并试飞成功，这是后话。回想起来，假使当初仍然不实事求是一味猛干，合格的飞机终究是造不出来的。但如若完全刹车，研究工作停止，同济园也就不会诞生我国第一架玻璃钢滑翔机了。这完全得益于李校长实事求是的科学精神和严谨求实的治学态度，影响了决策部门。此事我们永远铭记在心。

1962 年，在英国举办国际 FRP 会议，李校长作为中国代表应邀出席会议。

一天临近下班时间，他来到学一楼我们的工作室，问我当前国家玻璃钢发展的现状，上海和北方的差距，中国和英美的差距。当时深受“大跃进”思维的影响，观点很片面。我提到我国 FRP 虽然起步晚，但玻璃纤维的抗拉强度已达到或超过英国水平，李校长耐心地细看我纸上写的杂乱数字，然后开导我说，我们仅仅搞了三五年，材料性能尚不稳定，英美已搞了几十年，FRP 产品的应用已很广泛，我国目前的水平想必不易超过他们。

几个月后，李校长向新材料所全体传达了国际会议情况，结束时对我说，英美 FRP 的研究水平很高，面很广，已成功用于许多受力产品。他是针对我上次说的话，指出个别的数据不能反映总体水平，个别和普遍、片面和全面在深度上有很大差别。李校长这种实事求是、诲人不倦的精神深深教育了我。

我那时是从建工系钢筋混凝土结构专业在读研究生调到学校“601”课题组的，课题组工作很忙，研究生的学习负担也很重。当时我国尚未恢复学位制，采用的是学年制，学制四年，修完规定的研究生课程并通过一篇毕业论文，可得到一张研究生毕业文凭，即证明已完成了研究生学业。

由于李校长是课题组负责人，除了定期检查工作外，也时时关心我的学习情况。记得有一次通知我和费云鹏同志（力学研究生）到胜利楼（现逸夫楼原址，为当时的学校办公楼）小会议室，在座的还有专管研究生学籍的同志。李校长从我们的教学计划到各门课的进度、从内容到成绩，逐一检查询问，当时管学籍的教务员提到我有两门课缺课严重，但考试成绩倒是 5 分（优），最终成绩怎么办？李校长严肃指出，对研究生应提倡自学，不能像对待小学生一样，都要老师讲学生听。同时对我指出，应协调好工作与学习的矛盾，尽量不缺课，从老师讲授中可得到意想不到的启发，不仅要做到学习工作两不误，还应达到学习工作两促进。他的这次学习检查，使我在业务上和思想上都受到极大鼓励，受益终生。

开放改革以后，常常见到李校长，虽然他工作很是繁忙，但仍然处处关心学校的发展，会提很多宝贵的意见。他热爱珍惜当前国家的大好形势，说过去困难时是度日如年，现在日子太好过了，有度年如日的感觉。这是一位老知识分子的肺腑之言。

胡锦涛同志2011年4月在清华大学一百周年校庆上提出，“高等教育是优秀文化传承的重要载体和思想文化创新的重要源泉”，大学应有“文化传承创新”的功能。而大学的文化是由无数优秀知识分子在长期实践中创造和沉淀起来的。李校长以其远见卓识、丰硕深厚的学术成果和高尚的人格魅力，对学问进行严谨而卓越的探索和发展，对教育对人才培育赤心投入，对社会建设做出巨大贡献，他始终是同济大学文化传承和创新的引领者之一。我相信，同济人认真了解他的生平，学习他的为人为学，必将在同济园产生强大的凝聚力，在同济大学新的百年建设中发挥出巨大作用。

（作者为同济大学土木工程学院教授，曾任同济大学副校长）

在恩师精神激励下继续前行

项海帆

敬爱的李校长离开我们已经八年了，在他去世的第二天我含着悲痛连夜写了《心中永远的丰碑》的缅怀文章发表在校刊上。第二年，在国际桥协杂志“*Structural Engineering International*（SEI）”的专栏“*Eminent Structural Engineer*”（卓越结构工程师）又刊载了我撰写的英文纪念文章，向国际桥梁界介绍了李校长的光辉一生。

八年来，对恩师的缅怀是我心中永远的思念，每天看到书房中他的照片总会想起他的不朽精神和谆谆教导。在我的有生之年一定要继续努力，为中国的桥梁事业贡献自己的余力。在学校隆重纪念李校长百年诞辰之际，我要像过去一样向他老人家汇报这八年来的几件大事，以告慰他的在天之灵。

1. 2005 年底，我和林志兴带领学生们共同撰写了一本《现代桥梁抗风理论与实践》专著，总结了十年来同济大学风工程团队在理论和实践方面的成果，专著在人民交通出版社出版发行后获得了业内人士的普遍好评。2006 年，全国举行首届中华优秀出版物（图书）奖评选活动，全国共有 500 多家出版社，每家只能申报一本书参加竞赛。最后只有 50 种图书获奖。其中理工类仅 12 本，此书在获奖之列，据说对人民交通出版社在后来评上“中国百强出版社”起了重要作用。

2. 2007 年同济百年校庆，同济大学出版社邀请我写一本《中国桥梁史纲》。我约了潘洪萱、张圣诚和范立础几位学友共同撰写此书，经过两年多的努力，此书作为对国庆六十周年的献礼书于2009年出版，也获得了“上海市优秀图书（2007–2009年）一等奖”，为同济争了光。这次为了纪念您的百岁寿诞，同济大学出版社决定在2013年将此书作为礼品书重新装帧印刷出版。

3. 我自2001年起担任国际桥协副主席以来，带领同济土木工程学院许多年轻教授进入国际桥协各工作委员会担任委员。他们都表现得很出色，增加了同济大学在国际土木工程界的知名度。2008年我获得了国际桥协的Anton Tedesko奖（工程和教育奖），2009年我8年任期届满，我的学生葛耀君教授又接任副主席一职，继续完成您在1988年交付给我的在国际舞台上代表中国桥梁与结构工程界的使命。

4. 2010年我获得了美国土木工程学会（ASCE）工程力学分会颁发的R. Scanlan奖（空气动力学和风工程奖），据说我还是该学会首位中国获奖者，没有辜负您在20世纪80年代初让我转向桥梁抗风研究的期望，这是同济风工程团队共同努力的结果，也为中国风工程界赢得了国际荣誉。

5. 2012年9月，我获得了国际桥协的最高奖——结构工程功绩奖（终身成就奖），成为继您在25年前的1987年获此大奖后第二位代表中国的获奖者。自1976年国际桥协设立此奖后，全世界共15个国家36位获奖者中有美国7人，德国及日本各4人，英、法各3人，属第一集团；5个国家：意大利、瑞典、印度、瑞士和中国各有2人，为第二集团；其余5国均为1人获奖。

6. 2012年5月，我们借校庆105周年之际举行了同济桥梁学科成立60周年的庆祝活动，会上缅怀了您和其他老师的功绩。同济桥梁倡导理论联系实际的人才培养模式，为国家输送了4300多名优秀人才；同济桥梁发扬严谨求实的学术研究作风，为推动我国桥梁工程的发展做出了重要贡献，获得了一百多项国内外科技奖励；同济桥梁坚持勇于创新的发展科技方向，为我国桥梁建设贡献了桥梁抗震、桥梁抗风和桥梁设计等先进理论方法和技术；同济桥梁秉承中外科技教育的交流合作传统，为我国桥梁走向世界、世界桥梁了解中国开启了窗口。

7. 在您的学生范立础院士的主持下，经过五年的奋斗历程，在嘉定新校区建成了世界一流水平的地震工程馆，其中包括由美国 MTS 公司设计制造的世界唯一由四座振动台组成的多功能振动台群。其间，他还获得了何梁何利奖和由同济主持完成的国家科技进步一等奖，以表彰他的学科组所创造的抗震理论和减震支座在汶川地震中发挥的重要作用，他也没有辜负您的培养，出色地完成了他的使命。

8. 经过学校的批准，我们还将新建的地震工程馆命名为"李国豪实验室"以表达对您的永久纪念。在大堂中树立了您的半身铜像，在大堂的壁上还写上了您在担任上海市科协主席期间为科学会堂所题写的名言：

从事工程科学技术研究

一要理论联系实际；

二要理论上敢于创新；

三要有科学试验或实践结果以检验理论。

在桥梁馆大堂您的题字"理论联系实际，发展桥梁科技"下面也安放了您的半身铜像，我们将永远牢记您的教诲，在您的精神激励下继续前行，培养一代又一代中国桥梁事业的优秀接班人，为祖国的繁荣富强作出我们同济桥梁人的贡献。

9. 最后，还有一件应当向您报告的事是：上海电视台纪实频道有一个"大师"节目，反复播放由任继愈先生主编拍摄的 DVD 碟片。我也珍藏了全套纪录中国 50 位大师感人事迹的 20 张碟片共 93 集。在 50 位大师中，大部分是人文、艺术和自然科学大师，工程科学大师仅两位：即您和梁思成老师，你们是中国现代土木和建筑界公认的领军人物，作为您的学生我感到十分光荣。片子中有您接受访谈时的精彩讲话，特别是您在"文革"期间遭受磨难时所展现的爱国和敬业精神、光辉的大师品德，以及您在上海宝钢建设、洋山深水港和东海大桥建设中所建树的丰功伟绩将永留人间，万世流芳。

敬爱的李校长永远活在我们心中！

附：心中永远的丰碑

2005年2月23日是元宵节。傍晚时分，电话里传来了老师与世长辞的噩耗，我万分震惊和悲痛，立即赶赴华东医院。看到安详地躺在病床上的老师，我一阵心酸，眼泪夺眶而出，不禁失声哭泣。

老师走得太突然了。大年初一，我们去医院拜年，老师坐在椅子上，虽然身体比较虚弱但精神还好。我们讲了一些让他开心的喜事，他含笑点头。告别时，老师还对我说；“海帆同志，你也70岁了，要注意身体，不要太劳累了。”没想到这次探望竟成永诀。

回家以后，50多年来老师的教诲和恩泽一幕幕涌上心头……

一

1951年9月，我高中没有毕业就以同等学力考入同济大学土木工程系，成了一名不满16岁的少年大学生。一天上午在课间休息时，我们一年级的新同学们正站在走廊中说笑，突然一位风度翩翩的教授从走廊的那一头走过来。他身着西服，系了领带，戴一副茶色玻璃眼镜，手提黄色公文包。有一些同学就窃窃私语：“这就是我们的工学院院长、土木系主任，留德回来的李国豪教授。”这是我第一次见到老师，那时他只有38岁，正值壮年，我感到老师身上有一种说不出的威严和令人尊重的气质。

1955年，我大学毕业后，有幸成为李老师的第一个研究生。第一次与老师约见，我忐忑不安地走进他的办公室。老师告诉我第一年主要是学习基础课，同时要广泛阅读桥梁稳定与振动领域的经典文献和著作。当时的第一外语是俄语，我在大学一年级学过德语，中小学阶段学的英语基础也比较好。李老师要求我，除了指定阅读俄文和德文的有关文献外，还要精读铁摩辛柯写的几本英文经典著作。老师告诉我："研究生主要靠自学，老师讲课只讲一些重点和难点。"老师还讲了他自己的经验：在德国时每访问一个陌生的小城，他都先找一份地图，按图走遍大街小巷，很快就熟悉了，研究学问也一样。

1956年，党中央号召向科学进军，同济大学召开了第一次学术年会，学报还出了专集，刊登了许多教授写的论文，校园里形成了浓郁的研究气氛。李老师也写了一篇题为《拱桥的振动问题》的论文，我在老师的指导下完成了论文中的算例。学术报告会的前几天，老师突然对我说，他要去北京开会，决定由我代他在大会上做报告。我当时年仅20岁，感到难以胜任。老师叫我不要慌，告诉我如何准备，如何报告。这是我生平第一次在许多老师面前做学术报告。

二

1957年，在整风运动中，我作为同济全校研究生的独立团支部书记，因组织策划"同济民主墙"事件而"获罪"，被错划成右派。1958年3月被同时开除了党籍、团籍和研究生学籍，受到留校察看的处分，下放到学校砖瓦厂劳动。那时我才22岁。不久老师带来口讯，要我在劳动之余，把我的研究方向"桥梁振动问题"的文献综述整理出来交给他。那年暑假里，学校开始将已经"戴帽"的教师和学生分批发配到新疆、北京等地一面工作一面改造。我事后想，这可能是老师当时唯一能做的对我的保护，使我能留校躲过这一劫，并免遭以后的种种厄运。这也是我后来能继续从事心爱的桥梁专业、继续得到老师教育和培养的最重要的一次恩泽。

1959年国庆节前，我有幸列入第一批摘帽的名单，回到了桥梁教研室工作。国庆节后的一天，老师约我去见他。他很高兴地说：“海帆同志，你的问题已经解决了。以后就跟我做‘桥梁稳定与振动’课的辅导工作，帮我上习题课和改作业。”我又回到了老师身边。

1962年春天，老师决定将“桥梁稳定与振动”课的讲义编写成专著出版，让我补充一些桥梁稳定部分的新内容，并增加振动部分的内容。他将南楼苏联专家原来的办公室作为工作室供我使用。按照李老师拟定的编写大纲，我去图书馆借来了大量文献和图书，开始了紧张而令我十分神往的工作。我每周向老师汇报一次，并把写好的部分初稿交给他修改。从1962年到1964年的两年间，我成了图书馆的常客，阅读了几乎所有能借到的文献资料，使我在稳定和振动领域打下了扎实的理论基础，这也是我得到老师最多教育和培养的一段终生难忘的岁月。

1962年起，由于老师在学校的工作日趋繁忙，他同时又承担了国家下达的抗爆研究的重任。有一天，他告诉我，下学期的桥梁稳定振动课他没有时间再上，要我接任这门课。我觉得自己当时还没有能力胜任。他鼓励我说：“你已看了大量文献，可以承担了，暑假里先做好准备，通过自己上课对写书也有帮助。”我鼓起勇气接下了这门难度较高的选修课，心想决不能辜负老师的信任。当时我才26岁。

1966年，十年“文革”灾难降临了。李老师经受了巨大的折磨和迫害，被诬蔑为“里通外国的特务”，遭到长时间的隔离审查。在隔离期间，他以坚韧的毅力和高度的敬业精神，利用报纸的白边推导公式、进行计算，对武汉长江大桥通车典礼时出现的横向晃动问题作了缜密的思考和理论研究。后来在监督劳动期间又做了模型试验验证，终于完成了《桁架扭转振动》的专著，揭开了大桥振动之谜。正是出于对桥梁事业的无限热爱和心中执著的信念才支撑了老师在这样恶劣的环境中如此忘我地工作。老师是我心中永远的丰碑！

1969年“九大”以后，我第一批从牛棚中被释放出来，获准参加跳

“忠字舞”，回教研室参加活动，算是得到了“解放”。在一次活动中，我看到“打李战斗队”在讨论老师在隔离室中写的日记。其中有一首在德国民间传诵的诗：

Alles geht vor ü ber (一切都会过去)，

alles geht vorbei (一切都将逝往)；

Nach dem Dezember (寒冬腊月之后)，

kommt wieder der Mai (又是明媚春光)。

李老师借这首小诗表达了自己对祖国前途的信心和对未来的希望。我感到十分欣慰，因为老师终于完全战胜了恶劣的处境，保持了平和、坦然的心态。

三

1977年，十年动乱的噩梦终于过去了。李老师复出担任校长，开始了重振同济的大业。他虽已到了退休年龄，仍不辞辛苦为恢复同济的对德联系，为同济向综合性大学过渡倾注了全部心血。重振30年代老同济的盛名是老师的一个心愿，他力争要恢复同济医学院。他曾对我说：“那时差一点都办成了，可惜教育部换届，老部长一走，事情又黄了。”为了重新恢复大学的研究工作，他带领老师们去唐山考察灾情，组织结构抗震研究，建议成立以老教授命名的科研组。我又被重新召入李国豪科研组，开始了桥梁抗震研究。

1980年初，李校长访问德国回来，带回了德国洪堡研究奖学金的申请书，学校选拔了十名年轻教师提出申请。最后，我有幸成为四名获准者之一，踏上了留学德国的征途。临行前，李校长叮咛我要利用这次机会努力学习新理论和计算机技术，回来可在中国桥梁建设中发挥作用。

1982年5月，我完成了一份用德文写成的博士后研究报告回到了同济，李校长立即交给我一个新的任务。当时，上海市建委已经委托上海市政工程设计院做了南浦大桥混凝土斜拉桥的可行性研究。李校长当时兼任上海市科协主席，他建议市科委让同济大学也做一下南浦大桥的可行性研究。他对我说："最近国际会议上介绍了一种创新的结合梁桥面斜拉桥比较适合上海的软土地基，桥面施工也快速方便，对上海繁忙的黄浦江航道比较有利。但是这种桥面比较轻，而且开口断面的气动性能不好，要着重研究一下抗风问题。"我马上组织了一个小组，开始夜以继日地干起来。第二年春天就完成了一份南浦大桥结合梁斜拉桥方案的可行性研究报告。1983年在广东召开的桥梁年会上，我们和市政院分别介绍了两个方案的研究成果。1988年初，上海市决定自主建设南浦大桥，通过两次专家会议评审，决定采用李校长提出的结合梁斜拉桥方案，并付诸实施，迈出了中国大桥自主建设的关键一步。

1987年，结构工程系升级成立结构工程学院，下设建工、桥梁和地下工程三个系和一个研究所，我担任第一届桥梁系主任。在1982年到1990年八年任期内，正值出国留学的高潮，我深感留校的年轻教师需要出国深造、攻读学位，学习发达国家的先进理论和技术，学成后可以回国效力。于是我积极推荐、帮助年轻教师联系学校、办理审批手续。遗憾的是由于种种原因，大部分教师没有按期回来。李校长曾严肃地向我指出："你放人太松，会影响同济的工作，以后要注意。"我当时感到很委屈。不久，分管外事的黄鼎业副校长告诉我："教育部已来了文，说复旦谢希德和同济项海帆都挂了号，以后不能再推荐教师公派留学了。"我才知道这一批评的缘由。后来，李校长和我谈起许多教师公派出国而逾期不归的事，叹息说："他们报国之心不切啊!"我深切地感受到在老一代留学归国的科学家心中，报效祖国是他们义无反顾的坚定信念。在他们看来：外国再好，那是人家的，只有把自己的国家建设好，才是自己的神圣职责。老师炽烈又深切的报国情怀是我永远的楷模。

1984年，科技部和教育部决定在科学院和重点高校中筹建一批国家重点实验室，作为科学研究和人才培养的基地。李校长要我担任筹备组副组长，准备申报材料的起草工作。他亲自审阅申请报告，指导我如何去北京汇报和答辩。在申请获准后又亲自担任实验室的第一届学术委员会主任，明确提出实验室的研究方向和目标，对实验室建设自始至终给予关心和支持。十五年来，同济大学土木工程防灾国家重点实验室不仅为国内许多重大土木工程的建设做出了重要的贡献，而且培养了一大批优秀人才，也提升了同济大学土木工程的学术地位。李校长作为中国土木工程界的一代宗师，建树了不可磨灭的功勋。

四

回顾自己50年来的成长过程，李老师交给我的一件件任务就像一副副担子压在我的身上，让我在克服困难中得到了锻炼，不断进步和前行，也使我为国家做出了一份自己力所能及的贡献。从同济桥梁专业毕业的无数学子现在都已成长为各部门的技术骨干，他们在中国桥梁的自主建设中都发挥了重要作用。“同济桥梁”已成了知名的品牌，得到国内同行的尊重和赞赏，而且在国际上也有了一定的影响。李老师是中国桥梁工程界的泰斗和精神领袖，中国桥梁有今天这样的国际地位，与他老人家的不朽功绩有着密不可分的关系。

安息吧，敬爱的老师，学生们一定不会辜负您的殷切期望，把中国的桥梁事业继承下去，以您的爱国、敬业精神为榜样，努力工作、报效国家，为振兴中华奉献自己的一生。我相信，老师将化作天上的一颗星星永远注视着我们，关注着同济的发展，关注着中国一座座更新、更宏大的桥梁的建成，关注着伟大祖国日新月异的变化、繁荣和昌盛！

（原载《同济报》2005年3月5日第4版）

（作者为中国工程院院士，同济大学土木工程学院教授，李国豪先生的第一位研究生）

我的科研引路人

余安东

1955年，在我们刚考进同济工民建专业的新生心目中，李国豪教授是一个偶像，神秘而遥不可及。我虽毕业后留校任教，但因隔着专业，始终没有个别接触国豪老师的机会。不论他坎坷周折，在我心中他依然如是。

直到20年后，我才第一次当面聆听他的教诲。1974年，上海器皿一厂升板施工中发生倒塌事故，人命关天，学校派我参加调查组。当时有人说全是施工质量不行，有人甚至认为是阶级敌人搞破坏。我仔细了解了情况，认为是当时流行的设计方法对理论有误解，造成群柱失稳。我到校图书馆找来一大堆书恶补稳定理论，提出了事故原因的独特见解和新的升板群柱失稳计算方法及施工措施，但心中没底。当时我住在村二楼，国豪老师住在村四楼，他刚被从“牛棚”放出来，比较“闲”。那天我见他在楼下散步，就鼓起勇气上前向他请教，他居然不像我想象的那样高不可攀，和蔼地邀请我到他家里去详谈。听了情况和我的见解，他指出群柱失稳的思路是对的，鼓励我大胆坚持，并作了指导。后来经过与建研院张维狱老师等合作，群柱稳定理论终于成为升板设计规范的主要内容，以后全国按新规范建造了几百万平方米升板结构，再也没有出事。这也成为我毕生致力于科研的开端，而引路人还是国豪老师。他也从我心中的神坛走下来，成为我心中伟大而和蔼可亲的师长。后来，我兼任同济大学出版社社长，为了编《土木工程大百科全书》，有幸多次在他指导下工作，更体会到他的渊博和严谨。

我1986年去德国做访问学者，1987年准时回国。两年后自费公派去德，由于种种原因，全家都留在了德国。在德国，我们就住在达姆施塔特市，是国豪老师母校之所在地。我在达姆施塔特工业大学做了一年客座教授，我内人陶德华在那里做绘画兼职教授更有八年之久，我们的儿子余迅也从该校毕业。在那里，我们无处不感到国豪老师的影响之大。我后来在德国最大的建筑公司设计研究部工作，在德国土木界，人人知道有个 Grosser Lie（伟大的李），他们有的还学过老师的二阶理论，说他学过的教科书里有李国豪公式。我们都为中国人出了个李国豪而骄傲。德国土木界因国豪老师而对中国人有好的印象，达姆施塔特工业大学更对同济人特别友好。我们应该承认，留德学人都因老师而受益不浅。达姆施塔特工业大学校庆，办过一个杰出校友展览，李国豪就是进入他们名人堂的极少数的学者之一，有很大篇幅介绍他的业绩。

我们都知道国豪老师原来不赞成留学生留在国外工作。我留德工作，心中暗暗有些怕国豪老师会不高兴，多次回国，都没敢专门去拜见他。1996年，万钢和我等人受吴启迪校长之托，在周家伦教育参赞的支持下成立了德国同济校友会，团结了广大留德校友，母校很重视。国豪老师访德，也总与我们见面。印象最深的一次，是在国豪老师母校所在的达姆施塔特市，万钢和我等人接待国豪老师和他的夫人，我们坐在户外的凉棚下聊天，他详细询问了留德同济人的生活和工作，了解了我们以各种形式为国服务的情况。国豪老师非常感慨，详细回忆起他30年代在德国艰苦的求学生活，如何骑几百公里自行车去躲避战火，如何乘法国运兵船辗转回国。他勉励我们不要辜负这个时代，无论回不回国，都要尽力为祖国服务。我觉得，万钢下决心回国为母校效力，与国豪老师的感召是分不开的。我们留德的同济校友也都在以各种形式努力为国服务。另一方面，我也感到国豪老师对留德同济校友更了解了，他高瞻远瞩地看到了在逐步全球化的今天，有这么一批心怀祖国，心怀母校的留德同济人正起着难以替代的作用。2002年，我和内人回沪，国豪老师特地邀请我们去他家做客，还与他夫人一起邀请我们到附近的饭店就餐。聆听着他亲切的教诲，我多年暗暗的担心，被老师理解的暖流融化了。后来又有机会和海帆、立础一起与国豪老师、师母品赏鲥鱼，更融化在师生浓浓的深情厚谊之中。但没想到，那竟是我最后一次与老师相聚了。

国豪老师去世，震惊了海内外敬佩他的人。我正在上海，就代表德国同济校友会的全体理事和全体成员去他的灵堂致哀，并写了如下挽联表达我们的一点心意：

国豪师千古

力学大师精于力　静力　动力　凝聚力
令师生同舟共济　真传天下桃李
桥梁权威善造桥　江桥　海桥　中德桥
变欧亚天堑通途　无愧国之英豪

德国同济校友会　余安东　敬挽

（原载《同济报》2005年3月5日第4版）

（作者为同济大学校友、德国同济校友会名誉会长，曾任同济大学出版社社长）

李国豪：甘为后辈成才铺路搭桥

黄春旺　张文超

2005 年 2 月 23 日，伴随着黄浦江两岸元宵节溢彩流光的灯火，国际著名桥梁力学专家、同济大学名誉校长李国豪教授走完了他 92 岁的人生辉煌旅程。

这位身兼中国科学院、中国工程院双院士的一代造桥巨匠，曾经创造了诸多奇迹：27 岁便以一篇《悬索桥按二阶理论的实用计算方法》轰动了德国科学界，被誉为“悬索桥李”，获得德国达姆施塔特工业大学博士学位；“文化大革命”期间在牛棚中继续潜心钻研，成功揭示并解决了武汉长江大桥的振动问题；在改革开放初期发生的关于宝山钢铁总厂是否应当“下马”的争论中，他以工程技术顾问委员会首席顾问的身份，慷慨陈辞，言之凿凿，对中央做出继续建设的决策发挥了重要作用……

他作为我国土木工程和桥梁结构领域在国际上的主要代表性人物，自主建设大跨度桥梁的首要功臣和学界先驱，先后为南京长江大桥、上海南浦大桥、广东虎门大桥和江阴长江大桥等一大批标志性桥梁建设作出了重要贡献。与此同时，他长期以来在教育战线上呕心沥血、辛勤耕耘，孜孜不倦、提携后辈，为国家培养了大批一流的桥梁工程科技人才。这里要讲述的就是李国豪甘为后辈成才成名成家“铺路搭桥”的一段往事。

20 世纪 50 年代，为从根本上解决斜拉桥建筑如何适应高速公路和城市立交桥发展的技术问题，李国豪提出了斜交异性板理论。1963 年，上海市政工程设计院年仅 27 岁只有中专学历的技术员林元培，在学习李国豪提出的这一理论时，有所疑义，勇敢地向李国豪提出登门求教。时任同济大学副校长的李国豪热情接待了这位勤于思考的年轻人，仔细倾听了他的意见，并鼓励他继续大胆地进行探索。两年后，当林元培经过大量研究、演算，取得了阶段性成果时，李国豪又对其给予了充分肯定和具体指导。十多年后，林元培经过艰辛努力，终于提出了斜交构造异性板的弯曲理论，并取得了与模型实验完全一致的计算结果。李国豪获悉这一消息后，立即致信上海市政工程设计院，高度赞扬林元培研究成果的理论独创性和在桥梁建筑、航天航空工业上的广泛应用价值，并很快把林元培的研究论文刊登在由他主编的《上海力学》杂志上。1979 年，李国豪到瑞士开会，又亲自把这篇论文提交给国际桥梁与结构工程学会秘书处。1980 年，这个学会把论文发表在它的会刊上，并邀请林元培出席了同年 8 月召开的第十一届国际桥梁与结构工程大会。1984 年林元培被任命为上海市政工程设计院总工程师。此后他先后主持设计了重庆嘉陵江石门大桥、上海杨浦大桥、南浦大桥、徐浦大桥和卢浦大桥等举世闻名的桥梁建筑。林元培创立的空间结构稳定理论被誉为“林氏理论”。1995 年被评为全国有突出贡献的中青年专家。他还曾被授予中国国家级设计大师称号。一个时期以来，在国内关于重新定位人才标准与学历门槛的大讨论中，林元培与美国的比尔·盖茨一道，被并列视作低学历高水平人才的两大典型个例。

（本文原载《大师德行解读》，黄春旺、张文超主编，北京：解放军出版社，2005年）

江海处处

要处理好理论和实际的关系。理论不上去，我们永远处于落后状态，尖端的问题就解决不了，但理论要联系实际。我最反对空洞的理论，要在实践中发展理论。

心系政协　情牵同志

陈福根

1983年4月28日，在中国人民政协上海市第六届委员会第一次全体会议上，委员们选举时任同济大学校长的李国豪先生担任新一届政协主席。以前，市政协主席都是由中共上海市委主要领导兼任的。由一位大学校长担任主席，主持政协工作，在上海乃至全国政协历史上，都是首开先河的。李国豪先生是著名的科学家、教育家，不是专职的党政领导干部，但他以爱国爱党、务实求真的高尚品质和神清气正、心雄泰华的人格魅力，团结政协委员和各界人士，创造性地开展各项工作和活动，为新时期人民政协工作的发展做出了令人难忘的贡献。

“文化大革命”前，上海市政协会址设在南京西路722号（解放前该址是美国海军俱乐部所在地）。“文革”伊始，“红卫兵”就在市政协外墙上刷上醒目的极左大标语：“统战部是阶级斗争投降部！”“政治岂能协商？”政协工作因此被迫中止。1977年，市政协恢复工作时，会址迁至泰兴路306号（该址原是丽都花园，建造于20世纪30年代初）。当时政协的任务十分繁重，除了要组织委员学习，提高思想认识，拨乱反正，实事求是地解决大量的历史遗留问题，为有关人士平反冤、假、错案外，还要开展参政议政和协商监督活动，团结各界人士为振兴中华，统一祖国努力奋斗，做出贡献。工作任务繁重，而办公用房拥挤，活动场所缺乏，矛盾日益突出。国豪同志上任后，敏锐地发现这个问题，实事求是地向中共市委领导提出政协用房的改造、扩建要求。经上级批准，在市政协简易大礼堂的地基上，翻建一幢办公活动大楼，并于1985年6月打桩。工程开工不久，中央根据“七五”计划的总体安排，提出压缩楼、堂、馆、所建设，要求各地对在建项目逐一进行检查清理。在上海的规划中，原本市委、市府、人大、政协都要新建办公大楼。经过检查清理，中共上海市委领导决定暂缓市委、市府、人大的办公大楼建设，集中资金和力量，确保市政协大楼如期建成，以改善办公活动场所，为开创新时期的政协工作局面创造条件。这一决定给了各界人士和政协工作人员以极大的鼓舞。国豪主席意味深长地说，党大公无私，市委以身作则，是我们的榜样，我们一定要高举团结、民主的旗帜，努力做好政协工作。市委同意政协大楼继续建设，这说明了党对政协工作的重视和支持。我们也要贯彻中央精神，自觉地对在建政协大楼工程进行检查，去除可有可无的设施和华而不实的装潢，以臻节约资金，支援国家建设。于是，他请徐以枋（著名土木工程专家）副主席亲自负责此项工作。经过认真检查，市政协主动提出取消第21层屋顶花园的建设和多处标准较高的豪华装饰，使之更具庄重与平实。1987年9月，市政协新的办公活动大楼竣工，楼高72.3米，主裙楼建筑面积共达13762平方米。国豪主席要求政协办公厅做好大楼物业的利用和管理工作，为政协工作、政协委员和政协机关服务。他很重视对活动场所的命名。他认为活动场所的名字不仅仅是个代表符号，有时也有历史意义和情感效应。他亲自把裙楼的两个多功能厅分别命名为“华夏厅”和“江海厅”。新大楼投入使用后，我曾陪同几位海外华侨参观。他们一看到“华夏”、“江海”几个字，都说这个名字起得好。得知这是李国豪主席亲自命名的，都说李主席不愧为建筑大师，连大厅的名字都有灵气。有位长者说，吾等华夏儿女，赤子归来，今日得以会聚“华夏厅”，倍感亲切温暖，日后当为祖籍国之繁荣昌盛奉献绵薄之力。

1983年至1987年期间，党中央作出了关于经济体制改革、社会主义精神文明建设和建设有中国特色的社会主义等重要决定。李国豪同志身为市政协党组书记、市政协主席，他把组织委员学习文件、提高认识、参政议政、协商监督作为政协工作的第一要务来抓。委员们通过参观视察，座谈研讨，对经济体制改革、金融体制改革、科技体制改革、土地使用和住房制度改革、教育体制改革、医疗体制改革和技术引进工作等重大举措，发表真知灼见，形成专题报告，报送市委领导，为上海重振雄风出谋划策。为了加快发展我国钢铁事业，国豪同志不畏寒暑，不辞辛苦，数下宝钢，考察论证，为宝钢的立项和建设作出了不可磨灭的贡献。

国豪同志认为政协是广交朋友的平台。他常说："益者三友，损者三友。友直，友谅，友多闻，益矣。友便辟，友善柔，友便佞，损矣。"(《论语·季氏》)。在他看来，政协委员来自各个界别，都是正直的、诚实的和博学的人士，是值得我们深交的挚友、诤友。他倡导举行"委员沙龙"，创造一种和委员雅集交流的新形式。"委员沙龙"一般是利用晚上业余时间，在市政协文化俱乐部举行。俱乐部提供茶点，可以先吃后谈，也可以边吃边谈，环境宽松，气氛活跃。每次"委员沙龙"都有一个热点话题，大家围绕议题，发表见解，各抒己见，集思广益，献计献策，增进友谊，联络感情，深受委员们欢迎。

1986年，党中央提出废除干部领导职务终身制，实现新老交替的重大决策。政协是党领导的多党合作和政治协商的重要机构。中共上海市委要求市政协党组充分重视这项工作，切实做好新老委员的交替工作，确保1988年换届顺利进行。市委统战部和市政协党组对市政协委员状况作了分析和测算：1983年举行市政协第六届委员会第一次会议时有委员694人，平均年龄63.8岁。估计到1988年春天换届时，由于年龄和代表性等原因，需要离任的委员人数达60%，委员调整任务的繁重是可想而知的。

新老交替是历史的必然，委员们都表示支持。但多年来，大家在政协学习交流和参政议政活动中建立起来的情谊，实在难于割舍。在一次主席会议上，副主席赵超构说，新老交替是国策，我完全拥护。但我不赞成"一刀切"，当然"一刀不切"也不行，我建议"一刀一刀慢慢切"。这个建议既是委员心声的反映，也是委员对新老交替工作的期望。国豪同志十分重视这个建议。

1986年6月，国豪同志主持党组会议，讨论政协换届工作。国豪同志说，政协是爱国统一战线组织，是发扬社会主义民主的重要场所。政协委员中除了部分中共领导干部外，大多是各界别的知名人士和爱国人士。他们长期与党肝胆相照，荣辱与共，是我党的挚友、诤友。到换届时，由于年龄原因，许多人不再担任委员。就国策大局而言，他们都会支持，但多年来情系政协，难分难离。他们希望离任以后，还能继续保持和政协联系，畅叙情谊。国豪同志建议在市政协领导下，成立一个名为“上海政协之友社”的联谊团体，通过学习、交流、联谊、娱乐等方式，继续与历届政协委员保持联系，共同为推进上海的两个文明建设，为振兴中华、统一祖国作出新的贡献。国豪同志的倡议，立即得到了党组成员的赞同。成立“上海政协之友社”的消息不胫而走，得到许多委员的热烈支持。市政协党组很快地向中共上海市委递交书面报告，建议成立“上海政协之友社”。

1986年下半年的一天，中共上海市委的一次常委会会议在康平路会议室举行，其中一项议程是审议关于成立上海政协之友社的报告。会议由江泽民同志主持，出席会议的有市委常委们。市政协副主席、市委统战部长毛经权作为常委出席会议。市政协党组指派我（当时我任市政协秘书长）去列席，并向市委常委会作关于成立上海政协之友社的口头陈述。接到通知后，我心情十分紧张，生怕表述不好，不能完成任务，辜负党组和委员们的期望。于是，我认真作了准备，写了发言稿，希望能充分表达党组的建议，反映委员们的心声。按通知我提前到达康办。在会议室外面的休息室大约等候二十分钟后，市委副秘书长高文魁进来对我说：“老陈，轮到你们了，不要紧张。”我走进会议室，刚坐下，江泽民同志就说：“现在审议市政协党组关于成立上海政协之友社的建议报告。书面报告各位都已经看了，现在请政协的同志再简单说一说，看有没有什么补充的？”听了江泽民同志的话，我立即意识到，如果按原来准备的稿子读，既重复又冗长，重点难突出，也浪费领导们的时间。我想了一下，干脆抛开稿子，什么都不说，就把国豪同志在党组会上语重心长的一席话和他提出的建议作了补充汇报。审议时，市委常委们均表赞成。最后，泽民同志说："统战工作是我党三大法宝之一，政协是我党领导下多党合作和政治协商的重要机构。许多党外人士与我党风雨同舟，不为身谋，不论他们担不担任政协委员，我们都要团结他们，关心他们。政协党组和国豪同志建议成立政协之友社组织，是有创意的，我们支持。希望政协党组做好新老委员交替工作，为政协工作的发展再立新功。"江泽民同志的话音刚落，列席会议的市人大主任叶公琦触景生情地说，市政协成立"政协之友"，真好！我们市人大可不可以也成立"人大之友"？江泽民同志莞尔而笑，说道：政协是党领导的统一战线组织，市政协各界协商同意，可以成立"上海政协之友社"。而市人大是立法机构，成立"人大之友"恐怕还无法可依吧！与会同志大家面面相觑，流露出对市政协成立"上海政协之友社"的无限羡慕之情。

市政协党组的建议，审议不到半小时，就干净利落地得到了市委的批准，真是激动人心。国豪主席得到这个喜讯后说，市委批准成立"上海政协之友社"，是对市政协工作的大力支持，也是对广大政协委员的真切关怀。我们要认真落实。1986 年 11 月，经市政协主席会议同意，正式成立筹备工作组，章程起草、社员登记、社徽设计、会牌题书（请曾任上海市政协委员会第二、三、四届主席、时任全国人大副委员长陈丕显题书）、新闻发布以及筹备成立大会等各项工作紧锣密鼓而有条不紊地进行着。1987 年 2 月 5 日下午，在南京西路 722 号市委统战部礼堂，隆重地举行上海政协之友社成立大会。本市各界人士 150 余人出席了会议。政协上海市委员会第六届主席、上海政协之友社第一届理事长李国豪宣布上海政协之友社正式成立。全国人大副委员长陈丕显发来贺电，全国政协副主席吕正操专程来沪为上海政协之友社社牌揭幕。中共上海市委主要领导都亲临祝贺。

上海政协之友社成立后，各区、县也相继成立政协之友社。1988 年 2 月 2 日，《人民政协报》在头版头条刊登了《人走茶不凉，纽带永相连》文章和《这个纽带连得好》短评，指出政协之友社是退下来的历届委员以及热心政协工作人士联络感情的好形式，发挥余热的大舞台。这个报道对兄弟省市政协陆续建立类似组织，起了借鉴和推动作用。

情系政协，同志为友。上海政协之友社成立已经度过二十五个春秋。数千名离任的历届政协委员，在上海政协之友社大家庭中，学习交流，旅行娱乐，交友联谊，增进感情。参加每次活动时，大家都感到有股暖流涌上心头。许多同志调侃地说，国豪主席“发明”“政协之友社”，情深意切，成绩斐然，应该颁发给他“诺贝尔”奖。

在纪念李国豪诞辰100年之际，回忆这些令人兴奋和激动的佳话，以资缅怀和纪念。

（作者为上海市政协第六、七届秘书长）

李国豪与上海市科协

孙淑云　张贻康

李国豪是著名的桥梁专家，也是杰出的战略决策咨询高手，在上海市科协的大家庭中，他是被敬重的科学导师。他于1959－1984年，连续三届担任力学学会理事长，1980年任上海市科协主席、中国土木工程学会副理事长。在领导工作中，他认真负责、热情严谨。在学术上，他鼓励不同学派畅所欲言，各抒己见，发扬科学民主的优良作风；他重视边缘学科和交叉学科的探讨和交流；他强调学术活动要与生产结合，努力为经济建设服务。1979年12月5日，上海市科协宝钢顾问委员会成立，他担任首席顾问（至到2005年他去世后，才由严东生院士继任）后，我们作为他的助手，曾与他有过长期密切接触。向他学到许多宝贵的科学观和丰富的科技知识。李国豪亲自、并带领“顾问委员会”全体32名各个学会的专家学者，为“宝钢”建设服务，曾作出过一具有历史意义的贡献。特别在“宝钢”建设处于“生死存亡”的大论战中，他挺身而出，直谏中央，显示出他有坚强的政治魄力和深厚的科学素养。在续建“宝钢”谱写的美丽诗篇中，做出了不可磨灭的贡献。下面二三事，就是那诗篇中开不败的、闪亮的花朵。

平息“桩基位移”风波

宝钢顾问委员会成立不久，“宝钢工程”有的建筑桩基就出现水平位移12－807毫米……被误传到北京为：“‘宝钢’地基快滑到长江里去了！”“把工厂建在沙滩上，真是瞎胡闹！”中央领导十分重视，指示要“慎重！慎重！再慎重”、“千万不能出岔子”……于是，冶金部副部长、宝钢指挥部总指挥叶自强来找“顾委”专家去“灭火”。1980 年 6 月，李国豪和专家们连续两三天住在宝钢，一面查阅资料，一面进行运算、分析对比，并考察现场，几天内就提出发生桩基位移后桩基承载力的计算方法和理论，经过现场“荷载”实验，证明情况良好。排除了日本、德国专家主张要多花一亿多元的解救方案。李国豪在现场就告诉叶部长：“没问题，请中央放心。”为了更准确确定桩基位移成因，后来李国豪还建议“宝钢”进行一些桩基试验作为理论计算依据。根据《位移桩载荷试验情况简报》上的结果是和李国豪理论运算基本一致。为此他埋头写出了一份 1.3 万字的论文《关于桩的水平位移、内力和承载力的分析》，对位移桩的承载力、需要加固的范围和合理的措施，作了全面的科学理论上的分析和论证，为“宝钢”和日方谈判的有力“武器”，“宝钢”专家非常感激。

支持创新“引水”工程方案

为了抢建“宝钢”，其引水工程原批准从淀山湖引水。并于 1981 年动工埋管（双管长度）16.8 公里。当时科技界有不少呼声：“‘宝钢’建在长江边上，为何不引长江水？！”我们市科协就组织有关学会讨论，并于 1981 年 4 月发出《科技工作者建议》呼吁：“‘宝钢’应引长江水。”在社会上引起强烈反响。此事，“宝钢”内部从领导到科技工程专家也正在为从长江引水还是从淀山湖引水进行着激烈争论。分歧巨大，无法定夺。于是，宝钢常务副指挥、原冶金部副部长马承德前来科协找“外脑”。要求组织各方面专家论证。市科协于 1981 年 8 月和 1982 年 3 月，前后分别邀请市内、外专家 120 多名，连续几天进行专题或综合论证。各路专家共提出三种类型（长江引水；淀山湖引水；内河引水）12 种方案。大家对水质、水量、工程投资、工期等技术，经济指标作了详细分析对比，争论仍然十分激烈，后经深入研究对比，特别讨论了上海市政工程设计院的从长江引水《可行性方案》后，绝大多数专家采纳了《避咸潮取水，蓄淡水保质》的长江（筑库）引水方案，1982 年 7 月，国务院正式批准“宝钢”改引长江水。这个工程项目，争论了两年多，设计的问题很复杂。号称为“风险型决策咨询”。不仅把“拍板”已执行的实施方案“扳倒重来”，节约几千万元投资，每年运行费用节约几百万元，满足了工期。同时让出淀山湖水供上海人民饮用，还把长江水的工业用水标准提高到自来水生活用水标准水平，并开辟了沿江河海口的水质应用。

李国豪很重视引水工程的争论，虽然本身不是水利方面的专家，但他具有创新精神，善于观察分析新生事物，从技术上、经济上和发展上吸收了新的见解和方案，因而坚定地支持这份汇聚了科技人员智慧结晶的新方案。李国豪教授还由我们陪同，亲自去面见时任上海市副市长兼宝钢政委的陈锦华同志，向他推荐新方案和汇报论证会实情。后来，陈锦华在宝钢引水工程科技论文集的序言中写道：“宝钢引水方案先后有过淀山湖、米市渡、长桥水厂、内河、长江口等多种取水方案。每种方案都是各有所长，都有反驳另一种方案的技术经济数据。面对这些众说纷纭，莫衷一是的建议，如何比较选择？靠谁比较选择？在最后决策时，我主要听了李国豪教授的意见。我从工作中感到，他的深厚的理论知识，丰富的经验，认真负责的精神，严肃的科学态度，使我在决策时感到心里踏实。实践证明，这个依靠是对的。”能在长江口取到淡水的意义非同一般。有了宝钢水库的成功经验，才有了今天的青草沙水库、珠江口水库等重大工程的实施。自 1990 年，李国豪教授以科技工作者建议的方式向上海市水务部门推广这一创新成果，已经有数座水库出现在中国大地上，造福于百姓。

为国策献计“救活宝钢”

引进“宝钢”，全国人民震撼，但因投资巨大，是特大型钢铁企业（300 多亿元）。从宝钢打第一根桩开始，就争论不休。1981 年，国家财政困难，中央决定调整国民经济。一月，国家计委、经委、财政部等 14

个部委的领导和专家共200余名，汇集上海，在“宝钢”现场召开贯彻中央决定的大型会议，我们“顾委”专家也应邀出席。会上，首先宣布中央财经领导小组三项指示：（1）“宝钢”二期工程不谈；（2）宝钢“两板”（“热轧板”和“冷轧板”）退货；（3）对一期工程立即停建，做好政治思想工作。“宝钢”“下马”让大家都十分震惊，会场鸦雀无声，非常沉闷、紧张。首席顾问李国豪首先打破沉默。“首先，中央有关部门先定下停建一期工程，再来论证，这是程序颠倒了，不恰当。应先论证，后决策。否则国民经济损失很大。”李国豪说，“我们应该接受1929年美国和西方国家经济大危机的惨痛教训……‘宝钢’要算经济账，也要算政治账，要从发展观点看‘宝钢’，国民经济不能搞‘大折腾’。”“顾委”老冶金专家周志宏说：“‘宝钢’一期工程不能‘下马’，二期工程也不能停建，否则‘有钢无材’，也是跛子企业。经济效益差，现代化企业管理的科学技术经验也落空……”严东生院士说：“‘宝钢’‘下马’，不仅国民经济损失很大，还会引起斯德哥尔摩的一场国际官司……”当时中国社科院的经济专家，多数不赞成‘宝钢’“上马”，理由是：“从经济学”“投入产出”的原理看，宝钢投资巨大，很难收回成本，几百亿国债何时才能还清？何况目前财政经济困难呢？！冶金系统也有不少专家坚持此见……经过十几天的雄才辩论，会议上形成几种方案：停建；分建；缓建和撤散。顾委专家们力排众议，提出了“三项原则”和“六点建议”的《缓中救活》方案，并特别强调要增强经济效益，发展现代化科学技术的生产力。技术经济专家顾委张振义的“算账论”也特别引人关注赞赏，他说：“‘宝钢’‘下马’，不仅直接损失100亿元，还外加配套工程投资。迟建一年损失10多亿元，推迟一天损失274万元，如国家再拿出20~30亿元，就可救活‘宝钢’形成生产力。可推迟几年投产，避开投资高峰。国库缺钱，还可集资搞股票……”

1981年9月，“宝钢”批准续建，1985年9月15日，宝钢一号高炉正式点火投产，“顾委”专家们被邀请和中央及上海市委领导等共同参加了庆祝开工典礼。大家都感到振奋和荣耀。

“宝钢”胜利投产。李国豪和“顾委”享誉全国。各方面的表扬和奖励接踵而来：方毅副总理对李国豪说“你们救活了‘宝钢’”；上海市委书记陈国栋说“你们坚持了科学真理”；“宝钢”领导说“风雨同舟，你们是‘宝钢人’的良师益友”。“顾委”荣获1983年上海模范集体；“长江（筑库）引水工程咨询论证项目”荣获1986年上海市科技进步一等奖，1987年度国家级科技进步奖二等奖和上海市科协系统咨询特等奖；“‘宝钢’调整综合论证项目”荣获上海市科技进步一等奖等。在鲜花和荣誉面前，李国豪只是淡然地对大家说：“要谦虚谨慎，向‘宝钢’学习，并继续多做贡献。”1982年秋天，中央统战部曾派张处长专程来沪访问市科协。孙淑云接待她时，详尽地汇报了李国豪及顾委专家们的爱国热忱和他们为“宝钢”建设作出的贡献。张连连称赞：“上海知识分子睿智多才，很有魄力，李国豪教授大公无私直谏中央的豪迈精神，很让人敬佩，他有坚强的政治魄力和丰富的科学实力，适合从政做领导，我会推荐他出任上海市政协领导。”1983年4月，李国豪当选为上海市政协第六届主席。他的一生是丰富多彩的。

李国豪教授是杰出的科学家、教育家，是我们的好导师，我们永远学习和怀念他！

（孙淑云为上海市科协第二届常委、工科学会部部长、原上海市科协宝钢顾问委员会副秘书长；张贻康为原上海市科技咨询中心办公室主任、上海市科协宝钢顾问委员会副秘书长）

我心目中的李校长

郑惠强

李国豪先生离开我们已经有8年了。不管是在同济还是民盟，我总习惯称他李校长。作为一位著名的教育家、科学家和社会活动家，李校长把自己毕生的精力、智慧和才华都无私奉献给了中国的教育事业和科技事业。今年是他的百年诞辰，纪念和缅怀李校长，重温他的为人、他的学识、他的不凡经历，是记忆深刻而又令人难忘的。

李校长出生在普通的贫苦农家，青年时期就读于同济，是同济历史上最优秀的学生之一。我曾经去上海院士风采馆参观过，那里保存着李校长在同济读书的成绩单，科目基本都在90分以上。毕业后他留学德国，以同样优异的成绩完成学业后，怀揣一颗赤子之心，回到当时苦难重重的祖国。李校长所走的路，像那个时代大多数知识分子一样，就是想用自己所学为祖国服务、为人民服务。这以后，不论是潜心教书育人，还是致力桥梁事业，他一直坚持着自己的信念。这种朴素的理想，影响了他的一生。哪怕是历经政治风云的袭扰，也未曾因种种磨难而分心，更未因年老体衰而裹足。在许多国家重大课题的咨询与决策上，他无私无畏，力排众议，用远见卓识和科学论断，提出关乎国家战略的意见与建议，得到了中共中央和国务院领导的高度重视，并充分地实践于各项重大工程中。新中国的重大桥梁建设，处处都留下李校长智慧的痕迹；处于生死存亡关头的宝钢工程，得力于李校长的力挽狂澜；海浪簇拥、举世瞩目的洋山深水港建设，凝结着李校长的诸多心血。用李校长的话说，那就是：“历史将会作证！”

李校长是民盟的老领导，早在20世纪50年代就担任过民盟上海市委副主委。我印象中的李校长是一个性格爽直、坚持原则的人。他热爱民盟事业，热衷于参加盟务活动，在盟内享有很高的威信。有那么两个小故事，已经过了很久，但是我印象深刻，仿佛就发生在昨天。

那一年，我参加民盟没多久，在年底联欢会上，我负责签到。李校长参加活动总是提前到场，从来不让人等候。看到我在，他从皮夹子里掏出100元钱，歉意地说道："我今年的盟费还没有交呢，现在要麻烦你一下了。"我有点措手不及，接过钱后在一张通知的背面写了个收条给他。这么身居高位、日理万机的领导，居然还记得交盟费，着实让在场的所有人感动不已。李校长用实际行动告诉了我们：作为一个盟员，要有组织观念，要热爱自己的组织。

后来，我担任民盟同济主委的时候，李校长年纪已经很大了，公务繁忙不说，又不住在学校附近，所以一些小型活动我就没有给他寄通知。有一天我接到了他当时的秘书小黄的电话。小黄说李校长得知民盟最近搞过一次活动，但是他没有收到通知，是不是地址有误？我有点不好意思，因为的确是没有给他发通知。我把情况说明后，李校长风趣地表示："我们这些老头子应该经常和年轻人在一起，这样也能使我们永远保持年轻人的朝气与活力。"之后，民盟凡有活动我就照常发通知，能不能参加，由他决定。但是，他会尽量参加。记得有一次盟员祝寿会，李校长收到了通知，后因那天宝钢有会议不能前来，特地给我电话请了假。谁知快要结束时，李校长突然来了。他对大家连连道歉，说那会议重要，实在抽不开身，但一散会就立刻赶过来参加民盟活动了。他的到来，使全场盟员很意外，也特开心，李校长对民盟的深厚感情，我深为感动。

故事很小，讲出来不过是三、五句话，但是，对我的触动却很大，留下了一片温暖。我不止一次与青年盟员们分享过。李校长的言传身教，让我对民盟的认识乃至对中国共产党领导的多党合作制度的认识逐渐深刻、感情日渐浓厚。

在民盟这个大家庭，有一大批道德文章的楷模和学术大家，他们是我们做人、做事、做学问乃至为官的榜样。在这个组织里，有太多太多可敬仰的前辈。他们中的一些人经受过许多磨难，曾经被误解、受屈辱，却不计个人恩怨和一己荣辱，历经坎坷而积极豁达，忍辱负重而执著付出。中国优秀知识分子的传统在他们身上得到延续和发扬，并顺应时代要求与时俱进。

李校长就是这样的一个人。他修德守身，淡泊名利，正直正派，甘于奉献。他对盟的感情、对盟组织的热爱，值得每一个盟员好好想一想，学一学。今天，对李校长的纪念，加深了我对自己肩负责任的思考。我愿在今后工作中，以百倍努力和出色实绩表达对李校长的深切怀念。

（作者为民盟中央副主席、上海市委主委，上海市人大常务委员会副主任，同济大学副校长、教授）

怀念李国豪会长

陶 嫄

德高望重、和蔼可亲、平易近人的李国豪会长离我们而去了，我们感到悲痛万分！李会长和我们在一起时的音容笑貌，他对我们的教导和鼓励记忆犹新，至今回想起来还倍感亲切，永难忘怀。

1989 年 11 月，在全国 39 个退离休科技工作者团体的倡议下，经国家科委、中国科协批准，中国退（离）休科技工作者团体联合会（简称中国退科联）第一次全国会员代表大会在北京召开，李老出席会议并当选为第一届理事会会长。会上他充满热情地表示，愿意尽自己的微薄之力和大家一起来创建老年科技事业，大家深受鼓舞。

记得在中国退科联第一次全国会员代表大会闭幕后的第二天，中共中央办公厅曾庆红同志来接李老到江总书记那里去做客。李老临走前对我说："我会把成立中国退科联的事向江总书记禀报一下，你看还要说些什么？"我说，大家有个愿望，能不能请江泽民总书记为发挥退离休老科技工作者作用题个词。李老高兴地说："对、对、对，请他题个词，鼓励鼓励我们这些老科工。"不久，总书记办公室送来了江总书记为中国退科联的题词："团结广大退离休科技工作者，为科技进步经济繁荣社会发展和民族振兴再做贡献"，（一九九零年二月四日）。李会长十分高兴，要求我们立即把江总书记的题词传达到每个会员单位，并认真组织学习、贯彻。

李老说："江总书记的题词含义深刻，它既对广大老科技工作者寄予了希望，又对我们老科技工作者的团体提出了要求，表达了党和人民对我们的期望和重托，任重道远呀！我们一定要按照江总书记的题词精神，当好开路先锋，甘当铺路石，为后来人奠定好基础。

由于中国退科联成立时，正值国家对成立群众团体实行政策改革：不给经费，不给人员编制，不定级别。所以中国退科联成立后的第一件事就是要自己去找“饭”吃。当时，退科联的办公室是借中国农科院退科协的半间库房，办公室的几位干事都是各会员单位派来的义务干部，办公用品都是收集有关单位淘汰下来的东西。李会长到办公室去了一看，他笑了，然后幽默地对我们说：“我们从零点起跑，这更能锻炼人喔，不要着急，我们这个团体是个人才宝库，面包会有的，一切都会有的！”为了解决些必须的费用，李会长亲自出面向中国科协有关部门争取了一点经费。为了节约开支，中国退科联的常务理事会、会长会议等，都安排李老到北京开别的会时召开。中国农科院退协的小会议室，冬天暖气不足，比较冷，李会长就穿着大衣主持会议，中午吃饭就在院内的小餐馆吃便餐，李老对我们的安排很满意，他表扬我们有创业精神。

记得 1993 年春天，开常务理事会，研究筹备召开第二次全国会员代表大会的事，得知这年正值李会长 80 华诞，常务理事会全体成员就在农科院内的小餐馆里为李老祝寿。饭店特为李老做了一只大寿桃馒头，虽然饭菜十分简单，但表达了到会的常务理事和工作人员敬祝李老健康长寿的一片真情。那天李老十分高兴，席间他还喝了一点酒。

在筹备第二次全国会员代表大会的时候，出现了一个团体更名问题，当时有人提议更名为中国老年科学技术工作者协会，李老反复考虑后对我说：“我认为这个‘年’字放着不好，应该去掉，改为中国老科学技术工作者协会，更能体现我们这个团体的特点：我们这个团体的成员特点不在年龄上，而在于这个团体的成员将是一大批为新中国的建设、科技的发展做出特别贡献的知识渊博、经验丰富、具有献身精神的老一代科技工作者，‘老’字具有资深的含义，较为贴切。”按照李老的提议，经过第二次全国会员代表大会的讨论，一致通过了更名为中国老科学技术工作者协会（简称中国老科协）的方案。从此，中国老科协在李老奠定的基础上健康发展，现在已经成为一个在全国具有一定社会影响的社会团体。

李国豪会长虽然离我们去了，但是他为中国老科学技术工作者协会所做出的贡献，他的创业精神，将永远激励我们前进。

（作者为中国老科协第一、二届秘书长。原载《今日科苑》，2005年第3期）

李国豪与宝钢“位移风波”

李　冰

20世纪70年代末，百废待兴。长江入海口，一块沉寂了许久的土地，被打桩机发出的刺破云天的吼声惊醒。数以万计的建设者从全国四面八方云集于此，党中央、国务院决定耗资上百亿元全套引进建设一座现代化钢厂——宝钢。

国门洞开，妥不妥？值不值？一向固守“自力更生”信条的国人惴惴不安，也使前行中的宝钢笼罩着阴影，潜伏着危机。——题记

1980年初夏，晴空如洗。

这半年多来，一个个挟寒而至的消息将工地热火朝天的气氛降到了冰点：钢桩基础出现水平位移！高炉区有，焦炉区有，炼钢区有，初轧区也有！最宽位移已经达到50厘米。机械轰鸣的建设工地纷纷“哑了火”。

消息越传越快，越传越玄，社会上的各种议论也纷至沓来：“把工厂建在沙滩上，真是胡闹！”“国家还这么穷，大把大把的外汇就这样打了水漂！”有些人甚至骇人听闻地说：“钢管桩，因为打到软土地基上，所以宝钢要倒塌了，要滑到长江里去了。”

消息惊动了中南海，李先念批示：“领导宝钢建设的同志们，对建设中出现的重大问题，要慎重、慎重、再慎重，注意、注意、再注意！”

这短短36字的批示，字字千斤。

宝钢工程总指挥部一间简易的办公室内，冶金部副部长、宝钢工程总指挥叶志强对着电话话筒，嗓音有些沙哑：“现场试验的数据都出来了没有？”

这半年多，叶志强食不甘味、寝不安席。他的办公室里一直存放着三年前访日时带回的一份资料，资料中一组刺眼的数据至今如鲠在喉：日本1960年产钢2200万吨，到了1973年，产钢1.19亿吨，13年翻了两番还

要多。而中国，1960 年产钢 1866 万吨，同样到 1973 年，钢产量只有 2252 万吨。

差距巨大！人家是翻着筋斗前行，自己却在踱着碎步徘徊，怎么行！

焦虑、忐忑，宝钢第一个想到了自己的顾问委员会——由二十余位科技、经济界专家组成的高级智囊团，想到了顾问委员会首席顾问、同济大学名誉校长、桥梁力学专家李国豪教授。

这位土木桥梁专业的一代大师，年轻时代就已蜚声海外，在德国攻读博士学位时，他运用“悬索桥变位理论实用计算法”，设计成世界罕见的汉堡悬索大桥，轰动了世界，被同行誉为“悬索桥李”。就在事业蒸蒸日上之际，出于对祖国的一片深情，李国豪几经周折回了国，先后参与到武汉长江大桥、南京长江大桥等国家重大工程建设中。即便在“文革”时期，他也未曾停止过对科学的探索，写出了关于桁梁扭转理论的宏篇巨著。

夜幕垂帏。上海市华山路上，一幢居民楼 14 层的一扇窗，亮起了橘黄色的灯光。李国豪头倚在书房座椅的靠背上，眉头微蹙：位移，他最担心的事情发生了。

他的担心，倒不止于桩基位移。

“选址”问题一直是关于宝钢争论的焦点之一，最初就曾有专家提出，上海属冲积地层，承压力差，在这里建大型高炉、转炉，都要打桩，经济上不划算，应该将这座大型钢厂建在内地。也有专家认为，世界各国建设大型钢铁联合企业，一般都建在沿江沿海，原因是：钢铁厂的原料、材料和产品的吞吐量都很大，每生产一吨钢，从原料到成品的运输总量要达到 8 吨左右。这样大的运输任务，也只有水运才比较合理。

选择已然作出，成败事关重大。在被推举为宝钢首席顾问后短短 6 个月时间里，李国豪和其他顾问的足迹几乎遍布建设工地的每一个角落。每一组数据，确凿无疑；每一个推断，深思熟虑。

位移，在世界沿江海建设的大钢厂中，并不少见。可如今，位移出现在宝钢，出现在处于风口浪尖上的宝钢，李国豪的心情有些低落。他想立即召集顾问们进行现场实地勘察，但天色已暗，专家们又大多年事已高。只有等，等待天明。

等待的时间总是格外漫长。沉沉夜色之中，一幕往事在李国豪的脑海中越发清晰了。

“宝钢，事关重大，不能有半点差池。你要谨慎才是！”这是一位多年的老友得知他被委任为宝钢首席顾问时叮嘱的第一句话。

自己何尝没有体会到承担这份重任的压力呢？李国豪长长吁了一口气。他还记得当时自己的简短回答——“我们只要实事求是，尊重事实、尊重科学，就好。”

许是坐得时间久了，李国豪的腿微微有些麻，他欠起身缓缓走到窗前。但见夜色中的华山路，幽远，宁静，迷人。这让李国豪联想起素有“奇险天下第一山”之称的华山。

自古华山一条路，无限风光在险峰。李国豪知道，这并不是诗的原句，可这一晚，用在这里，再恰当不过了。

盛夏，热浪一举将温度计的汞柱推上40度，十几位顾问在总指挥叶志强的陪同下，用脚步丈量着发生位移的高炉区、炼钢区……

几个小时过去了，汇总下来的情况似乎令人们看到了希望。

勘察总工程师蒋荣生发表了自己的看法：“我认为，钢桩打入60米深的亚砂土层是世界公认的可靠承力层，具有足够的地基承载力。”

全国著名的裂缝专家王铁梦说：“新日铁就曾发生过类似情况，补救的办法也有很多，譬如拉梁、回填等等。”

专家们纷纷直言……

新日铁的专家也致电日本国内，及时拿出了一整套处理方案。

李国豪并不怀疑顾问们的推断，可依据呢？令所有人信服的依据呢？若采用新日铁提出的传统解决方案，又是一笔巨额开支不说，也未必就能解决宝钢的问题。

李国豪觉得，只有通过科学的论证方式找出桩基位移的原因，找到解决问题的办法，才能化解众人疑虑，重拾信心。

是夜，宝山宾馆的一间客房内，李国豪伏案疾书，一道道算式、一幅幅草图，跃然纸上，没有电脑，没有打印机，仅靠一支圆珠笔。

又是一夜未眠。

黎明破晓，一份份写满力学方程式的草稿，数份曲线图表，以及洋洋6000字的论证报告终于出炉，壁破道成。

这十几页凝结了自己毕生心血的报告，在李国豪的眼中，更像是一纸"军令状"，而他，就是那位在军令状上签字画押的人。

次日清晨，宝山宾馆的会议厅内，挤满了交织着焦虑和期盼的人们。李国豪摘下眼镜，揉了揉有些干涩的眼睛，操着家乡广东梅县特有的口音，将自己的见解浓缩在了会议室中央的两块黑板上。两个多小时条分缕析，得出的结论是：因挖土降水造成地层中应力失衡，是桩基位移的直接原因。只要采取得当措施，位移即可纠正。

李国豪将自己的"军令状"递到了叶志强的手中："请宝钢向北京报告，请党中央放心。"这掷地有声的话语，犹如一枚定海神针，平息了人们心中翻滚的浪涛。

北京得知结果后，一位首长特地打电话到宝钢询问："这话真的是李国豪说的吗？报告也是李老亲自签的字吗？"

这一年，学校放暑假。李国豪独自一人在简朴的家中，参考各种试验结果，花了两个月时间，写出一份1.3万千字的论文——《关于桩的水平位移、内力和承载力的分析》。这篇论著，不但从根本上解决了宝钢桩基位移问题，而且节省了资金，缩短了工期。

绚烂至极，复归平淡。在李国豪的世界里，宝钢只是他的一处驿站，但宝钢，却因有这样的"高参"，站上一个新的起点。

（作者为《宝钢日报》记者）

翘首就盼这一天

唐　宁

举世瞩目的上海国际航运中心洋山深水港一期工程已实现阶段性目标，著名桥梁专家李国豪院士激动地对记者说："这一天我们已经盼望很久了。"

从论证到动工，亲历这一过程的李国豪教授至今记忆犹新，早在1996年，来自全国的20多位水利、港口等方面的专家就汇集上海新亚酒店，举行了有关深水港建设的首次论证会，德高望重的桥梁专家李国豪院士被推为专家组组长。这以后又进行过多次论证活动，工程的蓝图在一次次设想与争议中渐渐走向现实。1999年底，由国家计委组织，在上海再次召开专家论证会。这次重要的论证会分为两个阶段，第一阶段是关于在大小洋山建设国际航运枢纽深水港的宏观经济论证，参加会议的经济学家都认为，无论从国际航运需要，还是从我国经济发展着眼，在大小洋山的地理位置上建设一个东北亚国际航运中心，都是非常必要的，在战略上更是迫在眉睫的事情。

李国豪院士主持的另一组技术专家论证会，集中了全国水利、泥沙运动、港口建设、航运以及桥梁等各方面的专家，为工程提供了扎实的科技理论支持。他介绍说："目前国际上第五代、第六代集装箱货轮要求水深15米，大小洋山完全具备此条件。经水文地质调查，这一带泥沙运动情况100年间的资料基本无变化，说明海床稳定，水流也不太急，大货轮停泊应该没有大问题。而气象资料也表明，这里每年可作业期超过了300天。"

李国豪先生兴致勃勃地告诉记者:“那年专家论证时，我还特意乘船去了一次。航行中起先还有风，可是到了那里就风平浪静了。”他张开双臂作一个环抱状，然后说道：“大小洋山的地理位置是这个形状的，所以说是一个极好的避风港。那里建港条件也很好，至少可以造50个泊位，能适应一年1000多万标准集装箱的运输量。”

大小洋山位于上海南汇芦潮港东面27公里外的海边，在海面上架设一座长桥，往来上海就方便快捷了。这样，原本就是长江流域经济中心的上海，更成了这个深水港壮阔而又便捷的腹地。他说：“专家论证时考虑到投资问题，曾经做过一个分为二期的方案，第一期建造4车道，第二期建成6车道，总投资达100多亿。而现在根据中央的指示精神，发展态势良好，这表明从中央到地方，政府对尽快建设深水港的决心都非常大，也是很鼓舞人心的。”

作为我国桥梁界权威人士，李老对建造的大桥充满信心。他说，我国近年已有不少成功建造高难度桥梁的经验，所以建造这座连接洋山与上海的大桥，难度并不是很大。一生爱桥造桥的李老，虽已九旬高龄，还盼望能为建造这座桥出谋划策呢。李老早年学土木建筑，1936年毕业前到建造中的杭州钱塘江大桥实习。1938年赴德国留学，博士论文也是悬索桥。数十年来，李老与桥梁结下不解之缘。武汉长江大桥、南京长江大桥、南浦大桥、杨浦大桥、广东虎门大桥、汕头海湾大桥……这些著名桥梁工程都倾注了他的心血。“一桥飞架南北，天堑变通途”，生命中时时豪情激扬，何其快哉!

李国豪教授说:“从字面上看，桥是绕过一个障碍的意思，无论前面是山谷还是流水。”从这个意义上去理解，李老此生从事的是多么美好的事业啊。而在现实生活的人际交往与沟通上，李老也以他大学者的见识，更以一个爱国者的责任感，做过不少“搭桥修路”的美事。这次深水港项目，也是他在关键时刻积极进言，给中央政府的决策提供了重要的意见。

在参加多次大小洋山建设深水港的论证会之后，李国豪怀着强烈的使命感，提笔给时任国家主席的江泽民写了封信。在信中，他表述自己对于在大小洋山建设深水港的看法，恳切希望这项于国于民有利的工程尽快上马。这是2000年10月中旬。之前他去看望汪道涵同志，请教他对此事的意见，汪道涵仔细听取李国豪的想法后，十分赞成，并表示愿意代他向江泽民转交这封信。10月20日，李国豪去参加江阴长江大桥落成典礼，江泽民亲自出席典礼并为大桥剪彩。仪式结束时，江泽民高兴地对他说："国豪同志，我们国家的桥是越修越好了。"李国豪说："是啊，如今我们已经到国外去造桥了。"随后，他再次向江泽民说到建设大小洋山深水港的事情，李国豪说："上海一直都是以港兴市的，深水港是上海发展的生命线，现在更是迫在眉睫的事。釜山和高雄都因有了深水港发展很快，我们得抓紧上马啊。"江泽民认真地听着李国豪的话，他在上海工作期间，就听到过有关建设深水港的议论，对此事一直很关注。

11月2日，江泽民找国家计委有关负责人谈话，听取专家论证等各方面情况，第二天就对建设深水港的事情做出了重要批示。这样一个跨省市并牵涉多个部门的国家战略项目，终于在党中央、国务院的英明决策下跃马扬鞭，开工动土。在建设者的心血与汗水中，上海朝国际航运中心的目标又前进了一大步。

（作者为新民晚报社记者。原文刊于《新民晚报》2003年7月13日）

李国豪先生与东海大桥建设

彭瑞高

李国豪缓缓起身，穿上西装，系好领带，移坐在轮椅上。他一边继续打着点滴，一边等候两位客人来到。这身穿戴使老人显得格外庄重、格外精神。这是李国豪住进华东医院之后很少有的。这一天是 2005 年 1 月 30 日，离开他生命终点还有 24 天。

东海大桥是他92年人生中最后关注的一座大桥

说起李国豪，人们就会联想起桥梁，就像说起华罗庚人们就会想起数学一样。李国豪这一生是为桥梁而活着的。他早年学的是土木建筑,但留学德国的博士论文却是“悬索桥”。新中国第一座长江大桥在武汉江面建起时，李国豪的名字已出现在技术顾问名单中。建设南京长江大桥，李国豪更担任了技术顾问委员会主任。20 世纪 80 年代起，在上海南浦大桥、杨浦大桥、汕头海湾大桥、虎门珠江大桥、江阴长江大桥的建设中，李国豪一次次担任专家组组长。无论冰雪北国，还是春雨江南，几乎每座大桥的工地上都印满了李国豪的足迹。他漫长而充实的一生，是用大桥连接起来的。

20 世纪 90 年代中期，关于建设上海国际航运中心洋山深水港的论证在上海拉开序幕。全国各地专家一致推选李国豪担任专家组组长。随着论证的深入，洋山深水港建设蓝图呼之欲出。长达 6 年的艰苦论证，使专家们对未来的深水港和跨海大桥建设更加充满信心。2000 年秋天，李国豪与 14 位院士热情地向中央领导写信，建议尽快建设上海国际航运中心洋山深水港。他说：上海历来以港兴市，深水港是上海发展的生命线。院士们的建议得到了中央领导的肯定。

在人生的最后阶段，桥梁依然是李国豪生命的最后支撑。此刻他在华东医院等着的客人——黄融与杨志方——就来自东海大桥施工现场。黄融是东海大桥建设指挥长，杨志方是设计部负责人。他们叫李国豪“李校长”，因为他们都毕业于同济大学。他们既是李国豪的学生，又是他的同行、忘年交。论起年龄来，李国豪几乎可以当他们的祖父，但因为他们是从东海大桥赶来，老人又把他们看成是自己重要的客人。

东海大桥，中国第一座真正意义上的跨海大桥，是李国豪92年人生中最后关注的一座大桥。

“造桥决不能搞花架子，盲目争什么世界第一。”

党中央国务院和上海市委市政府高度重视上海国际航运中心洋山深水港建设。市委市政府领导多次就深水港和东海大桥的建设问题，与李国豪等专家教授座谈讨论。李国豪很有把握地说，我们中国的建设队伍，已经有了多年在大江大河造桥的经验，在东海建造一座跨海大桥，技术上没有什么克服不了的问题。但他又冷静地指出：建造东海大桥的困难主要是外海施工，海上风急浪高，海底地质情况复杂，战线那么长、工期那么短，一年海上施工时间只有180天。许多重大的考验还在后头。

作为中国年资最高的桥梁专家，李国豪毅然担起了东海大桥建设专家组组长的重任。

早在东海大桥设计酝酿阶段，黄融他们就跟李校长建立了通话“热线”；大桥工程进入实质性阶段后，他们更是为总体设计、建设方案、工程质量等问题，频繁求教于李校长，还常常上门向他汇报工程进展情况，当面聆听他解决难题的办法。他们至今已记不清自己拿着东海大桥的各种图纸，到上海华山路一侧那幢大楼14层的李国豪家去了多少次。只记得每次推开李校长家门，老人都会立刻把手头工作放下，让他们坐到自己身边，倾听来自建桥第一线的声音。黄融说，李校长是东海大桥的“主心骨”。杨志方说，在许多关键问题上，李校长为我们把握了方向。

在大桥设计阶段，部分同志曾提出工程建设要“创新”，要“大量采用新技术、新材料”。李国豪却说：“创新这个问题，我们要辩证地看。在东海建设这样规模的跨海大桥，这本身就是一大创新。至于建桥本身，我倒不主张采用太新的技术。新，在一定程度上代表了风险。第一次造跨海大桥已经包含了很大风险，如果再加上新技术、新材料的风险，那就可能招来致命的失败。我主张采用成熟的、经得住时间考验的技术。”李国豪这一观点，成为东海大桥建设的重要原则。

李国豪反对不切实际的“争世界第一”。他说：“造桥是一个实打实的工程，桥梁的第一使命就是为经济建设和人民生活服务，决不能搞花架子，盲目地去争什么世界第一。”

在李国豪的影响下，大桥指挥部确立了不尚奢华、不图虚名、简朴实用、经得起历史考验的设计思想。

32.5 公里的东海大桥堪称是一个奇迹，可如果从分段结构来看，都是依靠成熟的技术来建造的，决不贸然“弄险”。如主通航孔的斜拉索桥跨径只有 420 米，比 15 年前造的南浦大桥跨径还要短 3 米，从技术上来说，保险系数大多了。李国豪说，我们要的是大桥 100 年的设计基准期，而不是什么虚名，硬争世界第一是不科学的。

主通航孔是东海大桥中心部位，设计部门当初考虑采用 80 米跨径的钢筋混凝土叠合梁，组成连续 9 公里长的钢结构主梁桥面。李国豪说：“你们要注意，海上建桥防腐是一大难题，海水海风都有很强的腐蚀性。既然已经为大桥定下了 100 年基准期，那么设计施工各个方面就都要紧扣这个基准。搞 9 公里长的钢结构，海上补漆难度大，将来防腐工作怎么做？每年补漆需要多少工时？要坚持 100 年哪！”在李国豪的指导下，这一设计作了重大调整，钢结构桥面长度缩短到880米，不足原来的十分之一。

“我真想到东海大桥上去走一走看一看……”

黄融和杨志方走进病房，看到李校长一身西服、打着点滴在等候他们，心头涌过一阵热流。

这时黄融不禁想起两年前的一件事。那是在大桥专家组在上海开的最后一次论证会上，李国豪就设计单位的选择，郑重谈了自己的意见。他说：“考虑到东海大桥的规模，我建议选择两家设计院来承担设计任务，一家是上海市政设计院，另一家是铁道部大桥设计院，由市政院牵头。这是国内两家力量最强的设计院，他们两家再联手，一定可以拿出第一流的设计方案来。”

第二天清晨5点钟，黄融床头的电话铃响了，李国豪又把他叫进自己房间，亲手交给他一张纸，上面是他手写的关于两家设计院如何分工、如何牵头等一系列细则。黄融看着李校长疲倦的面容，知道他又是一夜未眠……

看到学生走进病房门，李校长第一句话就问：大桥情况怎么样？黄融和杨志方路上商量好，为了让老人安心养病，工程上有些困难情况暂时不汇报。他们说：大桥箱梁已经架完80%，只剩下5公里桥面还没有接通。李国豪连声说：好，好！黄融拿出了指挥部编印的《东海大桥》杂志，递到李校长手里，说，这是最近出的一期，您有空翻翻。李校长打开杂志浏览了几页，这时林老师（李国豪夫人）说，李校长现在别的什么杂志都不看了，就是这本《东海大桥》，他每期都看。

李国豪抚摸着杂志封面，说，东海大桥规模宏大，你们建得这么快，不容易啊。黄融说，现在大桥施工全线铺开，最多时工地上有1万多人。李校长语重心长地说，建设东海大桥是历史给你们的机遇。我们老了，没有机会了。你们是年轻人，要抓住这个机遇啊。李国豪又说，东海大桥是我这辈子最后关心的一座大桥，我真想到你们大桥上去走一走、看一看。黄融说，天气转暖了，一定请林老师陪着李校长到大桥来看看。到时我们派车来接你们。李国豪说，我不知还能不能看到东海大桥……老人的话引起大家一阵心酸。黄融他们安慰道，放心，您一定能看到！可惜李国豪的这一愿望最终没能实现。24天后，他离开了他的学校和学生，离开了他深爱着的江河、大海和大桥。

人们用劳动来纪念这位桥梁大师。东海大桥在万顷波涛中继续延伸。几百条大小施工船在大桥两侧穿梭。打桩机声音震天动地。中国最长的一条跨海巨龙，在东海腾空而起……

（作者为新民晚报社记者。原文刊于《新民晚报》2005年5月30日）

李国豪院士与苏通大桥建设

张振刚

李国豪院士走了。一代宗师，我国杰出的桥梁专家、中国科学院院士、中国工程院士、上海第六届政协主席、同济大学名誉校长李国豪教授于2月23日逝世，永远离开了我们。噩耗传来，我们还不太敢相信。半个月前，2月5日我受市发改委委托去上海看望李院士。在他家里，李院士夫人林老师讲：李院士这些年冬天都住在华东医院，看的人较多，今天听说南通来人很高兴，表示等身体好些、天暖些，要到苏通大桥、润扬大桥、东海大桥去看看。

江苏苏通长江公路大桥工程从项目论证、立项到建设，都留下了李院士的串串脚印，凝聚了李院士对八百万江海儿女跨越天堑的千年夙愿和百年期盼的关爱。

早在1993年，在上海市长江口越江通道专家论证会上，我有幸聆听了李院士的发言。李院士指出：建设长江口越江通道非常之迫切，它有两重任务，一个任务是长江三角洲整个地区经济发展所需要的；第二个任务是开发浦东所需要的。随着我国经济的发展，长江三角洲地区经济的发展和浦东、崇明经济的发展，长江口越江通道不是一个通道而应该有两个通道。李院士的发言是有分量的，他敏锐注意到南通长江过江通道项目（即现在的苏通大桥）的重要性。现在关于长江口不同功能多通道的设想已成为我们南通沿江开发的重要工程，苏通大桥在建，崇启、崇海大桥也正在加紧开展项目前期工作。这些越江通道的建成，将从根本上解决南通到上海的交通问题，作为北上海的南通将建成上海都市圈的副中心城市。

李院士直接关心苏通大桥是在1998年。是年在南京翠屏山培训中心和东郊宾馆，李院士听取了南通项目的汇报，审阅了南通长江公路通道的预可报告。他谆谆告诫，要认真分析风力荷载，特别要注意振动问题，搞好风洞试验。1999年2月下旬，李院士写信给南通市计委的分管负责人，肯定了南通长江公路通道“预可”报告的深度，认为据此可初步作出桥隧方案的比选，也可初步作出优选东线桥位和跨主航道的斜拉桥方案，并阐述了对大桥抗风设计的初步意见。李院士在信中还表示，当条件允许时将如约到南通考察。其后，市计委有关人员多次向他汇报我市苏通大桥项目前期工作的进展情况。

应南通市委、市政府多次邀请，2000年10月底李院士和夫人林老师从繁杂的公务中抽出时间专程来到南通，考察苏通大桥项目。中交公规院冯仲异院长、袁洪副总、省交通厅规划处金凌处长等也专程赶到南通参加汇报。李老不顾八十七岁高龄，认真听取了项目前期工作情况的汇报，并仔细询问了有关问题。李院士思路敏捷不减当年，旁征博引，侃侃而谈。对苏通大桥建设方案，他首先肯定了建桥的必要性；关于工程方案，肯定桥隧比较选择桥梁方案是合理的；关于主跨桥型，认为采用双塔斜拉桥比较好，建1100米左右的斜拉桥是可行的。李院士指出，在动力、静力和风荷载等分析方面我国研究、设计水平并不低；自力更生可以长中国人的志气，我们完全有能力，有信心把苏通大桥建设好。

李院士来南通考察后，一直记挂着我国桥梁史上新的里程碑。此后，在为苏通大桥项目的前期工作中又连续多次提出真知灼见，为大桥项目顺利立项做了大量工作。

2001年6月22日，国家计委发文批准苏通大桥立项。2002年10月30日苏通大桥奠基，李院士专程应邀来南通参加奠基仪式。2003年9月，江苏省人民政府、交通部发文聘请李国豪院士为苏通大桥技术顾问。

回忆这段不平常的历程，本人在撰写《苏通大桥立项纪事》并内部印发时，李院士于 2002 年 12 月 2 日欣然为该书题名：跨越天堑——李国豪题。

现在，连接大江南北的苏通长江公路大桥正在加紧建设，而接轨上海、融入苏南、跨越式发展，另一个在观念上的跨越天堑工程也取得了超常进展。

南通市发改委悼念李国豪院士逝世，书挽联一副："为人师表攀顶峰育英才教育功臣流芳百世，情系桥梁跨长江越海湾一代宗师造福千秋。"

（摘自中共南通市委人才工作网，略有删节）

忆李国豪先生谈济光学院的办学方向

曹善华

没有同济大学的支持，便没有济光学院。

没有李国豪先生提出的济光学院办学方向，济光学院不可能办学成功。

李先生是济光学院第一任董事长。当时，教育主管部门制定的民办高校申办标准有五项要求，其中，董事会组成和董事长人选至关重要。

申办济光学院时，关于董事长人选，首先想到的就是李国豪先生。然而，又担心李先生位高任重，不屑承担这种琐碎任务，大家推来推去，最后推我去找李先生。

约定时间，我怀着忐忑不安的心情来到李先生家里，李先生爽直地同意了我们的请求。我提出两个问题请李先生决定：一个是校名；另一个是怎样办学。

李先生胸有成竹地说了他的看法。

关于校名，我们原来拟了好几个，有“东方”、“求实”、“光华”等，李先生认为这所学校既然是同济人办的，专业设置沿用了同济土建类专业，将来的师资也极大多数来自同济，不如用“济光”作为校名，希望将来努力办好，为同济大学增光。我连连点头，觉得李先生看问题确实比我们深远。

李先生谈了许多关于怎样办学的意见。他说，根据学校性质和学生基础，济光应该着眼于应用型教学，学生多学一点实用知识和技能，将来能在生产第一线从事技术工作，理论类课程只要根据实践需要安排就够了，不要排得太多。他多次说到解放前同济大学附设的同济高职，认为当时的同济高职确实培养出了一大批人才。

我请李先生谈谈怎样管理民办大学。李先生说，民办学校的管理，一定不要照搬公办学校的管理模式，而要“职责明确，精兵简政”，千万不要把摊子铺得太大，提醒我要记住两句话十个字：机构要精简，人员要干练。他说，解放前他曾经有一段时间到当时的私立大同大学兼课，第一次去大同大学时，就觉得他们办事很简练，一到办公室，没几个办事人员，当场就把校历安排、课程表、教师通讯录、职工名单等整套资料交给他，还交代了例会时间和安排，不到一刻钟，一切手续就办完，觉得很爽直。李先生激励我，济光学院以后也要做到资料成套、办事简练，民办学校才有生命力。

我退休前在同济工作时，与李先生不是没有接触过，然而，与他这样深入地交谈，确实是第一次。我怀着深深的感激告辞了李先生。

在以后的董事会议上，李先生多次谈到他的看法。

我在济光学院的十三年工作中，牢牢记住了李先生关于办学方针和管理模式的教导，并且尽力照他的想法去做。

十三年来，在李国豪先生办学思想的指导下，经过当时十多位济光同仁的拼搏，学校培养了一万五千多名大专层次的应用型人才，据调查，他们极大部分都能“人尽其才”。学校的建设，也是从草创伊始的“上无片瓦，下无立锥之地”发展到占地二百多亩、校舍建筑面积八万多平方米的规模。此情此景，怎能不怀念李国豪先生的远见卓识。

我深切地期望济光学院后继的办学团队，继续遵循李先生的办学思想，努力奋斗，把学校办得更精更好，为同济大学增光添彩。

（作者为同济大学机械与能源工程学院教授，曾任同济大学教务长。济光职业技术学院首任院长）

“我当名誉院长不是为了钱，是为了教育”

周星增

最近我在人大开会，看到建桥学院临港新校区建设已列入浦东政府工作报告，当时很激动。因为，我离创办建桥大学的理想又近了一步，这不仅是我的心愿，也是许多关心支持建桥发展的著名人士的期待。此时此刻，我不禁想起了建桥第一任名誉院长——李国豪院士……

十二年前，我刚到浦东创业，认识的人不多，想找一位德高望重的大人物担任名誉院长。民盟一位同志帮我出主意说，“找李老吧？”我心想，素不相识，李老肯接纳我这个默默无名的外来青年吗？经朋友联系，我与助理高克明老师抱着试试看的念头，登门拜访。

那天开门的是李老的夫人，她热情地迎我们进屋。李老穿着一件深色呢大衣，笑眯眯地站起来打招呼。他脾气特别好，说话随和，非常热情，没有一丝架子，就像自家的长辈。听说我烟瘾大，李老说，“在我家不算公共场所，你只管抽。会抽烟的人不抽烟很难受的。”李夫人端来茶水，削了苹果给我们吃，一直陪坐在他身旁。在这样一种温馨融洽的氛围里，我介绍了自己的经历和建桥办学的设想，李老专注地听着，指点了一些特别要注意的地方……不知不觉，谈话早已超过了预约时间。不便打扰老人太久，我起身告辞时，说出了邀请李老担任名誉院长的想法。李老一口答应了：“下次我到基建现场看看”。

一周后，李老携夫人来到工地，我和黄清云、高克明、郑祥展等人接待了他们。李老对建桥办学规模蛮惊讶的，沿工地走了一大圈，边走边提了很多问题，他说，“不能按照以前的大学搞建设，可以稍超前一些；学生公寓八个人一间不一定适合将来的需要，要人性化，为学生身心健康发展想得多一些……”我们听了很受鼓舞，一是觉得自己规划的方向符合李老思路，二是李老思想解放思路清晰，对国内外宏观形势很熟悉、对社会发展很了解。言语间，能真切感受到他对教育事业的热爱！临别时，我递上一份酬金，李老谢绝了，他说：“当这个名誉院长，我不是为了拿钱，是为了支持教育；国外很多名校都是民办、私立大学，我们也可以办出很好的民办大学……”

2000年11月，学院打算出版《建桥报》。报头请谁题字？大家又想到了李老。李老欣然答应了，很快书写了“建桥报”三字，为了版面设计方便，还横竖各写了两张……这种认真负责的态度至今仍激励着编辑部师生办好每一期报纸。

此后，我和黄清云院长每年一般有两次登门拜访，向李老汇报工作。每当听到学校有了新进步，李老总是非常高兴，他鼓励建桥大胆创新，积极探索，办出特色，在师资队伍建设、学校发展规划、办学定位等方面提出了很多建设性意见。李老平时社会活动很多，但只要建桥这边邀请，他总是挤出时间参加，与师生们亲切交流。

我印象特别深的一次是2003年8月28日，李老冒着高温来建桥参加2003级新生开学典礼，作了一场报告。那次我陪同在座。李老讲话很实在，没有一句空话套话，他结合自身经历，谈了三层意思：

“希望同学们思想好，学习好，身体好。一个人的成败，和他思想品德的好坏是有很大关系的。做一个高尚的人，做一个对国家有贡献的人，树立这样的志向，对同学们的健康成长十分重要。学习好，很重要的一点是要专心、钻研，要刻苦，再研究一点学习方法。身体好很重要，我是深有体会的。我当学生时就很喜欢运动，乒乓球、网球、游泳，我都喜欢，我还是同济大学网球队的队员呢。好身体使我终身受益。”

“希望同学们树立信心，胸怀大志。年轻人有没有信心，有没有志向，很关键。我16岁时从广东到上海报考同济，录取名单公布时，从上往下数，第一名，不是李国豪，第二名，还不是李国豪……倒数第二名才是我。当时我年纪小，没包袱，对自己充满信心。你们不要因为没有考上名牌大学，到建桥学习就不高兴。建桥比我们当年的同济条件好多了。建桥的校舍、设施都很现代化，又有一批好教师，还有专升本的机会，同学们对自己要有信心。”

“希望同学们把自己的前途和祖国的命运紧密相联，投身民族复兴的伟大事业，为国家多做贡献。我已经91岁了，像你们这样的年龄，我所处的年代是一个很不幸的年代。我1938年去了德国，1946年回到上海，历经磨难，深深体会到什么叫‘国耻’。回国后，在上海工部局做工程师，工资不能维持正常生活，要去当铺当掉很多东西，加上国民党政府腐败，做不成一点事，真是空有满腔报国情。1949年建国后，又经历了1966年至1976年的‘文化大革命’。我被关进隔离室，扫地劳动。这个时候，纵使你有再大本事，也不能为国家贡献什么。直到1979年改革开放，我国经济飞速发展，我才有机会参与包括南浦、杨浦在内的许多重要桥梁的方案制定。我是上一世纪的人了，因此特别体会到，个人的工作、事业和国家大环境的关系非常密切。我很羡慕你们，我要祝贺你们，因为你们现在所处的时代、环境真是太好了。你们现在才十八、十九岁，全面建设小康社会，实现中华民族伟大复兴事业，这个时候，正是你们发挥才能的时候，要十分珍惜！如果你们中有些人到最后还不能有所作为，只能怪自己不努力了。我的这些话，你们越是到后来，越是有体会……”

李老的话音未落，台下的建桥师生们早已掌声如雷。

2004年11月我在外出差，听说李老住院了，就让黄清云校长、金旦生助理到华东医院探望。听他们回来说，那天下午走进病房时，李老精神矍铄，端坐在沙发上，朝他们微笑着。李夫人说：“李老今天知道建桥有人来，精神特别好，早就换下了病号服，等着你们呢！”像前几次一样，黄校长向李老汇报近况，提到了学院正从规模扩张转向内涵建设，创建上海市文明单位。李老一边听，一边不住地点头，连连称好。告别时，李老说，“等我身体好一些，我去建桥看看大家。”当时，谁也不曾想到，这一别竟成永诀！

2005年2月23日17时37分，李老在华东医院逝世。天亦有情。当晚，早春天空淅淅沥沥地下起雨来……一年后，我们铸造了李老铜像，至今一直安放在校史馆内，接受广大师生与参观者的瞻仰。

大师远去，但他在建桥留下的音容笑貌、谆谆教诲，久久地留在建桥师生的心中。

（作者为民盟上海市委副主委，上海建桥学院董事长）

亲情永在

无论从哪一个角度看，年轻人最终的事业根基都是在国内，当我们用自己的智慧为祖国做出贡献的时候，这种心理上的安慰决不是国外的优厚条件所能替代的。

浓浓爱国情　拳拳报国心

林凤棣

我毕业于同济大学，李国豪校长应当是我的老师。因李校长未直接授课于我，因此在校期间，我只是在大草棚（当时是大礼堂）听过他的讲话，远远地望见过他，并不认识。1982 年秋天，经同学介绍李校长与我相识，经一年时间的交往与了解，于 1983 年秋结为伴侣。当时李校长已年届七旬，步入老年。在 23 年的共同生活中，相互尊重，相互依赖，和睦相处。对他严谨求实、崇尚科学、赤诚报国的高尚品质，我深感敬佩。他的言行，生活中的点滴都给我留下了深刻印象。回顾往事，写成文字，以示对李校长的纪念。

矢志不渝的爱国情怀

李校长是一名老知识分子，长期从事教育科技工作。在“三反”、“五反”、思想改造，“文化大革命”期间都曾遭受过挫折、打击和迫害，但他对党的信念坚定不移，对党所领导的社会主义事业矢志不渝。他坚信，只有中国共产党领导，才能把中国建设成繁荣富强的社会主义现代化强国。

上海宝山钢铁总厂

1981 年国家实行国民经济调整方针，有关部门领导对宝钢工程作出批示：“二期工程取消，一期工程下马，论证善后方案。”宝钢面临上还是下的重大抉择。作为宝钢顾问委员会首席代表的李校长，作了认真细致的调查，和顾委会专家反复思考，再三斟酌，决定不唯上，以实事求是的科学论证坦率直言。在宝钢工程调整论证会上，面对强大的舆论压力和有关部门的基调，李校长首先发言，提出三个论点：不要孤立看宝钢，从上海、从全国来看，全国一盘棋，还用具体数字算了一笔账，表示坚决反对宝钢下马。其他顾问也相继发言，论证会最后得出宝钢不能下马的结论。李校长直言，是对事业的忠诚，是对科学的尊重，但是要冒很大风险的，当时好多好心人为李校长捏了一把汗。所幸，得到中央领导的重视和采纳。宝钢没有下马，工程继续建设，按期完成。目前宝钢是世界500强企业之一。

1983年，李校长担任上海市第六届政协主席，当时上海市委书记陈国栋找李校长谈话，其中一条就是要李校长保持无畏直言的风格。

上海南浦大桥

1982年中央和上海市委领导决定在黄浦江上造大桥，李校长欣喜万分，积极与桥梁系老师进行南浦大桥可行性研究与建桥方案的探讨。1986年项海帆老师访日，得知日本已提出免费设计南浦大桥，并提供贷款，条件是工程须由日本承担，项老师回国后就来我家找到李校长，通报上述情况。李校长觉得抗战时期，日本军舰在黄浦江上耀武扬威，今天我们不能再让日本人建造大桥，中国桥梁界完全有信心有能力在黄浦江上架桥。李校长决定为中国人争到这次历史性机遇。当时李校长任市政协主席，与市领导见面机会比较多，就当面向时任上海市市长江泽民反映了这个想法。后又请项海帆老师代表同济大学桥梁系教师向江泽民市长写信，力陈中国人自己设计、建造南浦大桥的理由，后来江市长到同济大学考察后，于1987年9月在信中批示："我看主意应该定了，就以中国人为主设计、集思广益。"江市长的批示，启动了中国桥梁建设的一个新时代。南浦大桥的成功兴建，极大鼓舞了全国桥梁工程界的信心，形成了全国自主建设大桥的高潮。李校长担任了南浦大桥专家组组长，积极参与解决工程中的理论和技术问题，尽心尽力为大桥建设作贡献。

广东虎门大桥

20世纪90年代，广东准备在珠江三角洲虎门建造跨珠江大桥时，李校长了解到业主有意请英国人设计建造。就立即写信给时任广东省省长的叶选平同志，力陈虎门是当年林则徐销毁鸦片、抗击英国侵略者的战场，建造虎门大桥具有重要的政治意义，应当由中国人自己设计建造，叶省长完全同意李校长的意见。大桥建设时，李校长任专家组组长，在中国同行们的共同努力下，我国桥梁史上具有里程碑意义的大跨度悬索桥，终于在虎门建成了。李校长高度的爱国主义，高度使命感与责任感在南浦大桥、虎门大桥中得到了充分展示。

上海洋山深水港——国际航运中心

按照中央的部署和上海经济发展的需要，上海要建设成为世界重要国际航运中心。实现这个目标，没有一个优质的深水港是不行的。对此上海市领导和有关部门根据多年考察、研究，确定大、小洋山为对象，组成专家组，并请李校长任组长，负责深水港的选址和论证工作。经大量的调查研究和多次专家论证，圆满完成了可行性研究。但由于各种原因，上海建造大、小洋山深水港的计划被搁浅了。2000 年李校长先后给时任国家主席江泽民同志写了两封信（一封是李校长本人写的，另一封是李校长与十多位专家一起写的），表述建造国际航运中心的必要性、迫切性、可能性。2000 年 10 月 20 日，润扬大桥开工典礼，中共中央总书记国家主席江泽民出席典礼，就座主席台一排正中，李校长在主席台一排左边，我坐在台下第二排。典礼结束后，我看到江主席一行人从主席台向外走，欲离会场，后又看见江主席返回主席台中间。主席台上领导及专家们围成椭圆形，江主席在右边半圆形中间，李校长在左边半圆形中间，面对面站着交谈。散会后，李校长告诉我，江主席本欲离开会场，后说了一句：要与国豪同志聊聊。因此返回。江主席与李校长聊上海的大桥建设。说话间隙，李校长马上向江主席阐述上海国际航运中心的紧迫性、可行性。并说已给江主席写了两封信。

润扬大桥开工典礼结束后，应南通市委、市政府的再三邀请，李校长由我陪同至南通考察，以帮助苏通大桥立项。在南通考察期间，有一天晚上 10 点多钟李校长已入睡，南通市委工作人员敲门，说，上海市委来电，江办（国家主席江泽民办公室）致电上海市委要找李校长，询问信的事情。因李校长已睡下，为保护李校长的健康，不忍叫醒他，于是由我代李校长致电上海市委秘书长宋仪侨了解江办电话内容，宋秘书长说：江办来电，江主席说李校长给江主席的信件只收到一封，询问另一封信的去向及内容。我答：李校长明天就回上海，具体情况让李校长回沪后再与您联系。第二天李校长回到上海，请上海市计委主任徐柏章与宋仪侨秘书长联系，说明原委，再由上海市委向“江办”报告。从上述过程说明，江主席非常重视上海国际深水港工程，也非常重视李校长及其他专家的意见。后来知道，江主席从润扬大桥开工典礼结束回京后，很快召见国家计委领导了解情况，并在李校长信上作了四点批示，特别强调建设上海国际深水港“意义非常重大”，要求“全国有关各方顾全大局，通力合作建设好”。在党中央、国务院的关心和支持下，大、小洋山深水港正式列入国家项目。上海市领导很高兴，李校长及专家们也很高兴。当时李校长已是87岁高龄，仍坐船亲赴大、小洋山实地考察。2005年12月10日上海国际航运中心——洋山深水港隆重开港，上海从此结束了没有深水泊位的历史。但李校长没能亲眼看到。

2005年12月10日，上海国际航运中心——洋山深水港举行隆重的开港典礼，我应邀参加，带着李校长的遗愿——要到洋山深水港、东海大桥去看一看，走一走……我代李校长参加了开港典礼，仔细聆听会议中领导和专家的发言，专注察看港区的各个部位及东海大桥，心中默默地对李校长说：我代替您来了。

典礼结束后，举行庆祝宴会（中午）。中央政治局常委、国务院副总理黄菊代表党中央国务院致词，然后到各桌敬酒。我参加由市政府副秘书长洪浩作主人的一桌，当黄菊副总理转到我们桌准备敬酒时，正面对着我，当认出我后，就绕桌向我走来，我迎上去。黄菊同志对我表示慰问，请我节哀。并说江泽民主席问起过李校长，十分关心，我表示感谢。当同桌专家们知道我是李校长家属后，纷纷向我敬酒，借此表达对李校长的悼念。席间国家计委副主任张国宝由市政府副秘书长李良园陪同专门过来向我敬酒，我很感谢。2000年李校长受南通领导之托，为促进苏通大桥立项之事，曾与张国宝副主任联系，欲汇报苏通大桥建桥的必要性及可行性。张国宝副主任工作非常繁忙，但2001年初到上海考察工作期间，在日程排得非常满的情况下，仍安排请李校长吃饭，听取李校长对苏通大桥的看法与建议。后于2001年国家计委发文批准苏通大桥立项。

爱同济 爱桥梁 爱学生

1929 年，16 岁的李国豪考入同济大学，从此与同济结下了不解之缘，在长达七十多年的学习和工作中，李校长将自己的全部心血和热情倾注在了同济大学，母校成为他生命的寄托与归宿。

重振同济，领军桥梁

“文革”结束后，1977 年李国豪受命复出担任同济大学校长，开始了重振同济的大业。为恢复同济的对德联系，为同济向综合性大学转变倾注了全部心血。1952 年按苏联模式调整院系后，同济大学只剩下土木和建筑两个系科，重振同济大学的盛名是李校长的心愿。经过 20 多年各届校领导的共同努力，同济现已成为理、工、医、文、法和管理系科、艺术等门类的综合性大学。

1952 年李校长创办了桥梁工程专业，1956 年创办了工程力学专业，60 年代初在同济大学组建了结构理论研究室，从事抗核爆炸结构工程的研究，至 1966 年李校长在桥梁结构、工程力学和工程抗爆领域做了很多研究工作。1985 年同济大学在李校长领导下又获得了建设土木工程防灾国家重点实验室的机遇，拥有了大型振动台和边界层风洞群等重要设备，为中国土木建设中的科学研究和试验提供了支持，也使同济的桥梁学科成为国内领先、国际知名的重点学科。

李校长 1984 年开始退居二线，担任同济大学名誉校长，但他仍时刻关心同济的发展，为学校争取支持奔走呼吁，为学校的改革成就鼓掌欢欣，只要学校需要他出面办什么事情，总是二话不说，尽心尽力。他近 90 高龄时，仍要参加学校的开学典礼，与学生见见面，讲几句鼓励的话。

李校长对同济的深厚感情，就如周家伦书记在李国豪塑像落成揭幕仪式上所说：李国豪老校长求学在同济，工作在同济，丰功伟业造就在同济。他呕心沥血，把自己毕生的精力、学识和才华，无私地奉献给了中国的科教事业，奉献给了同济这片热土。

关心医科

同济大学是在德国宝隆医生于 1907 年创建的“同济德文医学堂”基础上发展起来的一所综合性大学。医科力量很强，1952 年院系调整后，医科并入他校。李校长特别想在同济大学恢复医科专业，在20世纪80年代，他就为同济恢复医科做了很多工作，给时任上海市副市长阮崇武汇报，商讨恢复医科的具体事项；与教育部、卫生部领导谈具体事项，基本上都同意了。恰逢当时卫生部长易人，最后同济医科没有办成。当时在北京，李校长在力争无果的情况下，发了心脏病。他很遗憾，也很无奈。所以当同济有了医科专业，有了医学院，有了附属医院后，李校长就特别高兴，也就特别关心。

工作极端认真

李校长对工作极端认真，精益求精，无论教学上课，搞科研，都严格要求自己，对助手、对学生要求也非常严格。“严谨、求实、团结、创新”是他主持制定的校训，也是他自己为人的准则。他不讲空话、只讲真话、实话。一开口就抓实质性问题，写文章一个多余的字都没有，连标点符号都认真增删。

理论联系实践，是他工作的准则。哪里建大桥就奔向哪里，我陪他外出，最多的地方就是跑工地。江阴大桥、汕头海湾大桥、虎门大桥、杭州湾通道等等，一直跑到八十多岁。到后来实在走不动了，我扶着他走。每到一处接待人员特别热情，希望他多看，这样，李校长就走得更多，体力消耗也就更多。

任人唯贤

李校长给我讲过“文革”中的遭遇，也讲了一些人与事。不同人对待他不同的态度，有整他材料的，有随大流的，也有个别恶整他的，他心中都很明白。但当他担任校长后，以工作为重，以原则办事，不计较个人关系。该怎么用人就怎么用人，只根据工作需要，整过他的人，他照样重用。李校长还给我说，做工作就要从公心出发，以事业、工作为重，顾全大局，要任人唯贤。如人事安排，有些领导会觉得很难，李校长不觉得难，按用人标准，什么人符合什么标准，就上什么岗位。

活到老，学到老

李校长一生勤奋好学，时刻不忘学习，活到老，学到老。

学电脑。20世纪90年代，李校长已80多岁，开始学电脑，学汉语拼音、笔画输入法等，碰到掌握电脑知识、技能的人，他都虚心请教不耻下问，后来发 E-mail，用电脑写文章等都学会了。

学外语。他近 90 岁时，还买了多种外文书，如《法语三百句》，还学习西班牙文、韩文等。有一次接待法国贵宾，李校长用法语致欢迎词，法国朋友很高兴，立即有亲近感，交流气氛融洽。

随时学。他每天看报纸，听广播，看新闻联播，关心国内外大事，新闻中常会报道，某某国家、某某地区发生地震、海啸、水灾、火山爆发；某某地区建造了铁路、隧道、桥梁……他会马上查阅世界地图或中国地图，确认区域、位置，搞个清清楚楚，明明白白才行。哪怕在报纸上看到不认识的生僻字，都会立刻查《新华字典》。因此，在我们家中，世界地图、中国地图、《新华字典》会放在固定位置，随时查阅。

关爱学生

同济大学中进步学生很多，1948 年“一·二九”事件中，学校主张开除一批“闹事”学生，在校务会议上，李校长义正词严提出反对意见。解放前夕，他甘冒白色恐怖的风险，主持正义，挺身为爱国学生辩护，为营救被捕学生四处交涉。新中国成立后，他大力培养新生力量，既教学生知识，又教学生如何做人。他鼓励年轻人勇挑重担，在工作中锻炼成长。在他的关心、培养、提携下，他的助手们在思想、业务上都得以迅速成长，并成为学科带头人和骨干力量。

参政议政

政协工作

1983 年李国豪当选为上海市第六届政协主席，开始了五年的从政生涯。政协工作对他来说是一个新的领域，他只是一名新兵。政协副主席中有很多二三十年代就参加革命的老同志，党龄政绩都远远在他之上。因此当要让李校长兼任市政协党组书记时，他再三推辞，力推革命老同志任党组书记，在推辞无果情况下，接受职务，虚心向老前辈请教、学习，团结领导班子，尽心尽力搞好工作。

他团结关心党外副主席。任职后，他去看望了徐以枋、唐君远、赵超构等爱国民主人士，听取他们对工作的意见，几位副主席都很高兴，交谈甚欢。没过几天，唐君远先生就到我们家来看望我们，进行回访，融洽相处。

他认真落实党中央的统战政策和知识分子政策，充分发挥政协“人才库”、“智囊团”作用，团结一切力量，参政议政，共商国是，为上海经济建设和社会主义事业的发展献计献策，积极推动人民政协事业的发展。

倡议成立“上海政协之友社”

1986年党中央提出废除领导干部职务终身制，实现新老交替的重大决策。当年夏天，第六届市政协党组开会讨论政协的换届工作。李国豪说：政协是爱国统一战线组织，是发扬社会主义民主的重要场所。政协委员中除了部分中共领导干部外，大多是各界别的知名人士和爱国人士，他们长期与党肝胆相照，荣辱与共，是我党的挚友、诤友。到换届时，由于年龄原因，许多人不能再担任委员。就国策大局而言，他们都会支持，但多年来情系政协，难分难离，他们希望离任以后还能继续保持和政协联系，畅叙友谊。李国豪建议在市政协领导下成立一个名为“上海政协之友社”的社会团体，通过学习、交流、友谊、娱乐等方式，继续与历届政协委员保持联系，共同为推进上海的两个文明建设，为振兴中华统一祖国作出新贡献。李国豪的倡议立即得到党组副书记毛经权，党组成员杨士法、周壁、张瑞芳、陈福根同志的赞同。1986年下半年的一天，中共上海市委的一次常委会，其中一项议程是审议关于成立“上海政协之友社”的报告。会议由江泽民同志主持，出席会议的有市委常委们。市政协党组委派陈福根（市政协秘书长）同志去列席此次会议，并向常委作关于成立“上海政协之友社”的口头陈述。审议时，市委常委们均表赞成。最后江泽民同志说：统战工作是我党三大法宝之一，政协党组和国豪同志建议成立政协之友社组织是有创意的，我们支持。话音刚落，列席会议的市人大主任叶公琦触景生情地说：市政协成立“政协之友社”真好！我们市人大可不可以也成立“人大之友”？江市长莞尔一笑说：政协是党领导的统一战线组织，市政协各界协商同意，可以成立“政协之友社”，而人大是立法机构，成立“人大之友”恐怕无法可依吧！与会同志面面相觑，流露出对市政协成立“上海政协之友社”的无限羡慕之情（上述内容是市政协六届秘书长陈福根亲历会议所述事实）。1987 年 2 月 5 日下午，隆重举行“上海政协之友社”成立大会。李国豪任“上海政协之友社”第一届理事长。上海市委、市政府、市人大、市政协领导都亲临祝贺。500 多名退下来的委员成为第一届社员。政协各界别委员都很高兴，真是“人走茶不凉，处处飘茶香”。此后，在全国各省市“政协之友社”“联谊会”等类似组织蓬勃发展，如火如荼，“上海政协之友社”所散发出的这股香韵暖风充溢在祖国大地上，开花结果。

为国争光

达姆施塔特工业大学

1938 年秋，李国豪获得了洪堡基金会奖学金资助，抱着强烈的科学救国信念赴德留学。1939 年他在德国达姆施塔特工业大学克勒佩尔教授指导下，用不到一年时间完成了题为《悬索桥按二阶理论的实用计算方法》的博士论文，并以最优异的成绩通过答辩，获得工学博士学位。1941 年论文在权威杂志《钢结构》发表后获得国际桥梁工程界的很大反响，从此，李国豪被誉为“悬索桥李”。他的论文至今仍作为经典悬索桥二阶理论的宝贵历史遗产而被各国教材所引用。特别在德国，“悬索桥李”的美名一直在土木工程界流传着。

1985 年 8 月，李校长受母校达姆施塔特工业大学邀请，接受工大的名誉工学博士学位，当时因出国经费原因，李校长由我陪同乘坐国际列车出访。从北京出发，由二连浩特出境途经很多国家。约五天四夜（记不太清）到达苏联莫斯科，稍作停留，再坐火车至西德慕尼黑，参加歌德奖章获得者全球聚会，然后抵达达姆施塔特工业大学。工大为李校长举行了隆重的名誉博士学位授予典礼，对李校长的学术成就给予了很高评价。昔日教授、朋友都赶来参加，热烈祝贺。八十多岁老教授还亲自开车去饭店为李校长庆贺。工大校长贝默设家宴款待李校长，还把李校长的成就展图片列于家门口欢迎我们。可惜这次访问未能见到导师克勒佩尔教授（他于早些时候已去世）我们到墓地献花致哀，又去导师家拜望了师母——克勒佩尔夫人。请她节哀，保重身体。

李校长在德国颇有影响，我遇到一个南京大学的女留学生，她说德国人对同济大学的学者、学生特别友好。德国同济校友会前会长余安东说：他一家三口均在达姆施塔特工业大学工作或学习，在那里无处不感到国豪老师影响之大。在德国土木工程界，人人都知道有个 Grosser Lie（伟大的李）。工大校庆时，办过一个杰出校友展览，李国豪就是进入他们名人堂的极少数学者之一，以很大篇幅介绍了李国豪的业绩。我们都为中国出了个李国豪而自豪。

歌德奖章

歌德是伟大的诗人，1982 年歌德学院授予李国豪歌德奖章，在北京由德国驻华大使修德先生举行隆重的颁奖仪式，表彰李校长在促进中德文化学术交流方面的成绩。

1985 年，全世界歌德奖章获得者在慕尼黑举行盛大隆重的庆贺大会，纪念诗人歌德，会中有一项内容是由七位获奖者作为杰出代表（人数记不太清楚）至当地电视台亮相，李校长是七位杰出代表之一。这不仅仅是李校长个人荣誉，更是中国的荣誉。他让世界人民看到中国的成就。

德国联邦大十字勋章

1987 年 5 月，德国政府授予李国豪德国联邦大十字勋章，在德国驻沪总领事馆举行隆重的颁奖典礼，总领事代表联邦德国总统授予勋章，表彰李校长发展中德文化交流和科技合作的功绩。

国际桥梁及结构工程协会

李国豪是国际桥协的会员、常务委员和中国团组主席。1981 年他被协会推选为世界十大著名结构工程专家之一；1987 年又荣获协会授予的“国际结构工程功绩奖”（终身成就奖）。这些荣誉是对李国豪一生为发展桥梁结构理论和培养人才所做贡献的一个崇高表彰。

住院

我与李校长结婚时，他已步入古稀之年。因此我对自己的定位是照料好李校长的饮食起居，保护他的健康，在他的工作中，做些秘书及勤务杂事，减少他的操劳，让他有精力为国家，为事业多做贡献。

虽然李校长身体不错，但毕竟年事渐高，基础病不少，在我与他相伴的日子中，住院无数次。感冒、发烧、高血压、心脏病、贫血、肠梗阻等，动过前列腺摘除术，做过鼻部基底细胞瘤手术等。但每次经过治疗，都能平安无事，安全回家，又能参加正常的学术交流和社会活动。因此当 2003 年 11 月 3 日住进华东医院后，李校长的心情还是很平静，认为住几天就能回家。

住院期间他受到上海市委、市政府、市人大、市政协、政协之友社、市科协、科教委党委、各界人士的关心。同济大学周家伦书记、万钢校长，党办姜富明主任、校办詹萌主任经常来看他，关心他的病情，还委派陈大英、金霞芬同志轮流照看李校长，及时向学校报告李校长病情的变化。

2004 年 4 月中旬一天，原国务院总理朱镕基偕夫人来到病房看望李校长，当天李校长发着烧、吊着点滴，但很高兴，振作精神接待朱总理伉俪，他们聊上海建设，聊身体保养，聊上海的老同志们，亲切而温馨，似老朋友谈心，朱总理鼓励李校长战胜病魔，恢复健康。

中国科学院领导来看望李校长，正好那天李校长精神尚可，谈得比较多，谈话内容之一，李校长说：重大科研项目还可采用过去的大兵团作战方法。

项海帆老师、范立础老师常去看望李校长，2005 年大年初一，他们来拜年时，李校长还叮咛他们要注意身体健康。

许多人都来看望他……

随着病情反复，李校长情绪与健康愈来愈差，但仍关注国家大事，牵挂着很多事情。他关注同济大学的发展，想到嘉定校区、医学院去看一看；他关注洋山深水港及东海大桥，2004 年是台风影响上海较少的年份，他就说黄融（时任东海大桥总指挥）的日子好过些了，工程进度能顺利开展，他也想到洋山深水港及东海大桥去看一看，走一走；他还牵挂着其他方方面面……2004 年下半年的一天，李校长由我和护工陪同来到同济大学参观医学院大楼，他仔细听取医学院领导汇报工作，还与当时在上课的医学院学生招手致意，这是老校长最后一次走进同济大学的校园。

2005 年 2 月 23 日，上午，主管医生给李校长连续抽胸腔积液，李校长虚弱无力，疲惫不堪，情况急转直下，中午开始咳痰不畅，下午1点多钟发生痰阻，呼吸科医生紧急抢救，但终因抢救无效于当天17：37分心电图呈直线而宣告死亡。李校长永远离开了我们。

李国豪逝世的消息，经上海人民广播电台、《解放日报》、《文汇报》、《新民晚报》等传媒机构传播后，各界人士纷纷致电慰问或来家悼念，或去桥梁馆悼念，以各种形式表达对李国豪的哀悼。

上海市委组成治丧委员会，定于3月10日下午3时为李国豪同志送行。当天各界人士近千人怀着沉痛的心情，前往龙华殡仪馆。龙华殡仪馆大厅气氛庄严肃穆，正中挂着李校长遗像，两侧前排摆放着中央政治局常委及国家领导人胡锦涛、江泽民、吴邦国、温家宝、贾庆林、曾庆红、黄菊、吴官正、罗干、朱镕基、李岚清等以及中央组织部、中央统战部、科技部、教育部、建设部、铁道部、交通部、中国科学院、中国工程院等，上海市委、市政府、市人大、市政协、同济大学及各界人士敬献的花圈、花篮。李国豪的遗体安卧在鲜花丛中，上面覆盖着中国共产党党旗。哀乐低回，前来送行的人络绎不绝，其中有上海市和中央有关部门领导韩正、周济、汪光焘、蒋以任、吴启迪、刘云耕、罗世谦、殷一璀、冯国勤、陈铁迪等；有上海市有关方面负责人；有李校长的亲属和生前好友；有他曾倾注心血的同济大学的领导周家伦、万钢及教师、学生和德国等国家的国际友人。人们在李国豪遗体前肃立默哀，鞠躬道别，献上一朵寄托哀思的鲜花，流下了痛别挚友、恩师的泪水。

李校长逝世后，同济大学师生沉浸在悲痛之中，他们以不同形式深切缅怀李校长。学校推出记录了李校长一生主要事迹的李国豪生平图片展，建立了缅怀名誉校长李国豪的网站，开辟“大师生平”、“大师风采”、“大师风范”、“纪念活动”、“追忆文章”、“网上悼念”和“视频缅怀”等七个专栏，记录了近年李校长在桥梁方面的杰出成就和培养造就人才的特殊贡献，表达了同济人对李校长的深情缅怀。在桥梁馆一楼设立了纪念厅，李校长遗像挂正中，悼念的花篮排成一圈，沉痛悼念李校长的悼念牌，表达了桥梁师生的无限哀思。广大学子自发聚集音乐广场举行“悼念大师，缅怀长者”烛光追思晚会，深情地用烛光拼写出“李校长，您走好”的字样，寄托对老校长的深深哀思。

2007年同济百年校庆，纪念李校长也作为校庆内容之一，《同济报》出了校庆特刊，纪念李校长逝世两周年。市政协与同济大学共同举办了系列活动，纪念李国豪院士。系列活动包括《大智大爱——李国豪画传》与《李国豪与同济大学》两本纪念图书首发式。李国豪生平图片展揭幕以及追思会。市政协主席蒋以任参加，校领导在纪念会中表述：李校长以毕生的求学、治学和工作经历很好地诠释了同济精神，堪称“同济之魂”，李国豪名字始终和同济大学联系在一起。

2008年李国豪塑像落成，塑像坐落于同济校园里，他将永远与同济人在一起，朝朝夕夕。

敬爱的李校长，我把您浓浓的爱国情意、执著的科学精神写成文字，我把各界人士对您的惦念之情写成文字纪念您，告慰您在天之灵。虽然您已逝世八年，但您永远活在我心中！

（作者为李国豪先生的夫人）

回忆父亲如何培养教育我们

李沪曾

和天下有责任心的父母一样，父亲李国豪高度重视培养教育子女，希望我们4兄弟姐妹德智体全面发展，成长为对国家建设和社会发展有用的人。

为此，他尽可能地为我们创造良好的学习条件，培养我们学习的兴趣和积极性。我进中学后，父亲抓住开始树立人生观的成长阶段，不失时机地教导我们要树立科学社会主义的世界观和辨证唯物主义的思想方法，购买了《共产党宣言》、《唯物辩证法》、《矛盾论》、《实践论》等单行本放在家中供我们阅读。他身教重于言教，带头学习马克思主义的经典著作，写心得笔记。早在1956年，他根据亲身经历和朴素的情感直觉，申请加入了中国共产党，从同路人变成一分子，但是直到20世纪60年代初期，在国内外形势发展变化的要求下，他才挤出时间同我们一起系统学习政治理论，进一步提高思想认识水平。

父亲常给我们忆苦思甜，讲述他当年到同济大学和德国求学的艰难，二战后回到上海求职的辛苦，教育我们要不怕困难选择正确的人生道路。他告诫我们：在1949年以前的中国，在德国或香港，虽然自由，但是人们一旦把握不住自己，容易走上歧路，轻者家破人亡，重者堕落到危害社会。

父亲言传身教，把毕生最大的兴趣爱好，放在学习知识和新鲜事物、钻研科学技术上。我们小时候，经常看到他早晨四五点钟起床，到书房里伏案疾书，拉计算尺。1964年，他所在的结构理论研究室的工作取得了进展，引起解放军工程兵的关注，他就高兴地告诉我们，一起分享他的快乐。“文化大革命”中，他一度受到隔离，条件也非常艰苦，但他仍数年坚持在学校隔离室和家中坚持研究南京长江大桥晃动问题并获得最终解释。20世纪90年代中后期，他在家中安装了个人计算机软硬件，以80多岁高龄开始学习操作使用。

父亲提倡学习要理论联系实际。他给我们讲大学生炒菜不知道先放油的故事，教育我们不要死读书。他鼓励我们从倒垃圾、洗碗洗衣服等家务劳动开始，到实践和社会中去锻炼增长才干。20世纪50至60年代居民委员会不禁止饲养家禽，我们在住房旁边的空地上先后饲养过鸡和兔子，干过搭建和清洁窝棚、挖野菜和割草等劳动。中学每周半天的校内外劳动课，每学期当中约2周时间的校外工农业劳动实践，暑假中的军事夏令营，我们都积极参加。十年动乱期间，父亲被带到农村和工厂参加劳动，母亲叶景恩被勒令打扫过所在科室的清洁卫生，我们多年在外地工作或军垦军训、上山下乡接受工农兵再教育，大家书信往来互相鼓励，坚持下来经受了考验。

父亲是家中的长子，也许正因此，他于公于私都富于责任心。20世纪50年代末期开始，当国家经济建设日益发展，家庭生活不断改善、经济稍有余力时，父亲先后资助4个弟妹读完大学本科直至毕业参加国家建设。祖父去世后，他更是长兄代父，不时资助补贴其他在国内的弟妹和侄子、侄女的生活。记得母亲曾经抱怨过：我跟你结婚时怎么不知道有这么多亲戚！

父亲是知恩图报的人，多次向我们提起当年资助他到同济大学和德国求学的朋友，并且用行动加以报答、表达感谢。

父亲生活俭朴，衣食住行讲求简单实用。他50年代少量吸过烟，到60年代就戒掉了。逢年过节，生日来客，他也是在家置酒庆贺，大多是红酒，偶尔有白酒，但饮用适量，从不醉酒。父亲闲暇时间尽可能同母亲和我们一起度过，主要活动有户外体育运动，观看文娱演出，交谈阅读，摄影照相，品尝美食；旅游观光也有，但早先客观条件有限，机会不多。为了我们和他把时间与精力专注于学习、工作，家中迟至1973年才添置了电视机。

父亲长年累月实际行动所展现出来的事业心、道德品质和生活方式，对我们子女无疑是最具体也最深刻的人生观教育和品德教育。

在智育方面，父亲首先希望我们能够接受完直至高等学校的正规教育。最终他的努力成功了，愿望实现了，仍然美中不足的是：我们的高等、中等学校教育分别中断、欠缺了1至5年。

父亲期望子女当中有人能像他一样，学习并从事科学技术研究工作。记得高中学习时，他给我买了《物理学的未知世界》等科普读物，并经常拿出一些国内外有关理论物理发展动态的报导文章来看，一起讨论形象思维和抽象思维的话题，培养自己学习理论物理的兴趣。然而，我对机械有兴趣，1965年高考时，像许多热血青年一样向往解放军，第一志愿填写了炮兵工程学院。尽管他的努力没有奏效，父亲仍然为我到南京学习特种机械而高兴，并且后来无论我到江西省余江县农业机械厂当工人、技术员，进浙江大学机械系学习，还是出国进一步深造机械学科，他始终不断给予鼓励和支持。对于其他大小事情，如选择人生伴侣等，父亲同样尊重我们自己的意愿，当我们的良师益友，积极从正面提建议，创造客观条件，同时耐心启发引导，培养我们的主观兴趣爱好，不以家长自居而强迫命令或包办代替。

另一方面，父亲对我们不放任自流，及时阻止我们走极端、犯大错，但方式、方法仍然是善意提醒，必要时才响鼓重锤，摆事实、讲道理，反复劝导，耐心等待我们自己觉悟和悔改。中学毕业前夕，我一度打算响应共青团市委的号召，向学校报名放弃高考直接到新疆建设兵团去支援边疆建设。他知道后婉转地问我，是不是打算去当职业革命家。

父亲主张学有专长，又红又专，指出知识分子的成功之路是先专后红。

他勉励我们下苦工夫钻研业务，敢于学术拔尖，努力达到旁人不能的高度，去争取特殊的机遇，迎接非常的挑战。我进入浙江大学学习后，他鼓励说知道我心中另有天地。硕士论文选题时，他指导我要先从大处着眼，弄清楚课题的边界圆围及个人站立点位，例如属于数学上的线性还是非线性范畴，然后再逐步细化，去研究具体问题。我从德国留学归来后，他指引再接再励，着手从数学理论上证明博士论文中非线性振动卷积分方程组的快速数值解的收敛性。他教导我们，讲课要提纲挈领突出重点和难点，并建议课前默记背诵。他自己大会讲话时，的确以事先打腹稿来代替用讲稿。

父亲十分重视外语学习。我们在小学和中学时，他就不断建议我们课外花时间学习掌握德文常用单词和语法。他常在我们耳边说：学好一门外语，将来获得的个人发展机遇会成倍增加。他自己身体力行，不仅在家中坚持用德语同母亲交谈，还根据工作需要，不断努力提高英语水平，并先后自学了俄文和日文。我中学和大学被分配学俄文，有一次在家和他一起背诵记忆单词，背到“食糖”时他脱口而出 caxap，记忆力令人惊讶和敬佩。母亲叶景恩精通德语和拉丁文，能够流利地说英语、荷兰语和印尼语，通晓法语，对他既是强有力的支持，也是一种激励和鞭策。可惜改革开放前我们感觉不到外语的重要性，没有花大力气去学习掌握，直到出国留学前火烧眉毛，才越来越深刻地体会到他们的先见之明。

父亲爱好体育运动，常年身心健康，使他自然地像重视德育和智育一样同等重视我们的体育教育。从小开始，他就教我们学游泳、打乒乓球、打羽毛球、骑自行车。若非 20 世纪 80 年代以前国内没有网球场地、他的网球拍长年在衣橱里睡觉，我们也不至于没有学打网球。他常说：打网球、骑自行车，游泳，使他能够保持清醒的头脑和充沛的精力，持续高效率地去学习、工作。他不开夜车，避免因疲劳降低效率，影响健康。母亲也积极参加过同济大学教工运动会。在他们的影响带领下，加上全民经商之前，学校与社会环境比较重视和提倡体育运动，使我们养成了定期甚至每天进行体育锻炼的习惯。其中，姐姐李归华高中和大学时，投掷运动达到国家等级运动员标准，水平最高。

我从事过的体育锻炼项目比较多，另外有短跑、篮球、举重，坚持时间最长的如排球和足球，中学和大学时分别为学校代表队员，大学还当过游泳救生员，在余江县业余兼任过男排队长、女排教练以及上饶地区男排队员。小有体育专长和“为余江县体育事业的发展做出了贡献”，促使当时县革命委员会分管人事的军代表欣然满足我的要求，批准分配到农机厂去工作而不是当中学教师，改变了我的人生轨迹。在柏林留学时表现的足球以及游泳、排球运动水平，一度使德国人误以为我出自专业队伍，不得不承认个体的差别大于种族的差别。只有在体育运动方面，我们达到过父亲的高度。

父亲还重视培养我们对艺术的兴趣爱好，购买了手风琴和小提琴，并自任启蒙教师，在家里教我们分别练习。伴随着收音机或留声机里的音乐，早年他和母亲在家有时跳一支交易舞放松自己，我们在旁瞪大眼睛当观众。可惜球场上的击球声、草坪上同伴们的喧闹声对我们吸引力大得多，我们始终徘徊在艺术的大门外，些许提高了自身的艺术修养和鉴赏能力。

拥有这样一位父亲，我们无比幸运。

（作者为李国豪先生的大儿子）

父亲与达姆施塔特

李乐曾

1938至1945年父亲旅居德国，其中6年在达姆施塔特度过，这段经历对他日后的人生产生了深刻的影响。2000年父亲在《旅德追忆》一书中曾发表题为《战火纷飞中的留德生活》的文章，回忆他在德国的种种经历。近年来，我陆续搜集和阅读到一些新的资料，现结合父亲平时的点滴回忆写成此文，以寄托对他的深切怀念。

1929年父亲考入国立同济大学，在德文科和大学土木系先后学习7年，其间他熟练掌握德语，各科成绩优异，遂萌发了毕业后留学德国深造的想法。自身的勤奋和努力、同济的德国背景以及德国教授的帮助，为他实现理想创造了条件。1934年4月德国著名铁路工程专家埃里希·罗鲁教授（Erich Reuleaux）接任同济大学工学院院长，同时为高年级学生讲授几门专业课。1935年父亲在罗鲁教授开设的铁路与交通工程的专业课考试中，以98分的成绩名列第一。罗鲁教授很快发现，这名叫李国豪的学生的其他专业课成绩也都非常出色，于是决定与另一位在同济土木系任教的德国教授联名将其推荐给德国洪堡基金会。1937年4月洪堡基金会通知父亲，他已成为当年该基金会的奖学金生。后因日本发动全面侵华战争，当时担任助教的父亲随同济大学两度搬迁，无法及时办理各种手续赶赴德国，洪堡基金会决定将他的奖学金起始时间延迟一年。

1938年夏，父亲和大学同学金经昌在香港汇合，乘船远赴欧洲，目的地是德国黑森州的达姆施塔特（Darmstadt）。德文达姆施塔特中的Darm，中文的意思是肠子，所以该城又被当地中国留学生称为“肠城”或简称为“达城”。这座小城位于美因河畔法兰克福以南约30公里，当时只有10万人口。父亲最终选择在达姆施塔特工业大学攻读博士学位纯属偶然，这与罗鲁教授有很大关系。罗鲁教授在来同济大学工作之前曾担任过达姆施塔特工业大学校长，回国后继续在该大学任教，他对同济土木系学生很关照，在父亲和金经昌之前，已有获洪堡奖学金的1935年毕业生段其燧在他那里攻读博士学位。达姆施塔特工业大学成立于1877年，二次大战前它已是德国的一所著名工科大学，这是吸引父亲去达姆施塔特的另一个原因。

1938年10月父亲正式入学达姆施塔特工业大学，罗鲁教授随即向校方提议，鉴于这名中国学生大学学习成绩特别优异，请黑森州教育部门同意他直接攻读博士学位。建议获准后父亲选择该校力学与钢结构教研室主任库尔特·克勒佩尔（Kurt Klöppel）教授为导师，开始准备博士论文。在同济大学学习和工作的8年中，父亲已经历了德国科学和工程技术教育特有的严格训练，养成了严谨求实的作风，而达姆施塔特工业大学为他的继续深造提供了更为良好的条件。在达姆施塔特留学期间，他确定了自己的研究方向和重点，专业素养及研究能力有了质的飞跃，在短短几年时间里不仅成果累累，而且还有重要的创新。1940年4月底，父亲完成博士论文《悬索桥按二阶理论的实用计算方法》的答辩，此时他刚满26周岁。论文发表后，来自中国的“悬索桥李”在德国桥梁工程界一举成名。此后，父亲又单独、或与导师合作发表多篇论文，1942年还以论文《用几何方法求刚构影响线》获得在德国大学任教的资格。父亲曾回忆说，他当初并非特别看重这个资格，而是由于二战爆发，回国的交通被阻断，他只能留在德国，这样就有充分的时间在专业领域里进行更深入的研究。大学任教资格对他来说只是一个副产品，它更多的是学术水平的体现。

在达姆施塔特期间父亲与金经昌、段其燧等同济留德学生交往密切，或结伴外出旅游，或去德国教授家作客。除了到罗鲁教授家之外，他们还去博登湖畔的阿尔弗雷德·贝勒教授（Alfred Berrer）的寓所聚会。贝勒教授曾两次在同济大学任教，是最后一任由德国人担任的工学院院长，父亲1936年12月被聘为同济助教，就在他手下工作。因为忙于做试验和写论文，有时父亲会独自留在达姆施塔特。1941年9月金经昌和段其燧去南德旅游，当时父亲正在准备那篇申请获得大学任教资格的论文，未能同行。金经昌在9月10日寄给父亲的明信片中，对罗滕堡的美丽景色赞叹不已，后来父亲特地去游历了这座德国著名的具有浪漫格调的中世纪古城。

留德7年中父亲与其他中国留学生相互帮助，共度艰难。1939年6月父亲正为因奖学金发放中断生活费没有着落发愁时，同在达姆施塔特工业大学留学的同济机械系校友汤德全向父亲伸出援手，解决了燃眉之急。1943年段其燧因对纳粹德国的对华政策发表不满言论及偷听BBC广播被告发，遭到盖世太保几个月的监禁。当时德国已实行食品配给制，肉类等食品都凭票限量供应，段其燧在狱中的生活十分艰难。父亲和达姆施塔特的其他中国留学生省下肉票，买了面包夹肉肠给他送去。段其燧在他的回忆录中说，“我记得，李国豪兄来的次数最多。”对在其他城市的中国留学生，父亲也同样尽力提供帮助。1941年7月2日，沈钧儒先生的儿子沈谅从海德堡给父亲寄来一张表示感谢的明信片，其中写道，“国豪兄：来书与五十马[1]今晨同时收到，感谢得很，十二分不安！弟亦以能早返祖国为乐。只恨非但少数美金取不出，并且有一日无工做即一日无饭吃之苦……”。

进入1943年后战争形势对德国越来越不利，并开始影响到德国本土。1943年9月23日，英国空军对达姆施塔特进行了首次大轰炸，父亲因躲避及时未遭受伤害，但住处受损，被迫另找住所。此后盟军对德国的空袭不断升级，1944年9月11日夜至12日凌晨，达姆施塔特遭到毁灭性轰炸，盟军轰炸机群首先使用了威力强大的爆破弹，大量建筑遭摧毁，紧接着又轮番投下燃烧弹，整个城市一片火海。据记载，盟军此次投放的燃烧弹竟超过28万枚，因此大部分遇难者系烧死或窒息而死。此次轰炸共造成当地居民1万人死亡，占当时居民总人数的将近十分之一，另有7万人沦为

[1] 五十马指当时德国货币50帝国马克

难民；市中心78%的建筑变为废墟，达姆施塔特工业大学75%的建筑被摧毁。每次谈起这次大轰炸和当时的惨状，父亲总是心有余悸，他庆幸当时采取了正确的逃生方法，但这一夜给他留下了一生中最恐怖的回忆。

这次大轰炸结束了父亲在达姆施塔特6年的生活。作为无家可归者，父亲随身携带最重要的物品骑自行车前往维尔茨堡，当时母亲在维尔茨堡大学附属儿童医院工作。1944年11月18日父亲和母亲在维尔茨堡登记结婚。金经昌为他们拍了结婚照，证婚人是海因里希·冯·海耶克（Heinrich von Hayek）教授，30年代他曾在同济大学医学院任教，回德国后在维尔茨堡大学医学院工作，和父母亲都很熟悉。1945年3月16日晚，维尔茨堡也遭到毁灭性轰炸，父母亲只得辗转去南德地区避难。

1945年5月战争结束，父亲回到达姆施塔特向克勒佩尔教授和德国朋友们告别，面对一片废墟他心情十分沉重，德国的命运和达姆施塔特的未来让他格外牵挂。父亲回国后与克勒佩尔教授等继续保持着联系，1951年3月25日，克勒佩尔教授在回信中谈到年初德国《钢结构》杂志在他的领导下又恢复出版，并邀请父亲再次与他合作。1952年、1958年父亲又与克勒佩尔教授合作在德国发表了两篇论文。父亲与罗鲁教授的联系曾中断了很长时间，1964年他又寄去了精美的新年贺卡，这让罗鲁教授激动不已。“文化大革命”爆发后父亲不得不断绝与国外的一切联系。1967年10月18日罗鲁教授去世，德方寄来了讣告，此时父亲正在被批斗审查，无法及时获知消息，更不可能回信表示悼念。然而达姆施塔特始终让父亲魂牵梦绕，直到“文化大革命”结束后他重回故地。

1979年3月至4月父亲访问联邦德国，34年后再回到达姆施塔特令他心情特别激动，尤其是与导师的重逢。访问期间父亲受到达姆施塔特工业大学校长赫尔穆特·贝默（Helmut Böhme）隆重而热情的接待，双方会谈的最重要成果是，同济大学与达姆施塔特工业大学决定建立校际合作关系。此次访问令父亲感触最深的是这座城市的重建和现代化。此后父亲多次访问德国，而达姆施塔特是他到访次数最多的城市。

在同济大学实现“两个转变”的过程中，恢复与德国的传统联系从一开始就进行得比较顺利，父亲的留德经历和他在德国工程界和教育界的影响，为中德双方的互信和快捷的沟通打开了方便之门。1980 年 6 月同济大学与波鸿-鲁尔大学签订了校际合作协议。1980 年 11 月父亲率同济代表团第二次访问达姆施塔特，此行的目的是正式签订两校合作协议。11 月 21 日签字仪式在达姆施塔特工业大学举行，黑森州经济部长海因茨-赫伯特·卡里（Heinz-Herbert Karry），黑森州文化部国务秘书赫尔穆特·伦茨（Helmut Lenz）等政界重要人物出席了签字仪式。卡里在发表讲话时指出，德中两所大学“签署合作协议是一个根本性的决定，它预示着未来将会产生我们目前无法估量的众多成果”。正是基于这一认识，在父亲的呼吁和促进下，卡里部长很快发起成立了德国“同济之友”协会。伦茨在签字仪式上表示，黑森州文化部关注着在达姆施塔特和上海的这两所大学为建立合作关系作出的努力，并意识到同济大学在中国教育的发展中将会扮演某种角色。他希望，合作将产生互利的效果。贝默校长在致辞中说，“今天我们种下了一棵树，期盼它根深叶茂”，但与同济大学的合作不要给人一种只是来自德国单方面发展援助的印象，最终效果及目的应更多地表现为相互帮助与促进。也许是与达姆施塔特的同行说话无需更多的顾忌，父亲在致辞时坦率地表示，在合作初期，双方的关系应主要表现为中方获得来自德方的帮助，为此他特别感谢德国母校在签订协议之前就向同济大学提供了有力的支持。

1985 年 2 月 28 日，贝默校长向父亲发出通知函，达姆施塔特工业大学校务委员会已决定授予他该校名誉博士荣誉称号。在此之前，学校已邀请校外专家对父亲的学术成果进行了鉴定。作为鉴定人之一，波鸿-鲁尔大学教授卡尔海因茨·罗伊克（Karlheinz Roik）在 1984 年 11 月 16 日的鉴定中做出了如下评价：

他的博士论文《悬索桥按二阶理论的实用计算方法》在1941年发表，这在当时应该是一个引起轰动的成果。……在我的职业生涯中，我多次用到这一理论，时隔43年我仍在我的深化讲座中引用它。在我们专业领域的科学文献中，我熟知的像这样被证明具有“长久生命力”的理论为数很少。

作为第二个例子，我要提到他在1943年与K·克勒佩尔共同发表的论文《弹性平衡分支的充分辨别准则》。这篇论文从根本上（并且以简化的方式）解释了复杂的相关性问题，直到今天我仍向所有学生介绍它。

即使李先生没有发表任何其他研究成果，仅此两篇论文就已经称得上“非同寻常”了。

毫无疑问，李先生是我们专业领域非常突出的人物之一，他的科学素养、他对研究及应用的继续发展的投入……都堪称模范和无与伦比。

1985 年 8 月 29 日，父亲在达姆施塔特又经历了一个特殊的日子，达姆施塔特工业大学举行隆重仪式，授予他该校最高荣誉——名誉博士学位，以表彰他“特别是在钢桥结构方面为继续发展静力及动力结构分析的基础和方法所作出的特殊贡献”。当年以博士论文崭露头角的“悬索桥李”，其研究成果再次获得德国同行的高度评价。黑森州科学与艺术部部长薇拉·吕迪格尔（Vera Rüdiger）博士在致辞中赞扬父亲架设了连接德中人民及德中文化之间的桥梁。达姆施塔特工业大学校长贝默教授回忆了他与父亲为建立两校伙伴关系进行的合作，强调了父亲 1979 年春季重访德国对德中科技交流的重要意义。父亲在答词中感谢达姆施塔特工业大学授予他名誉博士学位，也感谢导师克勒佩尔教授对他的培养，发言中他一度哽咽，因为导师在两周前刚刚去世，未能出席授证仪式。发言中父亲表示，他衷心希望通过科学合作的纽带推动两国人民友谊的发展。

2000 年 8 月，父亲以 87 岁高龄最后一次访问德国，此行的主要目的地是达姆施塔特。在接受《达姆施塔特回声报》记者采访时，父亲又谈起他最熟悉的这座德国城市，谈到达姆施塔特工业大学的新变化，当然也免不了回忆 1944 年 9 月那个可怕的夜晚。正是这一经历使他与达姆施塔特有了一种更深的命运相连的感受。在这次访问中，父亲会见了达姆施塔特工业大学的前校长和现任校长，他对20年前在两所母校之间架起合作的桥梁和双方关系的密切发展感到欣慰和自豪。

德意志学术交流中心秘书长克里斯蒂安·博德（Christian Bode）博士对父亲架设中德之桥有如下的评价：

李教授是一位双重意义上的桥梁大师。他在中国设计的多座大桥令人惊叹，但对我们来说，他架设的通往德国的桥梁是最重要的一座。虽然他的留德岁月正处于第二次世界大战的艰难时期，但他完好地保留着这段德国记忆。如果同济大学今天展示为通往德国的最重要的学术之桥的话，那么它主要归功于李教授。……他建造的桥梁的受益者将何止是一两代人。

父亲当初选择达姆施塔特作为留学目的地，40年后这座城市成为他架设中德之桥的一个最重要的基点。2000年8月12日《达姆施塔特回声报》刊登了父亲的大幅照片，他笑容灿烂地挥着手，以愉快的心情向达姆施塔特作最后的告别，在这座城市没有哪一个中国人能够像他这样留下影响如此深远的印记。

（作者为李国豪先生的二儿子）

李国豪院士对家乡大学的深厚情谊

丘小宏

李国豪院士是梅州市著名乡贤，是当代杰出的桥梁工程与力学专家、教育家、社会活动家。他曾担任同济大学校长、上海市科技协会主席、上海市政协主席，还担任了嘉应学院名誉校长。李国豪院士爱国爱乡，心系家乡教育事业，特别是对嘉应学院的复办、升格和建设、发展倾注了大量心血，作出了重要贡献。他对嘉应学院的深情厚谊永远铭记在师生的心坎里。

亲力亲为，支持复办嘉应大学

1983年，我国改革开放伊始，百业待兴，人才奇缺，梅县地委和行署酝酿复办嘉应大学（嘉应学院前身）。行署领导亲自到上海征求李国豪院士的意见。李国豪院士当即表示大力支持，欣然同意担任嘉应大学筹委会名誉主席，并挥毫题写了“嘉应大学”的校名，题词“群策群力建设嘉应大学”。此后，他积极奔走于上海、北京等地，发动广大乡贤为复办嘉应大学出力。1984年6月，他挥笔写下《重返故乡》一文，除赞叹家乡的变化、对人民生活极为关切外，他深情地说道：“现在和将来，我也很高兴为嘉应大学的复办和建设尽点力，但愿梅县地区的经济建设和文化建设能够迅速发展，人民的物质和文化生活能够早日丰富起来。”1984年7月嘉应大学筹办，1985年4月广东省人民政府批复同意成立嘉应大学。1985年10月嘉应大学正式招生，在10月9日举行的开学典礼上，李国豪院士受聘为原嘉应大学名誉校长。

出谋献策，支持学校升格本科

1998年，原嘉应大学领导班子提出了学校“上本科、创特色”的跨世纪发展目标，两次拜访李国豪院士，向他汇报了学校的建设与发展思路，恳请他为学校“升本”工作出谋献策、向教育部领导反映学校的办学情况。李老非常乐意，于 1999 年 8 月 8 日亲笔写信给当时的教育部部长陈至立和发展规划司司长纪宝成，历陈我校申办本科院校的必要性和可行性，希望教育部领导给予支持和帮助。同时，李国豪院士积极引荐学校领导参加上海梅州知识分子联谊会等各种活动，宣传家乡大学的办学情况和发展思路，争取到众多乡贤对学校升本的实际行动支持。2000 年 3 月，教育部批复同意嘉应大学、嘉应教育学院合并建立本科层次的嘉应学院。我校升本成功后，李老及时发来亲笔贺信并希望学校肩负起为粤东北地区以致闽粤赣地带培养社会主义高级人才的使命。从此，嘉应学院走上了快速发展之路。

指点迷津，指引学校不断发展

自嘉应大学成立后，李国豪名誉校长曾于 1985 年 10 月 9 日、1989 年 12 月 14 日、1994 年 12 月 8 日、1996 年 6 月 18 日、2000 年 11 月 18 日五次来校指导工作，在办学定位、提高教师队伍素质、提高人才培养质量等方面提出了许多建设性的意见。

在我校的办学定位方面，他提出，嘉应大学必须密切联系本地区实际，开展教学和科研工作。在他的亲切关怀和指导下，我校为适应地方经济发展的需要，开设了金融、财会、计算机应用、机电、建筑、生物工程、化工等一些急需的专业。特别是在他的亲自过问下，我校开设了工业与民用建筑工程专业，并在此基础上，于 1995 年 6 月成立了建筑系，即今天的嘉应学院土木工程学院的前身。

在教学和科研的关系方面，他认为，教学和科研要并重，互相促进。他常常告诫大家，一个教师如果只是上课，不进行科学研究，就好比无源之水，慢慢就会枯竭。

李国豪院士高度重视教风学风建设。在原嘉应大学开学典礼上，他强调“要培养优良的学风和作风”，“嘉应大学必须在教学、科研和各项工作中都贯彻民主，讲究科学，才可能建设成一所现代化的社会主义大学。希望嘉应大学形成优良的学风和作风，并且代代相传”。

为解决我校办学经费困难的问题，1989 年，李老亲自写信给梅州市委领导，陈述自己对嘉应大学师资、办学经费的看法，特别是创造性地提出开征教育税解决经费困难的重要建议。这一建议被市委所采纳，较好地解决了经济欠发达的梅州市教育经费投入的问题。

心系青年，激励学子成长成才

李国豪院士十分重视年轻一代的成长成才。每次回乡，他都来校为师生们作学术报告，介绍桥梁工程学的发展及国内外形势，激励青年学生努力学习，成为国家、民族有用之才。他牵头成立了上海梅州知识分子联谊会，团结家乡在上海工作的知识分子，鼓励他们为家乡发展特别是人才培养多作贡献。受他的委托，丘峰教授、童从奇教授多次专程到我校指导工作或参加庆典活动。尤其令人感动的是，1996年2月，当李国豪院士获悉嘉应大学学生实验设备非常缺乏时，毅然决定将广东梅雁企业（集团）股份有限公司董事长、总经理杨钦欢捐赠的50万元人民币，捐赠给嘉应大学设立“李国豪教育基金”。我校利用这笔基金建立了“李国豪计算机实验室”，有效地提高学生的计算机应用能力。直到现在，这笔基金仍在发挥着作用。

如今，嘉应学院已经成为拥有来自全国的2.2万多名在校生、教职工1600多名的普通本科院校，先后为社会输送了10万多名优秀人才，毕业生中有不少已经成长为政坛精英、专家学者和工商企业界的名人，为祖国的繁荣富强，尤其是广东的经济社会的发展作出了突出贡献。

可以说，嘉应学院今天的建设与成就，师生的成长与进步，无不凝聚着李国豪院士的殷切期望和无私关爱。他热爱祖国、奉献家乡、献身教育事业的伟大人格和崇高精神，永远值得我们珍惜、铭记、感恩和弘扬。

（作者为广东嘉应学院党委书记）

心怀家乡　情系故土

丘祥昌

李国豪院士出生在半山乡的一个较贫苦的农民家里，他的童年和青少年一段时间在梅县山乡度过，对家乡的一山一水，一草一木都极为眷恋。李国豪经常梦萦家乡梅乡村祖屋山背那茂密滴翠的松竹之林，禾坪脚下那又深又绿经常在那儿游泳捉鱼的池塘和梅江河上那滚滚的江水及古朴的木渡船。他虽然工作繁忙，却经常想念家乡，为梅州的建设事业出谋献策，出力操劳；他虽然身居上海，却犹念客家，片片热心送故乡；他虽然是个大科学家，但还是热情竭诚为在沪的客家子弟着想，关心和重视后一代成长。

心怀家乡 为梅县出谋献策操劳

李国豪自 1948 年回故乡梅县以后，曾多次想再回家乡看看，但繁忙的教学科研工作，一直抽不出时间，未能如愿。1982 年 12 月 26 日，李国豪乘来广州参加中山大学讲学之机，应时任广州市市长叶选平和梅县地区专员李国瑶的邀请，回到阔别 34 年的故乡梅县作为期两天的访问。

人们都想李国豪离别故乡三十多年，这次仅回家两天，应该好好和家乡的亲人团聚，可李国豪回到家乡后，脚踩的是家乡土地，而心里却想着家乡的人民和家乡的建设事业。他回到家乡的第一天上午便来到故园梅乡村，会见了祖屋的父老乡亲，看到了家乡的山水田园，感到异常亲切。但他想自己作为一个科学工作者，对家乡的建设事业应该有更多的关心和了解。于是，当天下午和第二天上午，他在梅县地区行署副专员周玉堂的陪同下，到梅县制药厂、广东东山中学、乐育中学、黄遵宪故居“人境庐”参观座谈。还特别到正在兴建中的东山大桥工地，看到工地上巨大桥墩，已有 8 个露出水面，他一边走，一边凝视着梅江滔滔的河水，期望结束人们过梅江靠木船摆渡的情景。此时，不禁心里油然生出要尽自己的努力，把东山大桥建成一个既省钱又美观的大桥想法。他认真仔细地了解设计和施工的情况后，便细致地计算起来，发现原设计中在每个桥孔上铺设横梁的数量，桥头堡的处理及施工方法上，都存在一些可以改进的地方。李国豪教授当即向陪同参观的地区领导提出了自己的看法，建议修改原设计方案。

年近七旬的李国豪院士探亲不忘造福桑梓之情，引起了梅县地区领导的重视，随后梅县地区行政公署派出一位领导和两名工程技术人员，赶到上海，受到李国豪的热情接待。这时李国豪虽然在百忙的科研教学工作中，但他想，宁可把其他工作搁下，而切勿怠慢家乡的事情。他和他的助手等一起核对大桥施工的方案，提出了修改意见：一是将原设计桥上部T梁间区，由1.65米加宽到2.5米，由10片梁改成6片梁；二是将9道横梁改成3道。这两项可节省投资40多万元，他还建议取消原设计的桥堡，这样即可以增强美感，又能省时省工和节约投资1万多元。这个方案被梅县地区的领导和工程技术人员称为最佳方案。

李国豪这次回来两天，看到了家乡的变化如此巨大，感到由衷的高兴，同时对家乡存在的一些问题，从关心爱护的心愿出发，提出一些看法。就在他离开梅县地区前一天下午，李国豪专门与梅县地区科技界、教育界人士举行了座谈报告会。

李国豪对梅县地区的今后规划十分关心，认为梅县是文化之乡、足球之乡和华侨之乡，搞好远景规划十分重要。在谈到梅县地区的远景规划时，他说："我参加过上海的规划工作，上海的规划原来只在上海市，包括几个县里搞。现在看来不行，我们现在要破除行政区域来搞规划，搞经济区域的规划。……将来梅县地区的规划，要从家乡自然条件，矿藏、水利、森林、农业、工业、交通等各方面来考虑，到21世纪，我们这个地方要达到什么程度。梅县地区是不是也可以考虑搞得比较浪漫一点，有点想象力的东西，因为，完全根据现实去搞规划，有时候会束缚思想……我们学校里有规划专业，农林规划专业、建筑专业，将来梅县地区如果需要的话，我们学校很愿意在这方面贡献一点知识。"

李国豪对梅县地区的工业建设也极为关注，他说："上海的工业还是走在全国前面的，上海的技术很多还是靠老人，例如上海的手表工业，它是从无到有发展起来的，我们可以采用请进来、派出去的办法。有些请进来指导，上海有一些是退休人员，请他们来半年或三个月，教你工艺过程，也可以派出去学，学到了就回来。当然努力发展教育也是一个方面，专业学校可以培养人才，确实需要的话，可以到我们学校来。梅县地区在外面工作的人不少，大家对故乡的建设还很关心的，也很愿意尽一点力量，将来只要我们能做到的，我们都很乐意帮助。”

李国豪的这个报告给了梅县地区的科技界、教育界很大的启发，并为梅县地区发展科教事业起了积极推动作用。

李国豪自从 1982 年年底回故乡后，对家乡的山山水水，人民的生活和建设事业更为眷恋挂念，1984 年 6 月他挥笔写下《重返故乡》一文：

1982年12月，我匆匆回到阔别多年的故乡梅县访问了两天。新中国成立后，多次想回家乡看看，一直未成行。这次趁到广州讲学的方便，实现了夙愿，十分感谢梅县地区党政领导的邀请。

故乡，和童年、少年的生活交织一起，总是美丽的，使人怀念的。坐在从广州回梅县的汽车里，我浮想联翩。小时候我在梅乡村上小学，后来到城里上县立中学。梅乡村里的祖屋和梅乡小学，乘过风凉和扒过松毛的松树林，游过泳和捕过鱼的池塘，县中里我上课的教室，早操的操场，打乒乓的“大成殿”（梅州学宫），东校场的足球场和靠近的县中宿舍，城里几条攘攘的街道，南门外的滚滚梅江……这些景象又浮现眼前，现在变得怎么样了？怀着即将再见的喜悦，不断地回忆和想象。

回到家乡，受到地、县领导和各界的热情接待，家人的欢迎，心情十分温暖和高兴。短短两天里，我参观了梅县的工厂、中学、人境庐、东山大桥工地，看了梅乡村老家，最后还和各界人士见面谈了回乡观感，收获很大，特别是密切了与故乡梅县的联系，心里非常愉快。

今昔对比，梅县城区真是旧貌变了新颜，我有很多不认识的了，好像到了一个新城市。梅县有了一些新的工业，建设了许多新的市政、文化、体育、卫生、旅游设施，并正在兴建许多工程，其中有横跨梅江的东山大桥这个大工程，这些都使人很高兴。但是美丽的梅江河淤浅了，梅乡村的松树林成了光山，村里的房屋依旧。家里人的生活，自然比我小时候一天三顿粥和番薯、芋头的日子好多了，但也还不宽裕。这些又说明，家乡也曾经历不平凡的岁月，不免使人感到心头有些压抑。

梅县地区山多地少，缺乏矿藏。要开展现代化经济建设，重要的是要开发智力资源。梅县地区，相对而言，文化比较发达，但以现代化建设的要求来衡量，科学、技术、文化水平还不高，人才还很缺乏。因此，必须迅速建设大专学校，发展高等教育，培养现代化建设所必需的各种专门人才，梅县地区的党政领导和许多旅居国外的梅县人士积极努力复办嘉应大学，我十分赞成并完全支持。

在我回乡之际，参观东山大桥工地时，对大桥的设计提出了修改建议，返上海后又接着做出了新的设计与施工方案，节省了不少大桥修建费，我深以能够为家乡出一点力而高兴。现在和将来，我也很高兴为嘉应大学生的复办和建设尽点力，但愿梅县地区的经济建设和文化建设能够迅速发展，人民的物质和文化生活能够早日丰富起来。

李国豪回到家乡梅县后，看到家乡科学技术文化水平还不高，人才很缺乏，因此，他积极建议发展高等教育，培养现代化建设必需的各种专业人才，并且十分赞成和支持复办嘉应大学。在梅县地区党政领导和国内外热心人士、华侨、港、澳、台同胞的共同努力下，嘉应大学终于筹办起来了，当他得知这一情况后，虽然每天工作都极其繁忙，仍然把家乡办高等学府之事摆在前头，到上海、北京等地发动乡人支持，应聘担任嘉应大学筹委会名誉主任，并欣然挥笔写下了“嘉应大学”几个苍劲有力的大字作为校名。1984 年 10 月，梅县地区最高学府嘉应大学复办后举行首届开学典礼活动，李国豪专程从上海回到梅县，《梅江报》记者采访问到他为什么如此乐意担任嘉应大学名誉校长时，李国豪面带笑容地说：“梅县是我度过童年、少年时代的可爱家乡，面貌发生了很大变化，既熟悉又新鲜。我的老家复办嘉应大学，开发智力的重要基地，我愿为梅县地区高等教育事业的发展尽点力。”

这次李国豪回乡的时间比上次稍长一些，参加完庆典活动后，来到梅城市区进行参观考察，他漫步走在城区街头巷角、嘉应大学、嘉应师专、梅县机场建设工地、强民体育会、城区的一些工厂和市郊农村等地，每到一处都一一询问了其建设发展情况，并又一次来到正在修建中的东山大桥，提出合理化建议。

参观考察后，他对记者说："不论办文化教育、科技事业，还是搞经济建设，都应根据本地的需要和可能来考虑。"他说，在建设方面，除了开发利用本地资源之外，适当多发展具有竞争能力的"技术密集型"企业，在梅县地区目前交通不便的情况下，尤为可取。

1989年秋，李国豪教授应邀前来梅州市（注：原梅县地区）参加梅州市世界客属联谊会成立大会，虽然这次会议时间安排得十分紧凑，但李国豪心里还是惦念着嘉应大学。会议期间，他抽空到嘉应大学去看望师生，受到了嘉应大学师生的热烈欢迎，并作了题为"国内大跨度桥梁的发展"的学术报告。

1994年12月3日，八旬有余的李国豪教授和他的夫人林凤棣女士，从上海来到梅州市参加世界客属第十二次恳亲大会。由于他对家乡十分眷恋，便设法提前一天出发，当他俩被大会安排在梅州迎宾馆后，刚放下行李，就迫不及待地在宾馆的大楼高处四处眺望梅州城区，第二天一早驱车回到阔别数年的故乡——梅乡村，拜会父老乡亲。在东郊乡政府的领导和月梅管理区主任的陪同下，参观了月梅老人会、月梅膨胀珍珠岩粉厂，并与工人和管理区的领导亲切交谈。他对该管理区在改革开放后办起了一间间有规模又有较高效益的工厂连声叫好，对故乡门前扩建一条宽敞笔直的205国道水泥公路和家乡破旧的房屋被一座座楼房所代替而感到十分高兴，并一一询问了管理区发展"三高"农业和农民收入的情况。临别月梅管理区时，他鼓励当地干部群众，要进一步抓住机遇，深化改革，搞好"三高"农业，带领广大农民尽快地奔向小康。最后，他站在月梅管理区的门前，和乡、区干部和老人联谊会的父老乡亲们一起合影留念。

随后，他又驱车来到梅州大桥、梅县经济开发区、梅县华侨城香港花园、梅州火车站、梅州市东升经济开发区、梅州市管道煤气厂和205、206国道、省道梅湖段公路等地参观。每到一处都仔细观看，认真地询问了解情况，每看完一处总是恋恋不舍地离开，也总是感慨地说道，改革开放后，特别是邓小平南方讲话的春风吹拂在梅州的大地上后，发生了很大的变化，取得很大进步。

会议期间，李国豪名誉校长，还抽时间与嘉应大学的领导座谈探讨如何进一步办好嘉应大学等问题。

1995年底，李国豪从家乡来人中知悉梅州山区穷，客家子弟读大学不容易，费用较大，一些较穷的学生负担不起，需要资助，心里十分难过，他想自己作为嘉应大学名誉校长，应尽力支持这些穷学生，于是他便决定把他个人积累的人民币50万元捐赠给嘉应大学作教育基金。

1996年6月李国豪名誉校长和夫人林凤棣来到梅州嘉应大学参加“名誉校长李国豪教育基金会”设立仪式活动。当李院士把50万元捐赠给嘉应大学时，全场响起热烈的掌声，感谢李国豪名誉校长对嘉应大学的关心和支持。李国豪在大会上激动地说：“我是梅县人，我的老家就在嘉应大学附近的月梅乡，我出生在贫苦的农家，在月梅念完小学，在县立中学念完高中一年级，16岁时我就离开家乡到上海去了，到同济大学去上学。在上海已经60年了，可是60年比不上我在家乡的16年深情，我觉得自己取得的成绩都是属于客家人的。”

李国豪院士情系故里，时刻关心、支持家乡之举，确实令人敬佩。就在参加李国豪教育基金设立仪式会前夕，当他知道家乡梅州城区内还准备建设一座连结梅江两岸繁华街区，以解决梅江桥交通困难的梅州剑英纪念大桥时，李国豪院士心想：这座桥的建造对振兴江北，繁荣江南，便民利民，促进梅州社会经济发展有着十分现实的意义。他特邀中国工程院院士、华东建筑设计研究院总工程师江欢成教授一起回梅州，在会议期间他会同江院士又一次来到梅江河畔，进行现场勘测选址、指导设计。剑英纪念大桥主桥长348米，引桥300米，桥面宽16米，采用石雕栏杆。这座具有典雅古朴特色的现代化桥梁于1998年元月建成，从此使梅州市区形成桥、路、堤、水交相辉映的新市景观。

身居上海　犹念故土客家情怀

李国豪院士因工作科研等原因，晚年虽留在上海，但心里却脉脉情怀，犹念着故土。

1983年，李国豪外出工作回到上海后，家里堆起一叠来信，当时他正当选为上海市政协主席，很多工作要等着他做，但当他发现一封来自梅州家乡的信时，就情有独钟地赶快拿出来看，发现是梅江报社寄来的，要求在他们编纂将出版的《客家风采》上题词，他想梅州是个“文化之乡”，客家风采历史悠久，内容丰富，至今仍熠熠生辉，于是他放下其他工作写下：“在社会主义文化建设中放射光芒。”不久《梅江科技报》创刊，又要求他题词，他想科学技术是第一生产力，通过报刊来普及提高科学技术知识，促进家乡的科技进步和发展，使家乡的经济尽快地发展起来，办科技报是个好办法，于是他又挥笔题写：“努力为梅县地区普及与提高科学技术知识促进经济和文化建设作出贡献。”

像这样家乡来信或来上海找他帮忙办事的，自改革开放以来，经常可以碰到，他感到家乡是很需要外出的人来帮忙，但又常想他在上海该帮助家乡做些什么事好呢？他经过一段时间的思考后，为了方便家乡人联系工作，决定在上海组织一个客属组织，以这个组织来沟通和加强梅州和海内外乡亲联系，帮助梅州市更好地振兴经济。于是他在上海发起和组织了“上海嘉属各校校友联谊会”，这一倡议立即得到在沪的客籍同胞的响应和支持，并且一致推选李国豪为会长。

自从上海嘉属各校校友联谊会成立以来，李国豪通过这个组织，多次邀请梅州市的党政领导和科技人员到上海去参加学习交流经验。也不断派出人员回梅州了解乡情，特别是解决科技和经济等方面的疑难问题。

1989年3月26日，在上海嘉属各校校友联谊会的邀请下，梅州市党政领导班子，梅州市委书记徐丹华、市长黄华华、市委副书记罗汉明、市委常委秘书长杨增培，以及梅县、兴宁、五华、蕉岭、平远、大埔、丰顺县和梅江区的书记（县长）赴苏南和上海参观学习。来到上海，上海嘉属各校校友联谊会会长李国豪、副会长庄晴勋，顾问曾繁汉和在上海工作的乡亲代表热情接待了来自故乡的“父母官”，并与之进行了亲切的座谈。乡亲们畅谈了振兴梅州大计。李国豪会长说：“你们来上海，上海嘉属联谊会表示热烈的欢迎。在上海工作的梅州市籍人，绝大多数是专家学者，虽拿不出钱来支持家乡，但是，他们有比金钱更宝贵的东西，这就是智力、科学技术，智力的作用不可估量，但也不是现成的东西，需要开发。”他希望在沪工作的梅州市籍人，发挥智力、科技优势，为家乡的经济文化建设事业，多做自己力所能及的事情。

为了更好地支持家乡的建设，李国豪和在沪的嘉属各校联谊会的乡贤共同商议，决定在上海开办“嘉友科技经济服务部”，并经过一段时间的努力，向有关部门申请核准成立，于1991年8月1日起挂牌开业。并明确规定其任务重点在于为家乡建设献计献策，牵线搭桥，提供经济信息，介绍项目，协助开展供销等活动。

热诚尽力 为沪客家子弟着想

李国豪院士不但在上海关心梅州市及各县（市）（区）的建设事业，而且对在上海工作而祖籍在梅州市乃至客家地区的人员的子女也极为关心。倡导成立上海嘉属子弟及嘉属各校校友联谊会后，又成立上海梅州知识分子联谊会，并设立会员子女奖学金，制订奖学金奖励制度。凡属该会会员的子女在上海品学兼优、为客家人争光、为祖国争光、为中华民族争光的，经联谊会奖学金评委评定，都可以获得奖学金。

这个奖学金创立后，开展了广泛的联谊活动，并积极与港、澳、台、海内外客家同胞取得联系，得到海内外和港、澳、台的嘉属乡亲鼎力支持。1996年6月，李国豪利用回梅州参加嘉应大学各项活动集会的机会，在大会期间代表上海梅州知识分子联谊会，聘请香港金利来董事局主席曾宪梓博士为该会及梅县分会永久名誉会长，得到曾宪梓的大力支持。李国豪还通过校友会与台湾豪勉企业股份有限公司董理长彭淦波（梅县东山中学校友）取得联系，彭董事长觉得这个联谊会很好，从台湾来到上海参加这一活动，并决定对在上海的客家子弟在大专院校学习取得优秀成绩者，每年拿出500美元给校友联谊会作奖学金。此外，还得到港澳和海外人士姚美良先生和丘玉其先生等的赞助。

设立奖学金后，许多在沪的客家学生家长认为这是李国豪会长关心下一代成长成才的动举，也是一种客家精神的继承和体现。上海科技大学学生卢峻获得奖学金后，他的家长卢庆千说："自从联谊会设立奖学金以来，每年都涌现出一批品学兼优的学生。我觉得，学生的成绩的取得是与嘉属校友会领导和海内外志士仁人、有识之士以及校友联谊会会员的关心。爱护和培养分不开的，我作为学生的家长，感谢李国豪先生和校友联谊会的领导倡导、设立了这样一个具有重要意义的嘉属校友联谊会奖学金，它在鼓励学生们努力学习，积极进取方面起到积极的作用，并且还将继续产生良好的、深远的影响。"

奖学金设置后，各校联谊会还每年召开几次在上海各大专院校嘉属青年学生座谈会，关心他们的学习和生活。把同学们与联谊会紧紧地联系在一起，鼓励他们发奋学习，为日后报效祖国，建设家乡掌握更多更好的科学文化知识。

联谊会为在沪高校嘉属学生设立奖学金后，引发年轻一代青年学生奋发上进。奖学金不但面向高等院校的学生，也对特别优秀的中学生给予奖励。这些奖学金的颁发典礼上，几乎每次都是由李国豪会长亲自颁发（奖状和奖金）。

在李国豪院士关心和重视下，上海嘉属各校校友会、上海梅州知识分子联谊会等越办越好，会员子女的奖学金制度不断健全，一批批客属子弟在这个奖学金的鼓励下，茁壮成长。

李国豪虽然为国家、为人民、为家乡做出了很大的贡献，但他总是非常谦虚，认为自己做得还不够。1998 年 11 月 25 日，李国豪赴港参加香港理工大学举办的“荣誉工程博士”学位颁授仪式。香港嘉应商会和梅州中学（香港）校友会设宴欢迎李国豪院士一行。当香港嘉应商会会长黄丽群把刻有“梅州之光”的纪念品赠送给李国豪院士时，他动情地说道：“今天承蒙乡贤和校友欢迎和祝贺。我和家人及同济大学、嘉应大学校方均非常感谢！对过去成绩褒奖，我很感动。我在梅县出生，度过童年少年……在感情上，我对家乡甚感亲切，对同济大学的校园也很有感情。过去，我本着学习学习再学习，研究研究再研究的态度，勤奋工作，务求把桥梁设计得最完美最安全，为国争光，对人民负责；同时，把我所学，通过教学、著作和技术讨论传授给学生和同事。但我总感觉过去的事还做得不够，对家乡的事更做得不足。我有时回到家乡，看到很多高楼大厦、学校、桥梁都是靠香港和海外乡贤作出的贡献，我表示钦佩！”

李国豪就是这样心系家乡，犹念故土，不忘客家情怀，而心里又总是感到对家乡关心、支持不够的一位永远谦虚的老科学家，是一个十分令家乡、全国人民崇敬和爱戴的院士。

（作者为广东梅县人，曾任广东省梅州市社会文化管理委员会办公室副主任、梅州市广播电视学会原副秘书长等职务）

李国豪教授的青少年时代

刘征泰

李国豪教授是我国著名的桥梁、力学专家，同济大学校长。

他早年留学德国，曾经以一篇造诣很深的学术论文，轰动了易北河两岸的整个桥梁工程界。后来，他雄心勃勃地奔回祖国。解放后，阳光照进了李教授的心坎，他加入了中国共产党，曾先后参与了我国武汉及南京长江大桥的设计工作，登上了桥梁理论的一个又一个高峰。

“万丈高楼平地起。”李教授的本领是怎样得来的？这，就要拨开岁月的波涛，回溯到他的青少年时代……

踢青柚子的娃娃

“阿豪哥，挑大的！”

“阿豪哥，拣圆的！”

……

一群广东小娃仔把一棵高大的柚子树给围住了。他们光着肚子，赤着脚，把脑袋瓜儿仰得高高的。他们一边望，一边乱嚷嚷。

正是炎热的夏季，树上的柚子青溜溜的，还没成熟。只见绿叶儿一动，枝杈间冒出一张黝黑的娃娃脸。紧接着，掉下来一只滚圆的青柚子。柚子在山坡上弹了两弹，调皮地滚走了。

“啾！……”娃仔们发出一声欢呼，像一群小老虎似的扑过去。

树上的娃娃贴着树皮滑下来，咧开嘴，露出一口缺牙，蹬蹬蹬地向小伙伴们追去。他，就是少年时代的李国豪，在村里，他还是个“娃仔王”哩！

一场具有南国风味的小足球赛开始了。娃仔们分作两队，把青柚子踢得满地打转。好，“球”来啦！只见李国豪一个箭步窜上去，截住柚子，然后用一连串假动作盘过两名对方的后卫，守门员还没来得及惊叫，李国豪飞起一脚，把“球”笔直地送进了球门……

梅县是有名的“足球之乡”，梅乡村的娃娃没有一个不是从踢青柚子长大的。在那里，谁的球艺好，谁就是当然的“领袖”。在去县城读书之前，李国豪一直占据着这个“王位”。他也爱好游泳。有时，青柚子滚进了村尾的鱼塘，他就带领小伙伴们跳进水里，戏波弄浪，玩它一个痛快！

孩子们的兴趣是广泛的。深秋，青柚子采不到了，他们就在刚刚收割完毕的稻田里打“棒球”。所谓棒，实际上就是扁担！至于球，那是用线绳紧紧缠成的。这种游戏一直要玩到初冬，还经常在月光下摸黑打球。

从小开始的体育活动，不仅赋予李国豪强健的体魄，而且培养了他顽强争胜、克服困难的意志。

爱好体育锻炼的习惯从小学、中学，带进了大学。在同济大学读书时，他酷爱网球，也经常利用星期天到郊外远足。每次，天刚蒙蒙亮，他就背起水壶和干粮袋出发了。他的“回力”鞋脚印踩遍了上海四周的水乡。他是学桥梁的，在漫游中，他也不忘观察。他的笔记本上描下了几十种类型的石拱桥、木板桥、碇步桥……

青少年时代的锻炼使李国豪终生受用。无论在当时的学习和日后的工作中，他总是精力充沛，胜任愉快。他深知身体是事业的基础。从辩证法的角度看，他花在体育上的那些时间，已经加倍地得到了偿还。

要对得起你的祖国

李国豪家境贫寒，世代务农。为了生计，父亲不得不下了南洋，做些小买卖，每年汇一点钱回来。李国豪5岁进小学。六年后，正当他准备考中学时，父亲却一定要带他到印度尼西亚去。儿子呢，却渴望读书。经过一场激烈的争吵，最后，父亲让了步——他毕竟疼爱自己的孩子。“那么，让你再读两年书吧。顶多两年，你得到南洋来帮助我。”临走时，父亲叮嘱说。

国豪考上了梅县县立中学。在中学里，他偏爱数学和外语。老师和校长很快就发现了这个衣衫破旧、老爱坐在前排的聪明学生。他有个特点，就是绝不死啃课本，而喜欢独立思考。同样读一本书，他的注意点就跟别人不一样。比如说《三国演义》，人家只看到攻城夺池、刀光剑影，他却老在琢磨诸葛亮发明的“木牛流马”。真怪，为啥机关一开动，它们就能运走如飞呢？

每个青少年都有一双幻想的翅膀。然而，幻想并不等于理想，它们之间要有一座飞跃的桥梁。

少年时期的李国豪当然也幻想过。他崇拜过欧几里德和牛顿，后来又想当一个爱迪生那样的大发明家。不过，他最钦佩的却还是中国古代的大禹。初中时，他听老师讲大禹治水的故事，深受鼓舞。不是嘛？脚踩惊涛，叱咤风云，同荒蛮的大自然打交道，真是好气概！于是，他发愿要当一名水利工程师，去驾驭那奔腾不羁的黄河。

幻想是朦朦胧胧的。李国豪真正认识大禹和他的崇高精神，还是在一次严重的教训之后。

国豪是县立中学里屈指可数的好学生。学习踏实，尊敬师长，还热心参加社会工作。念高一时，他担任了学生会主席，夸奖的话听多了，未免头重脚轻；一帆风顺，岂知水下还有暗礁？

问题就出在交朋友上。

高中时，班上来了一个爱抽香烟的学生，他不仅自己抽，还怂恿李国豪一道抽。于是，学生宿舍里经常三个五个围在一起，吞云吐雾，胡扯一通。渐渐地，学业荒废了，成绩下降了，李国豪还不曾警觉。

这个学生又从家里拿来一副麻将牌。搓麻将当然比做功课要惬意，尤其是有那么一、两角钱输赢的话。

有一天，老师突然闯了进来，把这一切全看到了。作为学生会主席的李国豪当然负有不可推卸的责任，他被送进了校长的办公室。

校长正在批改作业。他放下朱笔，惊讶地打量着心目中的好学生。要不是老师把麻将牌摊在桌上，他恐怕不会相信的。

“校长，我错了。”李国豪追悔莫及，低声道。

校长走到他面前，过了好一阵才慢慢地说：“这件事就算了。不过，你要吸取教训啊！”

“校长！……”泪水从年轻人的脸腮上滚落下来。

校长心里也很难过：“国豪，我一向器重你。你不是有志搞河工，要学大禹治水吗？将来干什么，谁也难料。可有一种精神不能少，你要懂得，一种精神！”

校长加重了语气，神情里充满爱和希望。

“大禹治水，八年在外，三过其门而不入。这就是精神。你要有理想呵，为了它，必须舍弃一些东西，不为浮华的生活所诱惑。”

“我永生记住您的教导，校长！”

“应当记住你的事业。你要对得起你的祖国！”

“要对得起你的祖国！”——一语寥寥，含义深长。李国豪从此把它铭刻在心中，他的理想变得具体而清晰了。这以后，无论在课堂上课，还是在海外求学，只要想起中学校长说过的这句话，他就感觉到一般强大的推动力量。人是需要教诲的，谁也不能保证不犯错误。李国豪深深感激校长，不仅在于免去了对他的处罚，更在于给他上了人生哲理最重要的一课。正是有了这一课，李国豪才发愤攻读，坚持锻炼，忘我工作，从青少年时代开始，数十年如一日，把一切献给了崇高的理想。

一张优秀的成绩单

日子就像梅江的水，缓慢却不停地流去。当李国豪升入高中的时候，父亲写来一封语气苍凉的家信，再次要求他下南洋。国豪同情年迈的父亲，但一切都动摇不了他求学的决心。他想学习知识，成为一个有用的人。16 岁那年，他随一帮客商从粤东来到上海，考进了同济大学。

同济大学牌子够老，名气够响，课程也够繁重。在读本科之前，还得学两年德文。考进来的学生，多半有一些远大的抱负；同学间的竞争异常激烈，你追我赶，龙腾虎跃，颇有一番八仙过海的味道。李国豪是全班年龄最小的一个。乡巴佬到上海，一开始真有点招架不住。

退让绝不是他的个性。他暗暗下了决心。上课时，他逮住老师的每一句话，自修时，除了完成作业，他还自己寻找数学和力学的题目做，并不断加快解题速度。他很快追上来了，进入前十名，进入前三名，一跃而为全班之首。他的成绩在大学里“出尖”了。

想不到，突然又来了一个打击。读到大学四年级时，父亲写信来告诉他，再也没有力量寄钱来供他继续上大学了。李国豪吓得目瞪口呆，不知道该怎么办。难道只好中途退学吗？这时，一个同乡的同学向他伸出友谊的手。同学的父亲在汕头开店，经济宽裕。可一个素不相识的穷学生，凭什么向人家开口呢？还是同学机灵，他建议国豪把历年的成绩册寄给自己的父亲过目。这一招果然有用！同学的父亲很赏识李国豪的才学，又很钦佩他顽强求学的志气，慷慨解囊，很快就把学杂伙食费统统寄来了……

李国豪终于如期毕业。毕业典礼上，他得到的一张成绩单上，虽然只有一串简单的数字，可这些数字却是智慧和汗水的结晶。十三门功课，平均是 97 分。其中，建筑静力学 97；铁道及交通学 98；水利工程学 98；钢桥学及钢料建筑学 99；铁筋混凝土学 99……

成绩单并未使李国豪陶醉。他知道，世界很大，个人很小；历史悠久，生命短促。生活之路已经在自己的脚下展开，一个有心报国的青年人，该如何跨出这第一步呢？

“悬索桥李”

李国豪大学毕业以后，被母校——同济大学留下来当助教。也是好事成双，不久，一些热心的老师又为他争取到一笔留学德国的奖学金。李国豪欣喜若狂，他知道，德国的桥梁建筑技术是素负盛名的。

1938 年初秋的一个傍晚，一艘洁白的邮船缓缓鸣笛，驶进意大利北部的威尼斯港。船头犁开雪片似的浪沫，朝着血红的落日驶去。左舷的扶手旁，迎风站立着远涉重洋去德国留学的李国豪。

他求学心切，没有在“水上城市”威尼斯逗留。立刻登上国际列车，从意大利穿过瑞士，来到德国的达姆施塔特城。在达城工业大学，他由一位名叫克勒佩尔的老师负责指导。当时，汉堡附近要造一座大吊桥，克勒佩尔被聘为桥梁顾问，李国豪就成了他的助手。

生活是艰苦的，奖学金数目有限，仅够温饱；学习是紧张的，他向一家私人房东租赁了一间在四层楼的小屋。无论是天寒地冻，还是暑气蒸腾，他总是伏在案前聚精会神地计算着、思考着。有时，就在试验室里用赛璐珞片制作桁梁模型，还用钢丝和钢条做成五六米长的模拟吊桥，进行力学试验。他明白，机会难得，光阴似金，他必须加倍努力。

6 月初，学校放暑假了。假期照例是学生们的黄金时刻。爱好大海的，纷纷往北，去埃姆登，去不来梅；喜欢登高的，则结伴南征，带上照相机和小提琴，去领略阿尔卑斯山的旖旎风光。校园里的人很快就走空了，李国豪却仍旧关在他的小屋子里。他正在写作一篇关于悬索桥的论文。当时，还很少有人对吊桥进行过这样精密而系统的计算。他，一个 26 岁的中国青年，在学者如云的异国土地上，竟信心百倍地向传统观点昂首挑战了！

毕竟是初生牛犊不怕虎，李国豪思想自由，运算严谨，步步攀登。半年之后，一篇题为《悬索桥按二阶理论的实用计算方法》的论文诞生了，顿时引起惊动。这是李国豪的第一篇论文，论文中精辟的观点，向西方雄辩地表明：新星正在升起，中国大有人在！

在论文宣读、答辩成功之后，导师克勒佩尔先生激动地搂住李国豪。

这个不大轻易动感情的日尔曼人，两眼里迸出了兴奋的泪花……

汉堡大吊桥后来虽然没有建造，但李国豪的名字却同吊桥结合在一起了。人们给他一个粗犷而亲切的外号——“悬索桥李”。

直到1979年，当李教授再去德国访问时，老朋友们还经常用这个外号来招呼他。

李教授的事迹不可胜数。让我用李教授的一句名言来结束这篇文章吧——“你看那大桥，多么雄伟，多么坚强！而请记住，大桥是由桥墩举起来的。一个人的青少年时代，不也是在打基础、筑桥墩吗？”

（原载《少年科学》1980年第7期，作者时为上海文艺出版社编辑）

高山仰止

我深深地感到了个人主义的狭小，因为当时只要有丝毫个人的想法，问题就想不通，而站在人民的立场来看，立即胸怀开阔。

苍松吟

——贺同济大学李国豪老师八十大寿

翁长溥

高山斯仰止，勋业壮国豪。
同济繁桃李，江河遍新桥。
文章冲牛斗，亮节炳云霄。
东海歌福广，南山祝寿高。

（作者为广西壮族自治区发展计划委员会原总工程师，1948年本科毕业于同济大学工学院）

忆国豪同志

王　兴

科学大家李国豪，主席校长德望高；
宝钢上马献计策，浦江建桥立功劳。
东海深港举世惊，航运中心独占鳌；
凛然正气性坦荡，受人敬仰青史标。

（作者为第七届上海市政协第七届副主席）

调寄西江月

——悼念李国豪校长

戴复东　吴庐生

九秩依然矍铄，百年痛未能临。
元宵节里噩音闻，多少亲人饮恨！

一世高风亮节，毕生成就长存。
满腔心血伴征尘，铸就校魂桥韵！

（原载《同济报》2005年3月5日第4版）

（戴复东为中国工程院院士、建筑与城市规划学院教授，吴庐生为建筑与城市规划学院教授）

满江红
——李国豪校长百年诞辰题

陈世鸣

2013年是李国豪教授诞辰100周年。李国豪教授于2005年去世，斯人已去，其音犹存，老校长对同济和土木人的关怀和寄托，将永远铭记在我们心间。

一代宗师，铸桥魂、学贯中西，
育桃李，土木情结，心系同济。
建设科学擎天柱，指点发展绘宏图，
听大师心声遍神州，中国强。
望星空[1]，踏实地；薪火传，永不息，
卓越人[2]辈出，创新是魂。
科学探索无止境，脊梁[3]精神是本色，
土木人跨越新百年[4]，起征程。

[1] 2007年同济百年校庆，温家宝总理来同济大学给同济师生做了“仰望星空”的讲话。
[2] 同济大学卓越工程师培养的高等教育改革。
[3] 裴钢校长回答中外记者问题时，提到同济人的脊梁骨精神。
[4] 2014年是同济成立土木系科的一百周年。

（作者为同济大学土木工程学院党委书记、教授）

桥 歌

——献给李国豪老校长

王蔚秋

说起桥，我们就会想起他，巍峨的桥塔是他刚刚离去的背影，瀚瀚的桥索是他依旧牵挂学子后辈的心绪……

有这样一个人，
一个中国人
桥，占有了他整个人生
因为有他
才诞生了无数座大桥崭新的生命
有这样一群人，
一群中国人
为桥继续奋斗一生
因为有了他们
才会有这么多、这么多的大跨度新桥啊
在江河湖海卧波飞虹

1929 年，一个 16 岁的广东少年
只身来到上海
来到同济德文班

带着父辈的愿望
希冀着学习先进的医学
救治这个积贫积弱的民族
由此
同济大学记下了这样一个名字
——李国豪

他没有走进医学院或许
机械制造——钢龙铁马
土木建筑——宏图大展
更能把热血男儿的志向体现

实习期
在钱塘江大桥工地
第一座由中国人设计的钢桥
给他留下了深深的印记
桥的宏远，桥的伟岸
——造中国桥
从此——李国豪
这个名字与桥结下不解之缘

德国达姆施塔特工业大学
一如他的国家——
以严谨著称
1938年破例直接录取了一名博士生
他以13门功课平均成绩97分
让这所德国大学记下了一个中国名字

——李国豪
一年后
以最优异的成绩获取工学博士学位
轰动桥梁工程界的“悬索桥李”
就是这位27岁的中国青年
他的《二阶理论》
至今还在大学的教科书里

但是
战争的硝烟隔阻了他和祖国
中国桥啊
只有依稀在梦里流连
……
终于，当新中国的领袖
和桥梁工程师们坐在一起
当伟人写下
“一桥飞架南北
天堑变通途”
——造中国桥！
他的信念将化作宏图铺展

晴朗的日子，也难免骤然风雨
新生的共和国也曾几经磨难
1968年国庆
南京长江大桥通车的庆典
而这座中国桥的技术顾问主任
却被囚禁、隔离

视科学为生命
以祖国为根基的学者
就在此时开始了——
桁梁桥晃动问题的研究
哪怕是
身陷囹圄，赤手空拳

凭着他惊人的记忆
凭着他扎实的理论功底
凭着他梦魂牵绕的桥啊
桥之情
桥之恋
桥的痴迷
——中国人自己的大桥
是矢志不渝的理想
终生不改的夙愿

在那个扭曲、动荡和颠狂的年代
他写下——
《桁梁桥的扭转、稳定和振动》
报纸的边边角角上著述出
11 万字的科学论著
他演算的是桥梁力学
还是一代中国科学家的铮铮铁骨

多少个夜晚背着人悄悄制作的桥梁模型
现在，已静静地陈列在革命历史博物馆

和着泸定桥铁索的一串烽火
伴随着渣滓洞铁窗的漫天红霞
一同留作今天光明的铺垫

李国豪——
这个坚韧不拔的名字
载入了《共和国科学档案》

当黄浦江大桥的草图
铺展在日本设计所的桌面
当英国工程师
要在虎门炮台边预测桥缆
他说——不！
请相信中国的学者和工程师
建造中国自己的大桥
我们能——
我们已经能够！

“两封书信”直陈市长、省长
字里行间是一腔赤子的肝胆
“九国会审”提供精确技术数据
百万次计算满怀科学的忠贞
终于——
我们有了“南浦”、“杨浦”
我们建成了“江阴”、“虎门”
今天——
中国桥

28万座中国桥
——遍布江河湖海
“悬索桥李”的祖国
以如椽大笔书写历史新篇
中国桥啊
成为全世界工程师们瞩目的地方
中国——
有最多的大跨度桥梁工地
中国——
有最新的桥梁应用技术
中国有最杰出的桥梁科学家群体
——李国豪领衔的中国人

李国豪——
提起您的名字就会想起桥
是桥梁成为了你的魂魄
还是你把自己变成了桥梁精神的延伸
您一言九鼎“宝钢不能下马”
东海之滨才矗立起——
这座列入世界之强的钢城
大小洋山，
连接起山海，连接着港湾
连接起东南沿海——
半个中国的经济产业链
作为一位战略科学家
您无愧国之瑰宝民族骄傲

您就是桥啊
您是学生们的“桥”
您引领他们走向国际讲坛
啊，中国学者的阵列
犹如您的桥索那般齐整
好像您的桥塔那般伟岸
拥有您这样的校长和导师
是同济的光荣
是上海的光荣
是中国的光荣
自豪吧中国的大桥
以你的伟岸
以你的巍峨
以你傲耸大地天穹的身姿
镌刻下这个毕生奉献于你的名字
——李国豪

桥——是什么
桥，是心与心的链接
桥，是创新思维中突破的跨越
是此岸到彼岸
是今天往明天
是老一辈与新一代的传承
是人生坐标的一个结点，又一个结点
桥——
是根植于祖国桩基的飞天长虹
是汗水与心血交织的科技彩虹

是一代代中国科学家和工程师们
爱国敬业情怀的交响诗篇

风起了
桥把歌颂唱给长空
雨歇了
桥把赞美写向霓虹
在阳光下，在彩霞里
桥在唱歌
桥歌——
给我们尊敬的老校长
桥歌——
给我们中国新一代
献身桥梁的建设者
你们建造了中国的大桥
你们也在打造中国的脊梁

（作者曾任《同济报》责任编辑，本诗首次发表于2005年4月16日《同济报》四版）

你用坚实的臂膀，筑起共和国桥梁的根基

——献给李国豪院士

郭曰方

像树根痴恋着泥土
像高山眷恋着大地
你深深爱着自己的祖国
任凭风云变幻 斗转星移
不变的 是你叶落归根的情怀
和你对伟大祖国的希冀
这一生 你都在忙着造桥的事
为人民铺路搭桥 不舍昼夜
只争朝夕 那么多高山峡谷
那么多江河小溪 有多少阻隔
多少别离 都被弯弯的彩虹
牵手连在一起 或断桥相会
或鹊桥佳期 一幕幕真情故事
给圆圆的月亮
留下多少甜蜜的回忆
前人栽树 后人乘凉
吃水人 又怎能忘记
挖井人的情意

当南来北往的列车
满载着欢声笑语
驶向渴望　驶向团聚
人们就会想起我们的
桥梁专家李国豪先生
为桥梁事业建立的丰功伟绩
是的　你用毕生的心血
为祖国设计了很多很多的桥梁
有上海南浦杨浦大桥
有南京长江大桥
每一座桥梁　都凝聚着
你的心血　也都永远镌刻着
祖国人民　对建桥人深深的感激

我们不会忘记
在第二次世界大战时期
你还是风华正茂的年纪
二十六岁　在德国就荣获
“悬索桥李”的美誉
但是　易北河的海风
莱茵河的涟漪
克勒佩尔导师的热情挽留
牵不住　你赤子归航的心绪
硝烟刚刚散去　你就偕同怀孕的妻子
踏上回国的行旅
途经巴黎　你们的第一个孩子
诞生了　你说　孩子的乳名

就叫“归华”吧 纵然千山万水
也要回归中华 与祖国生死相依
当你终于看到天安门广场
升起的五星红旗 面颊上
流淌着滚烫的泪滴
你说 祖国再穷 她也是属于
自己的 为她医治战争创伤
让她扬眉吐气 还得靠自己儿女的努力

于是 你亲自筹建同济大学
桥梁专业 为新中国培养了
第一批工程力学高才生
你用坚实的臂膀 筑起
共和国土木与桥梁工程的根基
即使在那风雨如晦的日子
你曾经遭受不公平的待遇
甚至 身陷囹圄 仍然心系
南京长江大桥桁架桥的晃动问题
没有图纸 没有计算器
借助报纸的边角细缝 你演算
解析着南京 武汉长江大桥
震动和稳定的谜底
透过囚室的天窗 你默默朗诵着
这样的诗句 寒冬之后又会是
明媚的阳光 待彩虹飞架长空
长夜终将过去 祖国不会把我抛弃
靠着这样的信念 你以惊人的毅力

完成了《桥梁扭动理论》巨著
在冰化雪消的季节
你的微笑 与花朵的美丽
一起融进 科学春天的晨曦

啊 李国豪先生 教书育人
你有大智大爱 铺路修桥
你像愚公移山 矢志不渝
你常告诫我们 做人就要
诚信正派坦荡无私
做学问 就要勤奋进取
不怕道路艰险崎岖

看你建造的大桥
读你人生的经历
我终于明白这样一个道理
一座通向成功与胜利之桥
其实就在我们每个人 自己的心里

（原载《共和国科学家颂》，郭曰方著，南昌：江西高校出版社，2007年）

崛起的高度

王亚岗

摒弃一切杂念
化解所有压力
静静修炼只为绕过重重障碍
在失去自由身无片纸的日子里
报纸的空隙成了你演算的工具
禁锢住身体　思想却闪耀着灵光
一部“桁桥扭转理论”在囚室问世

大师的胸襟博大宽广
你用睿智浇灌出一片齐刷刷的森林
你甘当伯乐、甘作枝叶
为祖国的山河添色加彩
“中国的大桥中国人造”
这不是豪言壮语
你造出一个造桥的新时代

皑皑北国，潇潇江南
每座大桥印满了你的足痕手迹

每根钢索凝聚了你的智慧才华
你漫长而充实的生命
就是一座由科学的此岸
通向彼岸的大桥

你提升的
不是大桥的长度与牢度
而是一个民族振兴的力度
一个国家崛起的高度

（原载《大写的人：城市魂　英雄谱》，上海：上海文艺出版集团，2009年）

彼 岸

——记桥梁专家李国豪

赵长天

走过去四步，走过来也四步。

总比牢房好，总还在同济院内。李国豪的生命和同济大学联系在一起已经39年了……

他走到窗前。这里贴紧围墙，看不到校园。看不到也好，校园已经不复为校园，就像这幢学生宿舍，也早就不是学生宿舍了。

窗也不像窗，被木条钉死。积满灰尘的玻璃把世界隔开。围墙、围墙外东西向的土路、菜地、河浜、农户，更远的复旦的实验楼——经过污垢玻璃的加工，是一张年代久远褪了色的毫无生气的照片。电影里常常用这样的色调来表现苦难的岁月。反动！现在是苦难岁月吗？对你李国豪是实行无产阶级专政！

他回到桌前。他应该写检查。检查什么呢？

初夏的风从黄浦江面吹来，海关钟楼、天文台、沙逊大厦、百老汇大厦都近在咫尺。梦魂牵绕8年的祖国就在眼前，就在四周，可他还站在外国的领地——李国豪脚下是法国军舰的甲板。

“不不不，我不能让你们上岸。”法国舰长毫无通融的余地，“我受你们驻西贡领事馆的委托，把你们送到上海来，我必须等你们政府来领。”

毫无疑问。自然应该这样等。

等，一天过去了，毫无动静。刚刚把十里洋场接收到手的政府很忙，暂时还顾不上这些海外归来的“难民”。李国豪他们的确刚从难民营出来，在国外，是难民，可回到祖国了，都是学有所长的专家，他们壮志满怀回来报效历尽磨难的故乡的土地。他们并不期待受到隆重的欢迎，但无论如何想不到会变成类似难民的累赘。

幸好，同行一位贵妇人的弟弟在市政府交际科供职，辗转联系上了，上舰来接，他们才跟着下舰。算是“走后门”，才踏上祖国的土地。市政府安排他们住山西旅社，负责3天的食宿。

“3天以后怎么办？”李国豪夫妇身无分文。战败了的德国，货币变成废纸，李国豪从德国带出来一千马克，在巴黎换成几磅葡萄吃了。

“3天以后，可以到四川路汉口路口的救济总署，请求救济几天。”

“5天以后怎么办？”

“5天以后……”官员双手一摊。

上海，比8年以前更加繁华：绿树成荫的大马路，西装革履的绅士，美轮美奂的女人，急管繁弦的戏院，灯红酒绿的舞厅……热闹的城市顾不上关心海外归来的桥梁博士。桥梁博士也顾不上游览热闹的城市。

离救济总署不远有幢楼，楼门口有块牌子——上海市工务局。

“工务局？”李国豪问同行的刘先生，“我们都是学工的，找找工务局，看有没有办法。”

年轻人，不懂得那么多的规矩，直奔3楼，闯到局长办公室。

“干什么干什么？”传达员把他们拦住。

“找局长。”

“找局长？你们是谁？”

李国豪拔出自来水笔，唰唰写上：“留德回国学生李国豪求见局长。”

10分钟后，传达让他们进去。

局长坐在宽大的硬木写字台后面：“谁介绍你们来的？”

“没有。”

“没有？”局长一怔，“那你们怎么来的？”

“看到工务局的牌子，就来了。”

“为什么？”

“因为我们是学工的。”

局长笑起来：“学工的就来找我们工务局？有意思！”

“是的，我们只好来找你们。”李国豪叹气，“我们多年客居他乡，海外游子的苦楚都尝遍了，忍受不下去的时候，我们就暗暗叨念，好好读书，有了学问，回去建设咱们的中华。千顾万盼，总算回来了，祖国却不需要我们，我们变成了多余的人，我们在排队领救济金过日子啊！”

局长默默地听。

“当官的想不到我们，不理解我们……”

“不，我理解，我也是从美国留学回来的，抱着科学救国的热情……你们留下吧，就留在我们工务局。”

“真的？”

出乎意料。李国豪运气好，他们撞上的这位工务局长，就是解放后任过上海市人民政府副市长的赵祖康先生。

这些，自然不用写进检查去。其实，根本就没有什么可以写进检查去。

“不老实！”审讯者总是真理在握，明察秋毫，“交待你里通外国的罪行！”

“里通外国？我？”

“对，你，吃过几天洋面包的所谓洋博士，拜倒在洋人脚下的洋奴才！”

“你说什么，李先生，我算错了？”

“是的，康益先生，您算得不对。”

这位丹麦籍的康益公司老板盯住李国豪。虽然自尊心受损，却不敢发脾气，他心里没底。他不敢小看获得达姆施塔特工业大学博士学位的年轻人。一年前，工务局组织修理外白渡桥时，李国豪提出一不用封锁航道，二不用中断桥上交通的施工方案，令他刮目相看。他重新计算了一遍。

“您是正确的，李先生，您很有才能。”康益修建过钱塘江大桥基础工程，并非不学无术之辈，向来不轻易夸奖人，尤其是一位中国人，“您能不能脱离同济大学完全到我们公司来工作？”

李国豪在同济大学当教授，教授的工资怎敌得住国民党政府崩溃前夜的物价飞涨。从德国带回来的一点家当：计算尺、打字机、绘图仪器等等，都陆续变卖了。1948年，第三个儿子出世，只好把紫外线灯折合150美元充当妻子的住院费。脱离同济，到工资高5倍的康益公司，对李国豪来说并非没有吸引力。

“只是……我还住着同济的房子。”

“那好办，周末，请您到我家作客，顺便看看您的住房。”

建筑大老板，住得自然不赖。在虹桥路一幢漂亮的花园洋房里，康益先生把李国豪奉为上宾。第二天早饭后，康益先生说：“李先生，看看替您安排的住房。”

出洋房，绕到楼后，几间低矮的平房。积满灰尘，胡乱堆着杂物。

“就是……这间？”李国豪一怔。

康益看出李国豪的不满。“修一下……还不错的。”

是呀，还不错！李国豪笑笑。他看看洋房，又看看小屋。主仆关系，太形象了。这就是我在你心目中的地位。我李国豪不贪图享受，在同济住的也是小平房，可在同济我是系主任，是教授，不是仆人！

“我马上叫人来修。”

“不用了，我想不用了。”

“您……”

“我在同济大学还有房子住。”

“也好，那就还像过去一样，在我公司里兼职吧。”

“谢谢。可是我在同济的任务很重。”

李国豪扬长而去，回同济去做专职教授了。

躺在稻草铺上，耳畔响起“东方红”。校广播台广播，你想听也得听，不想听也得听。李国豪没想到会听到这样的喜讯：“在举国欢腾的国庆十九周年的光辉节日，我国自行设计建造的南京长江大桥胜利通车了！这是毛主席革命路线的伟大胜利！是无产阶级文化大……”

啊，南京长江大桥！李国豪努力捕捉广播喇叭里的每一个字，眼前浮现出飞越天堑的钢铁巨龙的雄姿。身为南京长江大桥技术顾问委员会主任，他应该坐在通车庆典的主席台上，共享胜利的欢欣。亿万欢庆胜利的军民们万万想不到，他此刻还是阶下囚。太具讽刺意味了！

李国豪站在被钉死的玻璃窗前，仰望着远天。十月的天空万里无云。他内心十分兴奋。这是中国桥梁史上的又一里程碑。他为我国的工程技术人员和工人自豪。他想象着石头城畔红旗猎猎万众欢腾的场面。思绪忽然飞向 11 年前。

1957 年国庆，武汉长江大桥落成通车庆典。火车呼啸着从龟山驶向蛇山，公路桥面人流如注，欢声如潮。忽然，巍峨的钢铁长虹左右晃动起来。顿时，大桥上万众愕然肃立。人类对于他们安身立命的大地是否稳固极其敏感。作为桥梁工程师，对大桥的稳固，自然也极其敏感。虽然，庆典结束之后，武汉大桥的稳固性再没受到过一次挑战，但是，为什么左右晃动这个谜一直没有揭开。作为一个理论难题一直没有攻克。现在，正是一个难得空闲的机会，应该是攻克这个难题的时候了。

多少年后，谈起李国豪的狱中攻关，大家都很敬佩。身陷囹圄，能够排除杂念潜心攻关，需要多么大的毅力！可是李教授说，我心情很平静，我是第二次被隔离了，我有经验。

1953 年，三反五反。上海市两位领导把当时的同济大学工学院院长李国豪找去。

“李院长，你有什么问题需要向组织上谈的吗？不要有顾虑。”

“没有。”

“你再认真想一想。”

“什么，你们要我谈什么问题？”

“经济问题。”

“经济问题？什么经济问题？”

“你不要紧张，冷静些想一想，在金钱往来上，有没有不清楚的地方。三反五反的意义，我们党的政策，你都知道的。”

“我知道。我坚决拥护三反五反，可我个人绝对没有拿过任何不义之财。”

“绝对？”

“绝对。”

“不要说得毫无余地嘛。”

“绝对！”

领导叹口气，喊进工学院的事务主任。

“你是给他的吗？”

“是。是。”事务主任头勾得像虾米。

“钱？金戒指？”

“是的，钱和金戒指。”

“什么时候，什么地方给他的？”

“是在端午节，在竹篱笆旁边。”

又叫学校的秘书长出来“对质”。

“支票？”

“支票，金城银行的支票，3千万元。”

“在什么地方拿的？”

“在学校办公室。”

如雷轰顶。李国豪傻了，他不明白发生了什么事，“你说什么？你说什么？”

“冷静点，李院长，希望你认真思考自己的问题，共产党是不会冤枉好人的。”

他被隔离审查，也是关在学生宿舍。

第一次。在近40年的人生经历中，在国内国外所受的教育中，从来没有人告诉过他：受到诬陷和冤屈时该怎么办。

清白，是他为人处事的准则。他最不能忍受的，就是失去清白。

他正当盛年。他的生命和事业，都像年轻的共和国一样充满生机。他正在庆贺自己生逢盛世，可以施展年轻时未能施展的抱负。实在无法面对现实，怎么也想不通这位事务主任和秘书长是怎么了！他觉得自己的神经马上就要错乱。

小屋里，日出日落，周而复始。窗外的世界，运动轰轰烈烈，建设蒸蒸日上，志愿军正在三千里江山厮杀。

报纸上常有来自朝鲜的消息，常有介绍英烈的通讯，黄继光、邱少云……隔离审查的人读报最认真。李国豪一字一句读，字字句句敲击着他的心灵。他尤其敬佩邱少云。不是眼睛一闭豁出生命去的一时冲动。在熊熊烈火长时间的炙烤下，为了祖国的利益，以常人难以忍受的毅力走完生命的最后一段路程。李国豪想，连生命都可以抛弃的人，还有什么东西不能抛弃呢？我做学生的时候，我做老师支持学生运动的时候，不都是反对贪官污吏吗？现在共产党反贪污应该不应该？应该。为了国家利益，受点委屈，有什么可以患得患失的呢？

心情豁然开朗了。为了国家有一个清明廉洁的政风，即使我的问题一时搞不清楚，即使坐几年牢，也无所谓。什么事情都是要付出代价的。

在隔离室，他阅读了毛主席的《矛盾论》，更加心平气和。学校召开批判尼采超人哲学的会，专案组的人陪李国豪到礼堂去听。坐在那里，李国豪神色安然。旁人皆诧异，以为他故作姿态，“涵养功夫好”。

李国豪在斗室里安之若素，办案人员可天天在紧张工作。实在想不出办法了，决定开大会公开对质。李国豪心底坦荡，不怕半夜敲门，那位“揭发者”事务主任，却没有勇气面对那么多双眼睛。头天夜里，他跳黄浦江自杀，被警察救起。秘书长也翻了“揭发”的案。真相，大白了。

共产党实事求是，党是伟大的。从隔离室出来，李国豪热泪盈眶。一场审查，非但没有把他驱到党的对立面，反而把他拉得离共产党更近。不久，他毅然提出入党申请：为了真理，为了人类的光明和幸福，为了伟人的共产主义事业，我有责任爱护党，我应当加入党。1956 年 2 月，中国共产党员的行列里，增加了一位桥梁专家。

“我入党了！”李国豪兴奋地告诉他的一些党员朋友。那些老党员说：“你早就是我们的战友了！”

寒冬丽日无力地投下惨白的光影。

“反饥饿、反内战、反迫害！释放赴京请愿学生！”各式旗帜横幅在朔风中猎猎抖动。

4千多学生排列在同济工学院门口的其美路上。几千军警围在四周。

对峙着，两个小时过去了。市长吴国桢亲自出马，警备司令宣铁吾和警察局长俞叔平分列左右。真是如临大敌！

学生越发起劲。“反内战！”“反迫害！”口号声如雷炸响。吴国桢往后退了几步。他忘记了，这里不是市政府堂皇的大厅，他站在马路边，马路边有条沟，他一脚踩进沟里，仰面就是一跤。

学生开怀大笑，军警可火了：“吴市长被学生打啦！”“吴市长受伤啦！”

手持马刀和警棍的骑兵冲向学生队伍。

其美路上，血迹斑斑。

李国豪的心被震撼了，他的心和进步学生的心贴在一起。有学生被捕了，他设法营救；有学生被开除，他接济帮助；对地下党掌握的“小卖部”、“学生福利会”，他都积极支持。同济师生称他为“红色教授”。

1949年到来了。李国豪参加了地下党领导的教授会。同济大学进步学生自治会正式成立的时候，他和郭绍虞教授，代表教授会，向学生自治会第一次代表大会献上一面锦旗，锦旗上绣着：“野火烧不尽，春风吹又生。”

在解放的炮声中，李国豪受地下党委托，以工学院院长名义下达指示：各系图书、仪器、设备一律装箱，运到市区同济医学院严加看管保护。

在新旧世界交替的时刻，他站在共产党的战壕里。

笔有，写检查的笔，自然也可以作演算。纸也有，每天报纸的边角和中缝，节省一点，也够用了。资料当然不会有，但有脑子，武汉长江大桥主梁高16米、10米……这些，都在脑子里。没有计算工具，他用笔算，自编了一本常用的数学用表。

“离散杆系结构”、“空间杆系结构”、“弯扭理论”……外行人念起来别扭拗口的这些理论术语，在李国豪的世界里，都是引人入胜的迷宫。他在科学的必然王国里遨游，寻觅通达自由的坦途。生活变得很美好，囚徒身份对于他已不复存在，在高级精神领域里，他享受着充分的自由。

门被急促地敲响。

“李院长，快起来，国民党来抓人了！”

听嗓音很年轻，大概是巡夜的学生。李国豪赶忙起床。国民党要来抓人，大家都有思想准备。同济是学运中心，享有民主堡垒之称，当局自然不会放过它。

李国豪快步到夏校长家去商量对策。

敲开夏校长门，执行搜捕任务的国民党军警头目正坐在夏校长客厅里，李国豪想退出门，已经迟了。夏坚白校长介绍说：“这是我们工学院的李院长。”

李院长只好陪着坐下。

天微明时，有军警进来报告，说任务完成了。头目便说：“我们奉上峰的命令，要带走几个人，请校长去过过目。”

夏校长说，李院长你去看看吧。

李院长说，夏校长应该你去。

推来推去，李国豪毕竟是下级，只好硬着头皮去代表校方。

被捕的师生被一个个押上警车。见李国豪来，一位李姓教授高呼冤枉：“李院长，我又没参加学运！”

是呀，李国豪问：“他，为什么被抓？”

头目问姓李的教授：“你叫什么名字？”

“李茂祥。”

旁边的军警查检黑名单，果然没有李茂祥这个名字。

“放了吧！”

警车开走了。一位学生凑到李国豪耳边：“好险那，李院长，黑名单上有你的名字。”

“是吗？”

“你住在教工宿舍第一排第三间，而李茂祥教授住在第三排第一间。他们敲错了门，问：是李教授吗？答：是。就把李茂祥抓起来了。”

“哦。”真犯人救了假犯人。

“你在编童话剧吗？”审问者显出老谋深算的样子，“就算是像你说的那样，也丝毫帮不了你什么忙。黑名单上有你，是做做样子，实际又不抓你。给你披一件进步教授的外衣，以便长期潜伏。”

你还有什么话可说呢？语言已经无法作为思想和情感交流的工具。

弯着腰，手里捧着砖头，脊椎像要折断一样的痛。他实在想不通，批斗他的都是他的学生、助手，并不是看不懂那些复杂计算的普通人。他们应该了解，他正在攻克的课题对于祖国桥梁建设的价值，解决长江大桥晃动问题决不会是一个国民党潜伏特务的任务。

人类是一种怎样的生物?

人与人之间那种美好的情感到哪里去了?

收听BBC广播不用放下百叶窗，拉严厚窗帘了。来自祖国的电波可以自由自在地飞进李国豪的收音机，又飞出来。反法西斯战争的胜利扭转了世界历史发展的方向，也开通了李国豪返回祖国的桥梁。

美军开进了他侨居的德国南部一个小镇。很意外，在美军中，他竟发现了一位同乡，一位原籍广东的美籍华人。在德国的大城市都很难见到中国人，况且在这样的小镇!

李国豪请这位王先生到家里作客。王先生是炊事兵，从军大衣里拿出牛肉、黄油、咖啡，像变古典戏法样。战败的德国，食品匮乏到只能用焦大麦代替咖啡。王先生简直搬来了一桌豪华宴席。

“黄油、牛肉算什么，”王先生摇头，“我们广东的烧卖才好吃呢！”

“是呀是呀，”李国豪立刻赞同，“还有沙河粉，真靓！”

同是天涯沦落人，纵然萍水相逢，也一见如故。自然，聚也匆匆，散也匆匆，不久便各自还家。

两年后，在上海南京路沈大成点心店对面，在熙熙攘攘的人群里，李国豪蓦地瞥见一位矮矮胖胖的先生，真像那位Mr.王。但他不敢贸然相认，军装换成了西服，很难比较了。没那么巧吧，他想。王和他擦肩而过了，也看不出对方有什么表示，世界上相像的人多着呢，不会是他。

两个月后，收到一封美国来信。“李先生，两个月前，我在上海看见一个人，真像你，可我不敢相认……”

啊！真可谓失之交臂。

几十年过去，再也没有机会相见。在隔离室，李国豪突然想起他。人那，即使萍水相逢，也会产生感情的，特别是在远离祖国的异邦。

“既然你在德国已经获得工学博士和特许任教博士，为什么还要回国？你当时回国的动机是什么，你要老实交待！”

“我没有什么特别的动机。出去读书就是为了回来报效祖国。我爱国。”

“算了，你别给自己涂脂抹粉了，你这个反动资产阶级学术权威，你们的人生观就是人不为己天诛地灭。报效祖国？笑话！”

李国豪长叹一声。

虽然已经 11 月，这个德国南部的小镇依然树木葱茏。自然界依照它自己的规律生生灭灭，并不因为德国战败而垂头丧气。

客居此地的李国豪夫妇却是战胜国——中国的公民。半年前，他们为德国法西斯的灭亡而欢呼，3 个月前，他们为日本法西斯的灭亡而欢呼。他们的心早已飞回祖国。他们早就通过美国占领军与中国驻瑞士使馆联系，一直没有消息。

1945 年，历史向苦难的中国提供了一个崭新的可能性，千载难逢的转折时期来到了！李国豪日夜盼望回去重建中国。然而中国，还在遥远的大洋的彼岸。

毫无办法，只好等。

他们在镇外小路散步。叶景恩走路不大方便，她已有了 9 个月的身孕。

“景恩，还可以吗？”李国豪关切地询问。

“可以，活动活动对分娩有好处。”

“接生的事，我已经和天主教会的育婴堂联系好了，你放心。”

“孩子取什么名字？”

“叫‘归华’，好吗？”

“好，归华，归华！”

回到住所，房东老头说：“有你们的信，柏林来的。”

柏林？李国豪赶快拆信。“景恩！有消息了，在德的中国留学生到慕尼黑集中，然后去巴黎转道马赛回国！”

呵，回国，我们要回国了！四行热泪无遮无拦泉涌而出。

“庆祝一下，还有酒吗？”

“有酒。只有酒。”

“有酒就行了。请房东老人起来。”

房东问：“立刻就走？”

“立刻走。”

“还有半个月，夫人就要……”

“走，不管怎么也走！”

为了回国，他们真是不管不顾了。到巴黎，再到马赛。搭乘法国到越南的军舰。

“你们不能走。”法国随船军医劝阻李国豪夫妇。

“是不行呀，”同行的留学生们也劝，“军舰上条件差，万一在大洋里遇到风浪，怎么临产接生呀，弄不好，人命关天哟！”

李国豪夫妇只好眼睁睁看军舰离开马赛港。

马赛郊区，十几个钢筋混凝土窝棚。不知为什么要把难民营设计成这模样：十几米长，六、七米宽，就像两个巨大的水泥管一劈两半，扣在地上，没有窗，白天也点灯。二三十个人挤在里面，幸好是冬天，幸好他们怀着美好的希望。李国豪在妻子耳边轻轻背诵他最喜爱的一首古老的德国民歌：“一切都会过去，一切都会逝往，过了严冬腊月，又是明媚春光……”

1946年2月，他们抱着才两个月的孩子，登上法国运兵轮船，3月到达西贡，6月，终于回到阔别8年的祖国。

为什么要回国？怎么能提出这样的问题！

问一个中国人为什么要回中国，就好像问一条鱼：你为什么要回到水里去？

需要回答吗？

“盖西伯拘而演《周易》；仲尼厄而作《春秋》；屈原放逐，乃赋《离骚》；左丘失明，厥有《国语》；孙子膑脚，《兵法》修列；不韦迁蜀，世传《吕览》；韩非囚秦，《说难》、《孤愤》；《诗》三百篇，大底圣贤发愤之所为作也。”

李国豪默默背着《报任安书》。他虽然不敢自比司马迁，却常常想到司马迁。司马迁受宫刑，蒙奇耻大辱，“垢莫大于宫刑”。在当时，自然不被世人所理解，但最终他把一部不朽的《史记》留给后人，为国家和民族作出了贡献。

国豪拘而演“桁梁”，桁梁桥振动问题的理论研究虽然不能类同于《周易》或《史记》，李国豪却是像写《史记》那样，凝结了自己对祖国的忠诚。

当一个人的精神完全自由的时候，有形的拘羁就失去了作用。李国豪洒脱如仙，他还要用自己的豁达去感染别的“难友”。上厕所路过隔壁囚室，飞进去一个眼色代替无尽的问候；或者，在纸条上写句话，团成球，含在食指拇指间，经过人家门口，轻轻那么一弹，纸球的弹着点如计算过一般精确。这些都很有意思。充满创造力的生活总是有意义的生活。

看守被他的精神所感动，研究工作从地下转到地上，他甚至得到了研究用纸。1969 年国庆，完成了论文《关于武汉长江大桥和南京长江大桥的研究》，论文扉页上，他工工整整写上：“献给伟大的社会主义祖国廿周年国庆。”

李国豪做什么事都一丝不苟，扫地也一丝不苟。

还是在 20 世纪 50 年代。一位讲授水文学的教授，把德国莱茵河畔一个城市的德文字母写错了。李国豪当即在课堂上予以纠正，并不因为他是教授而迁就。这是他治学的风格。

现在不是做学问，是扫马路。李国豪从隔离室放出来，分配给他的工作是扫马路。他一板一眼，边边角角都不遗漏。他并不以为清扫工作卑贱，这也是为人民服务。但扫马路毕竟不需要一级教授的学识和智慧。他有他的使命。使命是祖国和人民交给他的，不需要某个造反派头头承认。解决大桥振动问题，虽然理论上已经有了结果，还需要经过实验的检验。

他没有资格进实验室，只好在家里做一个大桥的模型。

用什么材料做模型呢？用木头，准确度不够；用钢，自己没条件做。比较合适的材料是有机玻璃。

李国豪去化工材料商店购买。

“证明。”

“买这个……还要证明？”

他到哪里去弄证明？他是“牛鬼蛇神”！

北京路五金店、虬江路旧货摊、中央商场杂货铺，他八方云游，四处寻觅。一天，在中央商场，见到一种计算尺面料，赛璐珞贴片，因为刻度印错，当作废料出售，5分钱一块。李国豪喜出望外，掏出10元钱，买下200块。

赛璐珞随身带，有空剪起来。扫马路休息的时候，他也躲到梯形教室里，剪模型。然后，再用香蕉水粘起来。整整4个月时间，他做成了一座“大桥”。

家里的缝纫机成了试验台，乒乓网、发夹，各种代用品一齐土法上马。

试验，还要计算。大量的数据需要处理。

“景恩，”他和妻子商量，“我们买一台计算机吧。”

“计算机？我们自己买？”

“最便宜的，那种老式的，手摇的，只要140元钱。”李国豪口上这么说，心里也承认，自己的要求太不切实际了。银行存款早已冻结，每月只发几十元生活费，140元，简直是个天文数字啊！

“买吧，需要就买吧。”和李国豪一起从德国回来的叶景恩理解丈夫的事业。

于是，摇计算机成了李国豪生活的主要模式。夏天，摇得汗流浃背，皮肉湿漉漉贴着椅面，站起来，继续摇。冬天，摇得手指僵直，搓搓手，活动活动，呵几口气，再摇。白天摇，夜晚也摇；平日摇，节假日也摇。教授在枯燥简单重复的过程中，建造辉煌的科学殿堂。

两年后，完成了扭转试验，结果和理论分析完全一致。又过两年，他写成 11 万字的《桁梁扭转理论——桁梁桥的扭转、稳定和振动》，这部著作，填补了世界桥梁理论的一个空白。

1966 年到 1976 年，十年动乱，造成中国科学技术发展史上的一段空白。李国豪却创造了一个例外。

达姆施塔特工业大学。梯形教室。34 年前，李国豪在这里上过课。34 年后，李国豪又重新登上讲台。

李国豪当年的老师，78 岁的国际著名钢结构权威克勒佩尔教授作了热情洋溢的褒奖和欢迎词之后，坐在讲台下，得意地看着自己的学生。

李国豪心情激动。扫视教室，片片白雪。都是老资格的专家和工程师，包括他过去的老同学、老同事偕夫人从各地赶来。

“各位女士，各位先生，我尊敬的同行们，今天我报告的题目是《桁梁桥弯曲、扭转理论和稳定、振动》。”他讲得不大流利。自然是因为离开了 34 年，德语不像当年那么熟练了，也因为他的内心，有一股热流在汹涌地奔腾撞击。他的学术报告很纯粹，并没有介绍他是在怎样非同寻常的环境中从事这项理论研究的。在德国，没必要谈这些。事实上，对于任何一个科学家，对于任何一个知识分子，听听这篇论文产生的经过，恐怕更加有益。它能使每一位听众感受到一位真正的科学家的人格力量。

报告结束，与会者热烈跺脚表示赞赏。这是国际学术界对他的肯定。

李国豪眼前模糊了。34 年前，站在这个讲台上，他代表自己；34 年后，站在这个讲台上，他代表中国。

他有资格代表中国，他无愧。

（原载《仰观》，赵长天著，上海：上海人民出版社，2005年）

风物长宜放眼量

龚韵霁

从广东梅县的贫苦少年成长为桥梁界的泰斗学人，李国豪先生是同济大学的名誉校长，也是声名远播的桥梁专家。平凡人用脚步丈量人生的长度，他则在生命的历程中，把一座座桥梁结实地横亘在中国大地的江河湖海，使天堑变通途。武汉长江大桥、南京长江大桥，上海南浦大桥、江阴长江大桥、伶仃洋大桥……李国豪先生的名字，镌刻在了众多赫赫有名的桥梁上。

缘起于钱塘江大桥上的建造实习，李先生从此踏上了桥梁设计的人生历程。1938年同济毕业后赴德国达姆施塔特工业大学留学，不到一年时间，凭其对悬索桥的独到研究而取得博士学位。博士论文《悬索桥按二阶理论的实用计算方法》发表后，在桥梁工程界崭露头角，27岁的李国豪自此便以“悬索桥李”而闻名于世。

春风得意马蹄疾，个人的人生选择能有很多种，而能积极主动汇入国家命运的洪流中，随起随落，是需要很大勇气的。李国豪先生学成后，同很多建国前老一辈知识分子的人生选择一样，把自己的命运交托给了国家，回到了百废待兴的新中国。李国豪先生凭借其专业的学术素养与实践功底，先后担任武汉长江大桥和南京长江大桥的技术顾问委员会委员和主任委员，并负责上海南浦大桥、江阴长江大桥、虎门珠江大桥、汕头海湾大桥、长江口交通通道、杭州湾交通通道、琼州海峡交通通道、伶仃洋大桥等重要桥梁的建设，把自己的青春与热血燃烧在了这些重大工程中。

李国豪先生素来喜欢以开创性的思维方法研究老难题和别人尚未涉

足过的新问题，并常常能从纷繁迷离、错综复杂的现象中，敏锐地看到问题的本质，抓住重点，以独创的、新颖的、简练的手法解决问题，而独创不意味着"盲目去争世界第一"。当2002年2月2国务院批准洋山深水港建设方案，同年6月，东海大桥正式开工建设时，有人提议大桥建设要"大量采用新技术、新材料"，而李国豪的回答是："'创新'与否，我们要辩证地看。新，在一定程度上代表了风险。第一次造跨海大桥已经包含了很多不确定因素，如果再加上新技术、新材料，那就可能招来致命的失败。"李国豪还说："造桥是一项实打实的工程，桥梁的第一使命就是为经济建设和人民生活服务，决不能搞花架子，盲目地去争什么世界第一"。在这个GDP挂帅，动辄以"世界第一"为标签的工程立项中，李先生以"工科"的头脑来面对繁复的工程立项。以开创性的思维研究问题，但是落脚点要简单，踏实，这是研究问题的思路，也是立项的基本前提。

这意味着创新是一种境界，而不仅仅是为创新而创新。譬如1973年，李国豪将当时刚刚诞生的有限元法的思想引入了桁梁桥的分析。他把连续化了的桁梁结构再分段离散，建立了特殊的"桁梁有限元"，其中包括了反映桁梁横截面翘曲和畸变的必要的位移参数。分段离散后的单元又便于处理变截面和多跨连续等的实际情况以及考虑桁梁、拱和悬索等其他体系的相互组合，达到了灵活多变的境界，特别是其对于稳定和振动分析，既大大节省计算时间，又取得了极其准确的结果，通过创新而又脚踏实地的治学态度先后开创了悬索桥李——变位理论的实用方法、结构稳定理论、离散杆系结构的连续化分析方法和桁梁弯曲与扭转理论、桥梁振动理论、梁桥荷载横向分布理论及桥梁空间分析等理论方法，凭借这股热情，1988年，已值古稀之年的李国豪仍壮心不已，兴致勃勃地探索斜拉桥颤振后性能的问题，进一步完善了其桥梁震动理论。

学高为师，身正为范。故而在其任同济大学校长期间，制定了"严谨、求实、团结、创新"的校训，指引同济人在学术的道路上厉兵秣马，同舟共济。除了李国豪先生的学术态度足为研究生等学人的标榜之外，其陋室之中，心系天下的情怀也值得我们感动与学习。在"文革"期间，李国豪有两年时间处于几尺见方的隔离室中。他从广播中获知南京长江大桥通车，继而联想到武汉长江大桥的晃动现象，心中忧虑。在近一年的隔离审查中，凭借其卓越的理论基础和创造思维，通过反复思考推演，并利用报纸的留隙作草稿运算，完成了大桥振动的初步理论研究。后又托人找到试验模型材料，用极原始的办法偷偷制作桁梁桥模型。他的《桁梁扭转理论——桁梁桥的扭转、稳定和振动》随后面世，开拓了桁梁结构的理论分析长河。如果没有强烈的责任心，对祖国、对事业的热爱，李国豪先生不可能在尺寸之地，心忧天下，在极其简陋的环境中，推演出桁梁扭转理论。正是对祖国的热爱，对学术的挚爱，才是其九十余载生命不断燃烧的动力，李先生的燃烧是筚路蓝缕之功，他的研究成果不仅为国家解决了桥梁建设的难题，也为我们后辈学人树立了不朽的丰碑。而且，年过八旬的李先生更在推掉了极其繁忙的行政职务和社会活动后，将晚年的精力和时间全部专注于为发展国家交通事业而研究、奔走的事业中，不知疲倦，甚至在生命最后的时光里，仍然在病床上听取了东海大桥的建设情况，三星期后，与世长辞，离开了其梦牵魂萦的东方大港。

高山仰止，景行行止。我后辈学人必将以此精神情怀为牵引，以“严谨、求实、团结、创新”的校训为指导，坚持理论意义和实用价值相结合，在时代的召唤下，同老一辈先生一样感恩家国，心怀天下，把个人奋斗与时代使命结合起来，与国家同呼吸，共命运。青年，青年，风物长宜放眼量，大鹏展翅恨天低！

（作者为同济大学研究生会主席）

花后那尊雕像

叶文宇

图书馆的背面，和平路旁的一块草坪，是几乎所有人第一次经过都会错过的地方。第一次知道那里已经是来同济的半年后了。从那以后，来来往往于图书馆、南北楼间，总会在和平路偶然看到草坪上的那尊雕像，可是脚步匆匆，总没有真正走进那里去看看到底谁是雕像的主人。

直到一次偶然，看到了雕像下摆上了白色的鲜花，忍不住走过去，才发现花的后面，是李国豪先生的名字。

先生的名字，新老同济人都不会感到太陌生，每一个刚刚走进同济的学子大概在入学的第一周都在校史馆或者老师的口中听到过他的名字，并铭之以伟辞：同济之豪。初来同济，仰望着这个百年走来的学府和它多如星斗的名家大师，李国豪已然是其中最耀眼的。如果停下如匆匆脚步般的思绪，细细品读先生 92 载的一生，我们或许才能真正觉出，其实这位老校长的思想和精神，正是“同济”二字的美好诠释。

80 年前，李国豪怀揣着自己的理想走进同济，年轻的梦想从来都匍匐在这个校园的每一个角落，萌芽在每一个学子的胸中，一百年来，这里最不缺少的就是梦想。可是，梦想和时光一样，最容易得到也最容易失去。三十年代的上海，冒险家的乐园里，先生守住一方书桌，也守住了自己的梦想，可能难以用当下的眼光去解读那时的人们，但是求学之道却未尝改变。执著到战火都无法阻挡的坚持和不浮躁的青春，都在先生的身上闪耀，这年他 27 岁，却已是闻名于世的“悬索桥李”。

47 年前，浩劫席卷先生深爱的同济，他在劫难逃，被囚达两年之久。自由之所以美好，就是因为当失去它的时候人总会无比困顿，时至今日，也难以想象一个失去人身自由的学者，两手空空，身无片纸，竟然在几尺见方的囚室中完成了日后名噪天下的专著《桁梁扭转理论——桁梁桥的扭转、稳定和振动》。我想这除了凭着先生卓越超群的理论基础和创造思维，更多的是灵魂中那些不可磨灭的坚持和追求，对于学问，对于可以付诸一生去追寻的真理。名师巨擘也好，青葱学子也罢，当它成为信念，也必将没有什么能使其困顿。

36年前，劫后复出的李国豪出任校长，为先生的一生烙下了无可更改的同济烙印。学人治校，自见不凡，世人只知先生有同济，不知同济亦有先生，没有人会知道他为“同济”二字倾注了多少心血，但他所为二事却世人共识。第一件事是，把大学院系调整中饱受拆离的同济大学由土建型的专门大学转变为以土建为主的综合型大学；第二件事是，恢复同济对德学术科研交流，采用德语作为主要的教学语言之一。可以说，有今日之同济，先生功绩累累。世间长存，大智者大爱，率真却平凡的感情，若非其毫无保留地深爱这片土地，是无论如何也难以做到的。

书生意气，仿佛在他的一生中没有改变，只是愈加朴素而坚定，愈加平凡而伟大。一切正如在先生踏进同济校门的那一刻一样，只是斗转星移岁月流转。老校长留给我们的财富除了其一生不计其数的专著研究和今日欣欣向荣的治学之所；更多的也更无法估价的，是他的情感，他的追求和他不忘初心方得始终的坚持。先生用70多年事业写下的“同济”二字在他的生命中辉煌，也留待我辈学子的继承、追逐和绽放。

人归根结底会活在真诚而不是虚假的情感中，会活在自己喜欢的事业和追求中，会活在别人对自己内心的尊重和认同中。这位老校长便是如此，他的所思所想穿过一个世纪的风霜与磨砺，如今就矗在那里，日复一日，永远深情地看着他所深爱的校园和学子。

春风正好，不知是谁在白色的花束旁放了一枝樱花，花后是雕塑，亦是先生的精神。

（作者为同济大学学生会主席）

李国豪的体育生活

代琇　庄辛

强健的身体与一个人的事业成就有着紧密的联系，这一点在著名桥梁力学专家李国豪先生身上，表现得特别明显。

李国豪今年已经78岁高龄，由于70余年持之以恒坚持体育锻炼，他的身体一直很好。不论是40年的教学工作或是前几年市政协主席任上的频繁社会活动，还是学术界、科技界不断涌来的各种学术研究、规划、探讨、论证、数据核算的会议，包括近年对上海两座大桥的设计，他都能从容应付，操持裕如。干起来仍然劲头十足，不输青年小伙子。李国豪说，有些人由于活动多、工作忙，就往往把体育活动挤掉，不当一回事，其实，从长远的观点来衡量，这是不上算的。身体好，才能多做、做好工作呀！年纪大了，尤其需要体育锻炼。恰如人们常说的："生命在于运动！"

李国豪每天起床后，先做20分钟保健按摩，一天不做就像缺少了什么似的。做完再漱洗，然后到院子里打太极拳。天气好又抽得出时间，早饭后还要出去散步。他的每一天都是这样开始的。

他每周游泳两次，长年不辍。过去，每次游1000米蛙泳，现在游得从容些只游500米。1988年，他参加老年游泳比赛，50米得第二，100米得冠军，领到浴衣、浴巾等奖品。1989年，比赛规则规定不比速度，他仍参加比赛。

说起游泳，李国豪说他是从小就在广东梅县城郊连塘坳家乡的池塘里学会的。那时候放了学，还从树上采个柚子，在屋前的打谷场上踢足球。

“我从小就觉得要读好书，就得有一副强壮的身体。再说我们穷苦人家的孩子，也生不起病呀！”

李国豪特别喜欢游泳。他每到一地，遇有机会下水，从不放过。1942年，他在德国达姆施塔特工业大学获得博士学位以后，因为战乱一时不能回国，就在他的老师克勒佩尔教授的教研室里做研究工作，那时他经常骑自行车上下班，逢到假日就骑车郊游，每星期至少游泳一次。他经常与老师一起去游泳池，游完了就躺在阳光下休息，谈话也总离不开学术问题。近年，只要他到沿海城市，就要到海滨去畅游一番。

李国豪先生认为他的学习、事业、生活和体育锻炼是分不开的。16岁以前，他在梅县县立中学读书，十分勤奋用功，但从不开夜车，从不占用体育活动的时间。后来到上海在同济大学读书，李国豪每门功课保持95分以上，课余时间他就打乒乓、游泳，还迷上了网球。每天下课以后，网球场上就能见到他壮实的身影。出众的耐力、熟练的技巧，终于使他成为校网球队的一名选手。有一回他还和当时的国手林宝华交过锋，虽然输了，但他却感到很高兴。

“八·一三”抗战后，同济大学校园被毁，开始了漫长的六迁内地艰难的办学历程。李国豪这时已经在母校任教，正回乡探望年迈的祖母和母亲。听到学校迁至浙江金华，他从梅县日夜兼程赶到金华。学校内迁，一部分德国教授没有随校同行，青年李国豪立即负担起讲授钢结构和钢桥两门课程的重任。不久，金华也遭敌机轰炸，学校又迁至江西赣州。李国豪赖他强健的体魄和另一位助教结伴，从金华骑自行车跋涉900多公里到达学校，继续任教。

1944年6月，他滞留德国。其时，英美在欧洲开辟第二战场，达姆施塔特市遭到轰炸，校舍和李国豪新迁的住所均遭炸毁，他死里逃生，骑自行车到离达姆施塔特100多公里的维茨堡市居住，继续研究壳体的理论。为了与克勒佩尔教授讨论学术问题，有时他就骑自行车回达姆施塔特去，往返一次就是200多公里，而这对于壮实的青年李国豪来说，“胜似闲庭信步”！

在同济大学的几十年间，网球场上，游泳池里，不时出现他的身影。不管校务怎么纷繁，他永远是体育场上一个活跃分子……

“文化大革命”期间，他被造反派隔离审查，关在仅有10平方米的隔离室里。身心备受摧残，幸亏他有坚强的意志和健康的身体，才能不管外间环境的险恶，独自继续着武汉长江大桥晃动问题的科学研究。这座大桥通车时，成千上万人拥到桥上欢呼雀跃，桥身曾左右晃动。他身负武汉长江大桥技术顾问委员会顾问重任，对这个现象极为关注：大桥为何晃动？稳定性有无问题？他在隔离室中终于完成了理论援引。以后，他从隔离室被放出来，决定在家里自己做一个大桥模型，对自己的理论援引作出实验的检验。

他跑遍了北京路五金店，虬江路旧货摊，中央商场杂货铺，终于用10块钱，买下200块赛璐珞贴片。那时候，他虽然解除了隔离，但造反派还指派他扫马路。他把贴片带在身边，一有空就剪，然后再用香蕉水粘起来。整整用了4个月的时间，他终于做成了一座大桥模型。

要试验就要处理大量的数据，就要计算。李国豪只能从每月仅有的几十元生活费里挤出钱来凑了140元，买了一架最便宜的手摇老式计算机。摇呀，摇呀。白天摇黑夜摇，平日摇节假日摇。夏天摇得汗流浃背，冬天摇得手指僵硬痠痛……两年以后，他终于以过人的毅力和耐心，完成了扭转试验，取得了理论与试验结果一致的结论。又过两年，他完成了11万字的《桁梁扭转理论——桁梁桥的扭转、稳定和振动》著作，填补了世界桥梁理论的一个空白。后来，在一次铁道部大桥局召开的关于钢桥振动的学术会议上，李国豪专题报告了武汉长江大桥晃动问题，阐明大桥是由于人群使桥梁产生一种横向挠曲扭转振动而引起晃动的，对大桥稳定性毫无影响。他的报告刚结束，一位总工程师就紧紧握住他的手说：“我们在这个问题上徘徊了17年，现在这个谜终于解开了！”

除了赤诚的爱国心、责任感和超人的毅力之外，如果李国豪没有一个强健的身体，他能在身负“牛鬼蛇神”罪枷的苦难岁月里从理论到实验，填补世界桥梁理论的空白吗？

李国豪先生是很能科学地安排工作、学习和休息时间的。他总是那样从容不迫、持重稳健，那样持之以恒地进行体育锻炼。他还经常看戏，参加音乐会。他喜爱大自然，经常郊游。对于西洋古典音乐也有浓厚的兴趣，喜欢听贝多芬、莫扎特、柴可夫斯基……近年，李国豪还在他的夫人林风棣女士的辅导下学会了跳交谊舞。他点点滴滴都抓住体育锻炼的机会。现在，他由于社会活动多、学术活动多，忙得连许多照片都没有时间整理——这原也是他喜爱的业余生活内容之一。

李国豪特别喜爱一首古老的德国民歌："一切都会过去，一切都会逝往，过了严冬腊月，又是明媚春光……"

李国豪永远向往着明媚的春光……

（原载《名人生活（海派生活文丛三）》，上海：上海文化出版社，1992年）

李国豪晚年学书法

胡久庵

1981年5月1日，我在同济大学举办个人画展，九十高龄的颜文樑老师亲临现场指导。消息很快传到校部，李国豪校长得知，抽空也去看了一下展览会。值班的同学告诉我："李校长曾来参观。"我未能亲自接待，觉得有些遗憾。后来我遇见李校长表示歉意。他很客气，说："我有事经过'文远楼'，顺便来学习学习，胡先生油画和水彩画画得较多，中国画也画，是个多面手！"我表示："什么都画，什么都画不好！"他说："你谦虚了！"本来我们相见，仅点头作礼，自此我们碰见，谈话便多了一些内容。

时间过得很快，不知不觉我已到退休年龄。李校长也退居二线，但仍顾问校政，声望日高，请他题字、写字的人越来越多。他说："要求写字的人很多，我毛笔字写不好，但是又无法推却，却之不恭么！"于是他决定练习毛笔字，问我怎样入手？"砌屋请到箍桶匠！"给我出了难题，我自己毛笔字也写不好！继而又想，他很诚恳，便不揣冒昧，根据自己了解的一点常识回答："一般是临摹字帖，字帖又以正楷入手为宜。"他又问："临什么字帖比较好？"我根据李校长平时写的字，推荐他学柳公权的《玄秘塔碑》或《神策军碑》。柳公权初学王书，后又吸收诸家之长自成一家，史称"颜柳"，现代书家以柳体入手者不少。

自此，李校长每日在家一有空便依照《玄秘塔碑》练习毛笔字。经过大约半年光景，又碰到我说："练习与不练习大不一样！本来没有把握，现在好一些了，有些字的结构与日常所见的印刷体不同，临写以后有收获！"

其时我准备去日本举办个人画展，请他题字。他欣然允诺，为我写了一张条幅“传统技法，现代精神”八个大字，托人带来。我非常感动。我知道这不是赞语，而是他的希望，希望我能朝着这个方向前进！李国豪校长虽然是工程结构方面的著名学者，但是对艺术方面也具有一定的修养。他认为书画的传统技法，流传千年，一定有它的优点，应该吸收、继承，但是要创作出符合现代精神的作品。我觉得他的观点是正确的、合理的，不是随便说说的。

（作者为上海市文史研究馆馆员。原载《世纪》2007年9月号）

附 录

我们从事科学技术工作，得到成功时，那种满足和愉快不是任何什么所能代替的，金钱也是买不到的。

战火纷飞中的留德生活

李国豪

一

1937年7月7日，日本发动侵华战争。上海沦陷后，我随同济大学内迁，途中，作为洪堡学者于1938年9月从江西赣州出发，经日寇空袭威胁下的广州到达香港，和一位同济同学金经昌一道搭乘意大利客轮到威尼斯，然后乘火车经过瑞士到达德国达姆施塔特（Darmstadt，以下简称达城）。到火车站来迎接的同济同学段其燧劈头就说："德国出兵捷克了，有些中国同学都跑了，你们还来？"我顿时心慌意乱，不知如何是好。但是身上仅有一镑多钱，只得既来之则安之，听天由命了。

当时洪堡奖学金是一年1000马克，分9个月发，每个月110马克。我找了一间比较便宜的房子，离达姆施塔特工业大学（Techniche Hochschule Darmstadt，以下简称工大）约3公里。房东是一个靠政府救济金度日的六七十岁老姑娘。房租每月28马克，包括早餐：两片黑面包，一点果酱，一小壶焦麦咖啡（当时德国缺少外汇，不进口咖啡），黄油须自备。因为这时候它已经定量分配，故要房客自己买。中午和晚上在工大学生食堂用膳：正餐（Normalessen）70芬尼一份，小吃（Kleines Essen）50芬尼一份。我有时吃小吃，但是吃不大饱，回家再吃点面包。一位姓余的同学送给我一辆自行车，解决了我日常交通问题。后来，它还成了我旅游和逃难的忠实旅伴。

到达一周后的一天中午，火车站的一个工人驮着我在轮船上托运的一个大樟木箱，喘着气一步一步地爬上四楼，把箱子送到我房间里。我真感动，并对当时欧洲建立的跨国海陆联运，服务到家的体系十分赞赏。

二

1938年10月，我正式进入达城工大。土木系主任罗鲁（Reuleaux）教授曾于30年代中期来过我国，担任铁道部顾问和同济大学教务长。他给我们讲授铁道工程。他向工大建议，鉴于我大学学习成绩优异，请德国教育部同意我直接考博士。年底我得到了同意，于是去找结构力学与钢结构教研室主任克勒佩尔（Kurt Klöppel）教授。克教授当时37岁，年富力强，是德国钢结构协会的领导，兼任《钢结构》杂志主编。他到校伊始，意气风发，对我这第一个博士研究生极表欢迎，但是先要看看我的水平。当时他正担任一座拟建的汉堡易北河上公路铁路两用悬索桥的顾问，于是要我试做这座桥的设计。该桥具有三跨：265米+750米+265米。我花了两个多月时间，完成了计算和钢加劲梁的一部分设计。他看了很满意，便让我考虑做博士学位论文。

在这第一学期，我还选听了一些为大学生开设的必修课和选修课，包括克教授讲授的钢结构。上课时，我和过去在同济大学时一样，仔细做笔记。当年在同济是不用教科书的，听课都得做笔记。想不到，在学期结束时，克教授要我把钢结构笔记借给他参考。因为他初次上这门课，尚无完整的讲稿。这种学者风度使我十分钦敬。

三

经过一个多月的探索思考，于1939年3月间我向克教授提出，从做模型试验着手研究悬索桥的分析分法。他很赞成，并且说，教研室可以为我制作模型。我以拟建的易北河上悬索桥为对象，设计了一个比例尺为1:250，全长5米多的模型，以直径1.1毫米的银丝为缆索，以钢琴弦为系杆，以8×8毫米的方钢为加劲梁，由教研室所属实验室里的一位师傅制作。他带领一个学徒认真仔细地做得非常精致，充分表现出德国人的工作风格。

一年的洪堡奖学金到6月份为止。我虽然获准继续一年,但要到10月份才开始，7、8、9三个月的生活费没有着落，我心里发愁。6月份的一天中午，中国留学生和平常一样，在大学的学生食堂午餐后一起聊天，谈暑假的打算。一位同济校友汤德全问我有何打算。我说:“我本来想在暑期做博士论文，但是三个月没有奖学金，只好去找个短期工作做做。”停了一会儿，他说:“我借给你500马克。”我喜出望外地说:“我很感激你，但是我不知道什么时候才能够还给你。”就这样，我得以集中两个月的时间在家里做论文。

1939年9月1日德国进攻波兰。两天后英国和法国对德宣战,第二次世界大战爆发了。达城的中国留学生纷纷整装离德。有的回国，有的去瑞士。克教授关心地要我把写好的一部分论文、文献、述评和内容简介拿给他看。两天后，他对我说:“从现有的内容看，论文会很不错。你的中国同乡都打算离开德国，你也可以回中国去，论文写好后再来德国答辩。”我囊中羞涩，寸步难行，眼看战争大祸临头，遥望抗日烽火连天的祖国，不禁喟然长叹。

我格外抓紧论文的理论分析和模型试验的工作，到年底基本完成了。克教授要我从1940年元月起到教研室工作半天，既帮助他工作，又弥补我的生活费用。2月底交上了我的论文《悬索桥按二阶理论的实用计算方法》。从3月份起就全天工作了。4月底举行论文答辩。答辩结束后,主任评委克教授邀请罗鲁教授和副评委，一位结构力学教授，和我一起到达城一家高级宾馆，举杯祝贺我以优异的成绩获得了工学博士学位。晚上我在家里又独自欢庆，不禁酩酊大醉。

论文于1941年在权威杂志《钢结构(Der Stahlbau)》发表后获得各方好评。从此有人戏称我“悬索桥李”。当时我用的德文译名为Kuo-Hao Lie,缩写为K.H.Lie。从50年代起,我改用汉语拼音译名Guo-Hao Li。国内外多不知道，两个姓名是同一个人。

这期间，我先后参加了罗鲁教授和克勒佩尔教授带领的专业参观旅行。每次都有助教和学生共十多个人参加。罗鲁教授带领我们到汉堡参观铁路。参观后，我们几个中国留学生请他到中国饭馆吃饭，并跟他去看一家夜总会。他那时60多岁，但是还带着尖顶的纸帽子，翩翩起舞。跟克勒佩尔教授到埃森和杜塞尔多夫参观炼钢厂和钢结构制造厂。我们都住在一个青少年旅游寄宿所（Jugendherberg），在大房间里设很多床铺，有简单的卧具，盥洗室和卫生间是公共的，简单整洁，很便宜。晚上大家一起出去喝啤酒。喝得高兴时，克教授和大家一起挽着手唱歌，如蓝色多瑙河。由此可见，德国大学里的师生关系，在教室里很严肃，到了外面就很宽松了。

四

我在克教授教研室的工作，主要是科学研究。因为战争爆发以后德国大学生大多很快就应征入伍（后来多不幸战死沙场！），教学差不多停了。我的研究工作主要是关于钢桥的理论分析，问题都来自工程界的委托。1942年秋碰到一个很难的题目，要求按照弦杆在节点刚性连接的实际情况，分析一座铁路桁梁桥的内力。用当时的结构力学方法和手摇计算机是没有办法解决的。我把这个离散结构化成连续体，用微分方程以级数求解，把问题解决了。一共花了半年多的时间，当中失眠了一个星期，到南德胜地巴登巴登（Baden-Baden）疗养了十多天。其他就不多说了。我的研究结果，有的和克教授联名发表，有的他要我个人单独发表，例如上述课题的研究结果。足见克教授科学道德之高尚。

我的工作室在克教授的隔壁，大约20平方米，只我一个人用。室内挂有一块黑板，克教授常常在快下班的时候到我的工作室来，利用黑板和我讨论问题，中午到一点多钟，下午到六七点钟。有时候，就一起去饭馆吃晚饭。战争初期的一个暑期，有时在上午十点多钟克教授就叫我一起去达城的大湖（Großer Woog）游泳。在圣诞节和我的生日，克教授总是非常客气地请我到他家里吃饭。他把我不仅当作科学助手，而且当作朋友，使我这个飘泊异国的游子得到一些温暖。

罗鲁教授也颇有旧日师生之情，有时请我和段其燧及金经昌到他家里吃饭。有一个曾经在山东济宁工作过的德国医生，住在大学附近。他在中国大使馆在法兰克福举行的一次招待会上和我们认识之后，非常热情，常常请我们三个中国留学生到他家里，和他的夫人一起做中国饭吃，拿出从中国带回来的皮蛋、绍兴名酒花雕等等来招待。有一对德国夫妇，我在罗藤堡旅游时认识的，后来竟然从柏林给我寄生日蛋糕。这些都表明，德国人，特别是曾经访问过中国的，都对中国很友好。

达城有一个大戏院，上演交响曲和歌剧，还有一个小戏院，上演小歌剧和话剧，可以预订一年不同演出场次的固定座位。我这样订了几年票，领略了一些西方音乐戏剧，并体会到德国人对此欣赏的情趣。他们把去戏院听音乐或歌剧当作精神生活中的一个盛宴，盛装打扮，漫步大厅，全神投入，身心超脱。盛会之后，余音袅袅，的确是高雅享受。我也从中调剂孤寂的生活，并养成了以后对这方面的爱好和乐趣。

达城周围有很好的森林绿化地带和一些景点，是周末和假日去游览的好地方。夏天我经常去大学体育场晒太阳或游泳，其他季节则去市室内游泳池游泳，后者设有男女两个游泳池，桑拿浴等设施，游泳的门票是20芬尼，还有热水淋浴。此外，我常常骑自行车去近郊森林和名胜以及外地游览，例如去海德堡，科隆，特里尔等等。当时，老百姓的汽车或者被军队征用，或者因为没有汽油供应而停驶，马路上空得很，骑车子非常舒服。我也曾乘火车去南德一些城市和名胜游览。所到之处，野外森林苍翠，绿草如茵。城镇中街道，各种服务设施，博物馆，展览馆，教堂，古宫，古堡，等等，都整洁悦目，井井有条，加之民风纯朴，彬彬有礼。德国人民和德国环境实在令人赞赏。

这期间不好过的是，国内音信断绝，仅仅从柏林中国留学生办的简讯中，能够得到一点关于祖国正在艰苦进行的抗日战争的消息，而又多是失败的消息，增加人的焦虑不安。其次，中国与英美为同盟国，德国与日本为轴心国，彼此敌对，胜败矛盾。虽然德国政府和人民没有把我们当作敌人看待，但是，我们心里总是不舒服的。1941年冬，我去柏林跑了一趟，打听有无回国的可能，结果失望而归。就这样，只好在德国继续呆下去了。

直到1943年秋，我在达城几年的工作和生活，如上所说，还算是愉快的。这以后，食品严重短缺，空袭轰炸频仍，最后是颠沛流离，不断逃难，日子就难以言状了。

五

战争初期德国的食品配给份额还比较宽，在餐馆吃鱼，野味，鸡和鸡蛋都不要肉票，供应也还比较多。到了1943年，配给份额减少很多，特别是油和肉。例如一个星期供应给每人的油和肉都只有200克，即4两。但是，在餐馆吃饭，一份猪肉和牛肉的菜最少要100克肉票和15克油票，而且这时已很少供应不要票子的荤菜。在熟食店买肠子或火腿是起码50克。早晚在家里吃面包总得有点黄油涂涂。越到后来，情况越糟。油荤少了，老是感到肚子饿。光洋山芋、面包、蔬菜，吃再多也不顶事。饥饿的日子真不容易熬过去。

这时候，英美的飞机日夜到德国进行空袭，警报不断，居民得随时躲避。1943年9月23日的一天晚上10点多钟，突然警报响了。接着，我透过百叶窗看见飞机投下照明伞的亮光，赶紧从床上跳起来，穿上准备好的运动衣，拎好装着个人重要资料和物品的小提箱，从三楼向楼下直冲。刚进地下室，跟着听到头上炸弹落下时的揪心尖叫声，隔壁又一声爆炸巨响，邻居的房子被炸中了。我们地下室窗口的小防护墙也被气浪冲碎，飞了进来。等飞机的声音小一点之后，我急忙从地下室出来，想了一下，我朝克教授家跑，因为他家在市区东北边，料想不会被炸到。跳过马路上的许多燃烧弹，跑了半个钟头才跑到。克教授开门一看，见到我的狼狈样，大惊失色，急忙和夫人一起安顿我睡觉。第二天早餐后，我回家一看，百叶窗毁坏了，地上和床上有许多窗户的玻璃碎片，如果当时呆在房子里，肯定受伤了。接着，我搬到了市东南边去住，以为这里会比较安全一些。

殊不知，以后来了一次大规模的空袭。比起来，第一次空袭只是一个小演习。那是 1944 年 9 月 11 日晚上。我住在新搬的房子里，开着收音机听警报。突然听到，飞机到了海德堡上空，朝达城方向飞来。我本来想往附近的森林里逃，因为听说空袭时在露天很多人被风雷（Luftmine）所杀伤，于是改向地下室跑，随即听到大批飞机飞到了头上和雷鸣般的爆炸声。在这十分恐怖的时刻，突然看见，进地下室的楼梯着火了，地下室的后门被冲破了，并且也烧起来了。我迅速跳过烧着的后门，向外边逃窜。外边道路两旁的房子都烧起来了，一片火海。火焰照在脸上和身上都发烫。幸亏我准备了一块湿毛巾包着头，跑了十多分钟，回到原来住的房子。幸好它没有被炸到，就在它的地下室坐等天亮。早晨出去一看，周围的房子和树木都被炸成一片废墟，行人默默无言，欲哭无泪。在不远的伊丽莎白医院的广场上，设了一个施粥站。我去吃了粥。由于整个城市的生活已经完全解体了，工作人员问明了我的情况以后，随即给我 100 马克和一张明信片大小的“完全被炸光（Totalausgebombt-Ausweis）”证明，要我去自找安身之处。这张证明很重要和很管用，逃难到德国各地都可以凭着它去找当地政府，帮助解决衣食住困难。

我无可奈何，带着我的小提箱，骑着幸好没有被炸掉的自行车，去一百公里之遥的维尔茨堡，我的未婚妻叶景恩住处。她在那里的大学医院做医生。我为什么不乘火车呢？因为飞机经常扫射火车。克教授的一个儿子就是在乘火车去达城乡下上学时被扫射不幸殒命的。

六

这里补充两起在达城中国留学生中发生的不幸事件。一起是，一个姓杨的中国留学生和一个德国女孩子在大学游泳池认识以后，很要好了。但是，她的父亲坚决反对。女孩子年纪小，大概，不到 20 岁，想不开，就服毒自杀了。杨到她家里去，想表示哀悼和慰问她父亲。不料她父亲也想不开，竟开枪把杨杀了。这件事闹到法庭，中国大使馆还来人处理，我也出了庭。这次事件反映出，对中国留学生和德国姑娘结婚，德国人一般持否定态度。在弗兰茨·莱哈尔（Franz Lehar）1929年创作的歌剧《微笑的国家》（*Das Land des Lächelns*）中就有所描述。这个问题其实值得考虑。因为中西文化差异太大，中国的生活水平又很低，德国太太到中国来，很难适应。所以与我同时代的德、奥、瑞同学的外国夫人，能够在国内白头偕老的不多。做到了这一点的太太，在精神生活和物质生活上都付出了很多，是很不容易的。

另一起事件是，我的同学段其燧被抓进了牢房。原因是他在躲空袭时，常常碰上同一幢楼里住的一位女医生，有时讲一些关于希特勒的政治笑话，而她把他检举了。这时食品短缺已经到了吃马肉的地步，他在监牢里连这个也吃不到，甚至面包和洋山芋也不能尽量吃，而他个子又大，饥饿可想而知。所以我多次去达城老城里关他的监狱，给他送点吃的东西。他坐了好几个月牢，盟军进入达城时，他被解放了，还成了反纳粹人物。

七

维尔茨堡市很美，有山有水。山上有古堡、古宫，水上有古桥。我好不容易在大学医院附近乡下，找到一位老太太家里的一间小房子，作为临时住处。到了十一月份我们结了婚。这期间，我还骑车子回达城和克教授见面，讨论我们的工作。我写好的几篇研究结果，在我回国后，由克教授费心，以我们两个人的名义在德国杂志上发表了。这样的日子很不安定，以为总是过渡性的，但是，想不到很快又要逃难了。1945年3月16日晚上，维尔茨堡遭到200多架飞机的一场毁灭性的轰炸。我们在乡下，没有被炸到。但是，城市被炸完了，我们得另找安身之地。这时真不知道投奔何处。几经考虑，决定去夫人的一位德国同学的父母住地考夫博伊伦（Kaufbeuren），在维尔茨堡南面200多公里，慕尼黑西面70多公里，是一个小镇。夫人以前在慕尼黑的一位女同学李立聪也要一起去。于是，我们三个人徒步出发，由我推着带上三人细软的自行车。路过市区不见人影的断垣残壁的废墟时，令人毛骨悚然。晚上我们投宿难民营，席地和衣而卧，幸亏天气已经不很冷了。在中小城市地带和早上 9 点钟以后，空袭的危险比较小，我们就改乘火车。就这样我们慢慢地走到了目的地考夫博伊伦。

八

到了小镇考夫博伊伦以后，好不容易才找到住的地方。我们夫妇二人住在一个农民家里，李立聪住在一个弱智人医院的工作人员的宿舍里。5 月，盟军到了，战争终于结束了。接着，我们就是焦急地打听消息，企待回国，恨不能插翼东飞。

其间，我回了达城一次，取回寄放在老房东那里的书籍衣物，同时和克勒佩尔教授珍重告别。我们二人站在被轰炸的废墟旁，回忆过去在达城共度的岁月，不胜感慨，叹息战争的残酷，最后，依依不舍地说声“再见”。想不到，这一别就是 30 多年，直到 1979 年春我重访德国才再次相见。

其间还有一个插曲。我在那个小镇上碰到在美军里工作的一位广东老乡王先生，彼此一见非常亲热。他知道我们没有东西吃，几次带黄油、牛肉、咖啡、糖等到我们住处，一起聊天。1947 年夏的一天，我在上海南京路上碰到一个人，好像是这位王先生，但是不敢认。后来他从美国写信来，也说起这事，真是巧，可惜错过了机会。

12 月，按照同学传来的消息，我们赶到慕尼黑乘美军的火车到了巴黎。中国政府的联络处安排我们住在一个难民收容所里，睡三层铺的床，每人发 100 美元救济费。我们带了 1000 多马克，想买点东西，结果只买到 1 斤多葡萄，战败后的德国马克一点钱都不值了。两天后，我们被遣送到马赛，由中国总领事馆安排在郊区一个新盖的钢筋混凝土半圆柱形的难民收容所里，睡在混凝土地面上。从柏林和慕尼黑来的同学和他们的夫人、小孩，大约有20个人左右，倒也蛮热闹的。吃饭还供应红葡萄酒，这在法国算是很普通的。

我因为夫人要生小孩，等到1946年3月才搭法国运兵去越南的船到西贡，由领事馆安排吃住。在这里听到国内的一些消息，如国共内战和国民党官员“劫收”（为接收谐音）上海，等等，心里很不安。等了两个多月，我们夫妇俩和刘先志夫妇俩一起搭上访问上海的法国军舰，于6月到达离别了7年的祖国。和祖国音信断绝了多年，回到上海感到又熟悉又陌生。我们都无亲无友，两袖清风，一文不名。于是由市政府招待三天吃住。接下来我们又去找了救济总署，得到5天的救济。在走投无路的彷徨中，我和刘先志到上海市工务局去毛遂自荐。幸得赵祖康局长收留，我们得免于流落街头。

以上就是20世纪30~40年代，中国一个贫穷的大学毕业生，去德国留学的经历和观感。凭五六十年后脑子里的印象写出来，难免有不确切的地方，而且可能详简不当，希读者原谅。下面写几句述怀作为结束语：“少年励志，唯学是求；不顾贫困，德国远游；幸得良师，更遇善友；潜心斗室，乐以忘忧；战火纷飞，安饱奚有；大难不死，矢志不休；辗转归国，叹何处兮能我留！”

（原载《旅德追忆》，北京：商务印书馆，2000年）

怎样培养好博士生

李国豪

一个重点学校，要为国家四个现代化多做贡献，就要积极招收培养博士生，博士生的质量又是衡量一个学校办学水平的重要标志。所以，博士生的培养工作是十分重要的。回顾几年来培养博士生的情况，谈谈我的体会。

录取时要注重考核考生硕士学位论文的水平和分析考生攻读博士学位的设想

我起先是以入学考试为主来录取博士生的，第二年就发现这样选才不很理想，感到入学考试的成绩还不能说明考生的水平。因此，我开始注重审阅考生的硕士学位论文，这样就可以看出考生在攻读硕士学位时所掌握的基础理论和专业知识的程度，可以初步估计其攻读博士学位的条件。攻读博士学位，时间有限，要深入一个领域不容易，而能在硕士论文的基础上再深下去就比较好。此外还要看考生对考博士生有何设想，准备搞什么。因此在招生录取时，对入学考试、审阅硕士论文、考生对攻读博士学位的设想三个环节，我认为应着重在后两个环节上。通过实践证明，这样做比较恰当，可以培养出较满意的博士来。

招收博士生，除了面向本学科、专业外，还要注意跨学科选才，注意选拔有实践经验的考生。

培养工作中的几个主要问题

1. 关于博士生的培养计划问题

我国的学位条例上规定博士生有学位课程，念些书我还是赞成的。在制订攻读博士学位的培养计划时，主要根据博士生自己的情况和博士论文的方向来明确应设的学位课程。首先，对外文的要求，还是要看原来的基础，假如日文好的，就让他以日文为第一外国语，如果一定要求他重新选一种外语作为第一外语，由于时间有限，恐怕会影响其他课程和学位论文的工作。

对于第一外国语的要求，博士生毕业后应当做到能听能讲，听讲对阅读也很有帮助。现在我国对外开放，国际学术交流多了，因此，我主张要逐步加重听和讲的分量，至少在交往中要词能达意，同行听得懂。

基础理论课、专业课应当结合论文的方向来确定。培养计划中的时间安排很重要，基本上在第一年快结束时就要对论文方向有具体的设想，否则会来不及的。因为以后还要继续看文献，确定实验方案，准备实验设备，做实验，整理论文工作等等。

2. 关于博士生的论文问题

对应用性学科来说，博士生学位论文的要求有两点。

第一，要理论联系实际。搞工程的论文不能太理论化，论文要回答实践中的问题。论文的做法也有两种，一种是以学术性为主，但也必须既有理论又有实践，而且有实验；另一种是以设计、工艺研究为主的工程博士学位论文。搞应用性学科的，大多数论文一定要有工程背景，要对国民经济有价值，否则论文再好，也是很可惜的。当然，涉及理论、方法的发展，为此开辟了新的领域，也是有实用价值的。

第二，不能光搞理论分析，也要做实验。做实验有两个目的：一个是培养认识论的观点。我们搞的理论分析，往往是作了简化、假设，最后才得出结果。这样的理论分析是否正确，要通过实验来检验，要看理论分析的结果能不能反映实际，这是一个认识论的重要问题。我对硕士生或博士生，从入学那天起，就要求他们建立这个观念。有的论文要到工程中去检验。当然有时因为条件的限制会有困难，但是可以设法在学校内做实验，如用模型实验来检验理论分析对不对，这是科学工作者的正确态度。另一个目的是要培养动手能力。通过自己动手做实验，可以更深刻认识实验数据，以便判断自己和人家的成果。我们国内的同志到国外去，人家认为我们的理论分析能力还是比较强的，但有三点不够：一是外语不太流利，二是动手能力差，三是缺乏排程序、上机的训练。为改变这种状况，这几年的计算机训练是提高了，在强调动手能力的训练上，我们对硕士生有这个要求，而博士生就更应具有这种能力。

3. 关于指导方法问题

对于指导博士生，我一向认为不必具体、过细地指导，只是在方向上、关键的问题上给予指导就行。

首先，论文题目不应该由导师给，而是要由博士生自己设想二三个方向，提出自己的见解，然后由导师提出意见，再由自己去选定。博士生的论文范围和内容不要太大，因为大了，考虑的面就宽了，工作量也就大了，不容易深入。要做出一个创造性成果，必须把范围适当限制一下，要做到在有限的两年多时间内，把题目做得深一点，真正做出相当出色的成果。

其次，博士生在文献综述的基础上，提出论文计划、拟定实验方案时，导师要注意指导。这是关键时候，要对博士生的计划、设想提出指导性意见。如果在论文完稿后再指导，那就太晚了。

论文完稿后，导师要审阅一遍，要对理论联系实际结论是否恰当，是否要扩大或缩小，要给予指出。结论不适当，内行一看就看出问题了。

在具体做法上，我主张关键时候导师要相约博士生见面讨论。我不赞成博士生在研究中一有困难就找导师，我倒希望博士生自己遇到“困难”、“烦恼”时，自己去解决，去克服，这样他过后就会感到是一个锻炼。有的导师可能与研究生面谈得很多，谈的多有多的好处，但我认为这种做法缺点多于好处。一个博士生，就要像学位条例中所说的，要有独立从事科学研究的工作能力。挽着手来指导研究生的方法，这对硕士生不允许，对博士生更不应该。如果一篇博士论文不是看博士生本身的水平，而是变成看导师的水平，这就值得深思了。

（原载《学位与研究生教育》1987年第5期）

老知识分子的心声

李国豪

我是一名88岁的老知识分子，长期从事教育、科技工作。1956年2月，我在共产党思想教育和党的知识分子政策感召下，参加了伟大、光荣、正确的中国共产党。尽管我们党在探索社会主义道路的过程中，曾遭受过各种挫折，我本人也曾受到过党内错误路线的打击和迫害，但是，我对党的信念坚定不移，对党所领导的社会主义事业矢志不渝。

党的十一届三中全会之后，我们党的工作重心转移到经济建设上来，我国的社会主义建设进入了一个新的历史时期。以邓小平同志为核心的第二代中央领导和以江泽民同志为核心的第三代中央领导，做出了“改革开放”、“科教兴国”等一系列重大的战略决策，使我国的经济建设和社会发展进入了高速前进的快车道。改革开放和现代化建设的大好形势，为广大科教工作者开辟了更加广阔的天地。那时，我虽已步入古稀之年，但“壮心未已”，决心以自己多年积累的学识和智慧，投身到大规模的现代化建设中去，为国家的重大工程建设提供科技咨询；为中央和地方领导的决策，建言献策；为经济建设和社会发展，尽微薄之力。

20世纪70年代末，为了加快现代化建设步伐，中央决定在上海宝山建设特大型钢铁基地。我当时担任同济大学校长，并被选为上海市科协主席。为了确保重大工程决策的科学性，中央和市委邀请上海市科技界、工程界一批著名专家组成了“宝钢顾问委员会”，我被聘请为首席顾问。1980年初，宝钢工地出现了桩基水平位移的严重问题。一位中央领导接连下达指示："千万不要出岔子"，"要慎重、慎重、再慎重"。日本专家提出了防止桩基位移加固的方法，但在计算方法上存在问题，而且工程量大、造价昂贵。情况发生后，应宝钢总指挥的邀请，我和顾问委员会专家们很快赶到宝钢，深入现场，实地勘察。我们经过暑期一个多月的分析计算，向工程指挥部提供了《关于桩基的水平位移、内力和荷载力的分析》的研究报告，对位移桩的承载力、需要加固的范围和合理加固措施，作了理论上的分析和论证。指挥部根据这个方案，采取积极措施，解决了桩基位移问题，不仅节约了大量投资，而且缩短了工期。

1981年，国家实行国民经济调整方针。社会上出现了一股"宝钢下马"的论调。当时，有关部门领导对宝钢工程作出批示："二期工程取消，一期工程下马，论证善后方案。"宝钢一时面临着上还是下的重大抉择。在宝钢工程调整论证会上，面对当时强大的舆论压力和有关部门领导的基调，我和顾问委员会专家们经过反复思考，提出了三个论点，坚决反对宝钢下马：（一）宝钢不是从零开始，已花费了80多亿，再投资20来个亿，就能建成一期。（二）宝钢下马，将会带来本厂和国内协作厂的大量职工失业，影响很大。（三）一期工程不能下，二期工程也不能下，这是宝钢的两条腿。论证会最后得出了宝钢不能下马的结论，并得到了中央领导的重视和采纳。如今，20年过去了，宝钢已建成中国和世界著名的钢铁工业基地。宝钢的领导和广大职工在回忆这段历史时，都说"以李国豪为首的顾问委员会，是我们风雨同舟的朋友"。

随着改革开放和经济建设的迅速发展，1982年，中央和市委领导决定在黄浦江上建造大桥。这对于我，一个从事了一辈子桥梁学科理论研究和教学的老科技工作者来讲，是一件莫大的喜事。当时我担任上海市政协主席、同济大学名誉校长。受上海市科委的重托，我带领同济大学桥梁系的教师和科技人员，进行南浦大桥的可行性研究。经过反复调查、论证和思考，1983年9月，我们向上海市科委提交了"叠合梁斜拉桥"的建桥方案可行性研究报告。这种跨江大桥，在国内没有先例，在国际上也属罕见。谁来设计大桥？这个问题严峻地摆在决策者面前。当时，日本提出免费设计南浦大桥，并提供贷款，条件是工程必须由他们承担。我想，抗战时期，日本军舰在黄浦江上耀武扬威，今天，我们不能再让日本人在黄浦江上设计、建造大桥。中国桥梁界完全有信心有能力在黄浦江上架桥。我向市领导反映了这个想法，并由我的助手项海帆院士代表同济大学桥梁系的教师给江泽民同志写了一封信，力陈中国人自己设计、建造南浦大桥的理由。1987 年 9 月，当时担任上海市市长的江泽民同志在信上批示："我看主意应该定了，就以中国人为主设计，集思广益。"这个果断决策，体现了党和政府对中国工程专家的无比信赖，给了专家们巨大的精神力量。在南浦大桥设计、建造中，我担任了专家组组长，积极参与解决工程中的理论和技术问题，尽心尽力为大桥建设作贡献。

后来，广东准备在珠江三角洲虎门建造跨珠江大桥时，我了解到业主有意请英国人设计建造，就立即写信给当时的广东省委书记叶选平同志，认为虎门是当年林则徐销毁鸦片、抗击英国侵略者的战场，建造虎门大桥具有重要的政治意义，应当由中国人自己设计建造。叶选平同志完全同意我的意见。大桥建设时，我担任了专家组组长。在中国同行们的共同努力下，我国桥梁史上具有里程碑意义的大跨度悬索桥终于在虎门建成了。

按照中央的部署和上海市经济和社会发展的需要，上海要建成为世界重要的国际航运中心。实现这个目标，没有一个优质的深水港是不行的。对此，上海市领导和有关部门根据多年考虑、研究，确定大、小洋山为对象，组成专家组，并请我担任组长，负责深水港的选址和论证工作。经过大量的调查研究和多次的专家论证，圆满完成了可行性研究。但由于各种原因，上海建造国际深水港的计划被搁浅了。去年 9 月和 10 月，我先后两次给江泽民同志写信，在信中充分表达了必须尽快在上海建造深水港的意见。10 月 20 日，在镇江长江大桥开工典礼上，我见到了江泽民主席，又向他进一步说明了建设上海国际深水港的可行性和紧迫性。江主席回京后很快召见国家计委领导了解情况并在我的信上作了四点批示，特别强调建设上海国际深水港“意义非常重大”，要求“全国有关各方顾全大局，通力合作建设好”。在党中央、国务院的关心和支持下，大、小洋山深水港工程已正式列入国家项目，今年夏天将完成工程的可行性论证，明年正式开工。不久的将来，一个现代化的国际深水港湾将屹立在东海上。

我从自己的亲身经历中感受到，中国共产党是领导全国人民建设有中国特色社会主义伟大事业的核心力量。只有在党的领导下，中国人民才能走上强国富民之路。

（上海市政协“风雨同舟八十载”征文）

桥上桥下

李国豪

提起桥，几乎每个人都知道，而且还都在桥上走过。我们说，桥是架在水上的建筑物。有了桥，人和车就能方便地通行了。

桥看上去都差不多，其实，桥的种类有很多很多，不同种类的桥有不同的特点和作用。

桥是怎样发明的呢？

在很久很久以前，地球上还没有人造的桥。那时候，外出行走如果遇到很浅的河流，只好脱下鞋子，赤着脚趟水过河。后来，有些聪明的人想了个办法，他们在水浅的地方，每隔一步放一块大石头，人就能不脱鞋，踩着石头过河了。这种往河里放大石头的“踏步桥”，可能就是人类最早建造的桥。

“踏步桥”只能过浅河，遇到水深的河怎么办呢？

有时候，猛烈的狂风吹倒了河边的大树，正好横倒在河面上，过路人只要踩在倒下的大树干上，就能慢慢地从河这边走到河的那边。受到这个现象的启发，人们便在河中筑起一个个木头或石头的桥墩，上面架上树干，这就是古老的独木桥。

因为独木桥太窄，运货的牛车和马车根本没法过。而且，人在滑溜溜的独木桥上行走，一不小心就会跌下去。

人们又想出了新的办法。他们在河中筑起一个个很宽的桥墩，上面并排铺着厚厚的木板，这样，一座又宽又长的木桥就建成了。

有了木桥，不仅可以通过行人，而且还能让车马行走。但是，人类对桥又有了新的要求。

这是一座60多米长的“风雨桥”，看上去就像古代的房子。桥面上有一排长廊和5个亭子，不仅看上去很漂亮，而且遇上天气不好，过桥的人不会挨雨淋，也不会受到烈日的晒烤，如果走累了，还能在桥上歇一会呢。

在我国南方的一些山区，山上的竹子特别多，而且竹子比大树轻，很容易搬运到河边。所以，当地人就用竹子扎成竹排，再把许多竹排连接起来，直接铺在河面上。由于竹子很轻，能浮出水面，因此大家把这种桥称为“竹浮桥”。

竹浮桥和木桥相比，取材很方便，建造起来也比较简单容易。

在平静的河面上架桥已经不是件难事了，但有些河的水流特别湍急，既不能安桥墩，也无法架浮桥，于是人们就想到了建造索桥。

用好多根长长的竹索或铁索，与两岸连接，索上再铺木板，这就是索桥。在索桥上面行走虽然有些晃荡，但总算解决了问题。我国最有名的铁索桥，就是四川省大渡河上的泸定桥。

用木头或竹子建造的桥，时间长了容易腐烂，为了延长桥梁的寿命，人们想到了用石头造桥。

大约在1400年前，石匠李春用大石块建造了著名的赵州桥。这座桥的设计很特别，在桥下的大拱两旁，还各有两个小拱。这样，既减轻了桥身的重量，又减小了洪水对桥的冲力，所以，赵州桥一直能保存到今天。

在北京西南永定河上有一座大名鼎鼎的卢沟桥，是800多年前建造的石拱桥。它全长266.5米，在桥头的石柱上，一共有485只石狮子。这些石狮子都是精雕细刻做成的，它们有大有小，各种各样，非常惹人喜爱。

古时候的城，是为了防止敌人的攻打，所以在四周建有高高的城墙，城墙外还挖有一条护城河。为了这种特殊的需要，人们发明了与普通桥完全不同的吊桥。

吊桥可以吊起，也可以放下。遇到敌军侵犯时就把桥面吊起，当敌军撤退后，再把吊桥放下，让城里城外的人方便地通过护城河。

在中国浙江的千岛湖，有一座好大好大的水库，水库周围群山环绕，只有一边是个大水坝，拦住水库中的水。

大水坝有十层多的大楼那么高。

它既是个水电站，又是一座大桥，让来往的行人和车辆通过，所以，人们就把它称为“电站桥”。

在大河上建桥有个很大的困难，就是怎样让桥下的大轮船通过。如果把桥造得离水面很高，不仅建造很困难，而且会给上下桥的车辆、行人带来麻烦。

为了解决这个困难，科学家设计出了能升能降的活动桥。当大轮船经过时，桥的中间部分就升起，大轮船通过后再降下来。

还有一种桥，看上去有许多粗粗的钢索斜在桥面上，其实这些钢索一头连着塔柱，另一头将大桥主梁紧紧拉住，这种桥被人们称为斜拉桥。

斜拉桥有了这些钢索，能把大桥的重量都压在塔柱上，这样就不需要用很多桥墩去支撑大桥了。

为了游览和观赏的特殊需要，人们建造出许多形状别具一格的桥。

在上海著名的游览景点——豫园，有一座著名的九曲桥。这座桥并不长，但它一会儿向左弯，一会儿向右弯，经过九道弯曲，游客在桥上一边行走，一边观看水里的金鱼和河边的景色，会感到心情非常舒畅。

在铁路和公路交叉的地方，公路上的汽车一定要让火车开过去后才能通行。如果交叉正好在城市中，那儿车辆本来就很拥挤，再遇上火车就更不方便了。于是，人们在铁路上再架一座立交桥，桥下通火车，桥上通汽车，谁也不妨碍谁。现在，就连公路与公路交叉的地方也架起了不少立交桥呢。

在繁华热闹的城市中心，马路上不仅车辆不断，还有好多行人要穿越行走。为了保证交通安全，建筑师在十字路口造起了一座座天桥。这样，行人可以从天桥上过马路，既防止了被车撞的危险，行走在天桥上，还可以一边走，一边欣赏美丽的市容呢。

在大城市中，人口和车辆太多，马路显得太少太窄。但城市只有这么一点地方，没办法建造很多新马路，怎么办呢？科学家设计出了一种特殊的公路，名叫高架公路。在上海、北京、天津等地，一条条高架公路就像一座座特别长的、四通八达的空中桥梁，等于为大城市又增加了许多条公路。

（本文为李国豪先生应少年儿童出版社邀请，为少儿科普系列读物《大科学家小讲台》所写。该书1999年出版。）

科学研究需要开创精神

——访著名桥梁结构力学家李国豪教授

方　荣

李国豪教授是我国著名的桥梁结构力学家、土木工程学家和杰出的教育家。他曾担任同济大学校长、上海市科技协会主席、上海市政协主席。他毕生致力于教学和科学研究，培养了中国几代土木工程科学技术人才。在教学和研究工作中，他崇尚实事求是的作风和严谨科学的态度，并特别注意理论联系实际，他以刻苦坚毅和富于创造性的精神解决了结构理论中的很多难题。在学术上的最突出成就是对大跨桥梁结构中的空间和非线性分析方法以及稳定和振动问题所做的开创性工作，从而赢得了国内外同行的赞誉。

受《群言》杂志编辑部的嘱托，我前往他的寓所拜望了这位德高望重的知名科学家。年逾八旬的李老是个大忙人，我不便过多地占用他的宝贵时间，谈话很快就转入了正题。他把自己坐的沙发移近了我，使我这个晚辈对学界泰斗原有的拘束感顿时消失了。谈话显得更加亲切和热烈。

方：李校长，大家都很关心您最近都在忙些什么？

李：近几年来我国桥梁建设的形势非常之好，可以说是历史上罕有的繁荣时期，这就使我作为一个桥梁结构力学工作者有了更多的用武之地。上海的南浦大桥、杨浦大桥、江阴长江大桥、广州虎门大桥、汕头的海湾大桥我都参加了专家顾问组，并主持工作。最近汕头又在建第二座海湾大桥，所以我在这方面的工作这几年来接连不断。

方：李校长，您一生中的两个最艰苦的时期却是您最为发奋、作出卓越贡献的时期，请您谈谈这两段时期的经历好吗？

李：回顾一生，我出成果一个是在留学德国时期。1938年到1945年共7年，主要是前5年。当时我在德国达姆施塔特工业大学进修，由于我大学学习成绩比较突出，德国校方破例批准我直接考博士学位，跟随钢结构克勒佩尔学派开创人克勒佩尔教授做学问。当时工程实践也比较多，我也没有什么可分散精力，所以能全力以赴，时间和精力都集中在科学研究上了。1939年春，汉堡要修建一座主跨80米的公路铁路两用悬索桥，我就结合这座桥的实践开始我的博士论文研究工作。在做模型和试验的同时，进行理论探索和演算，通过研究悬索桥加劲梁变位理论（二阶理论）的弹性弯曲微分方程，悟出悬索桥的受力相当于一个受竖荷载的梁同时受一个轴向拉力的道理，由此演引出从概念到方法都十分新颖的《悬索桥按二阶理论的实用计算方法》博士论文，并用模型试验加以验证。不到一年功夫，我也由此得到工学博士学位，并得到了“悬索桥李”的名声，当时我才27岁。

二次世界大战爆发使得我没法回国。我于1940年初担任克勒佩尔教研室的研究工作，一直到1944年9月大学校舍被炸。在这一时期，我除了从事钢结构焊接问题的研究外，主要负责研究工程建设中出现的各种桥梁结构方面的新问题和老难题，从中对悬索桥、桁梁桥和结构稳定的分析都作出了有创造性的研究，发表了近10篇重要论文。这个时期，由于年纪轻，精力充沛，思想非常活跃，加上工程实践多，出的成果也比较多。1942年我以《刚构分析的几何方法》的论文成为第一个获得德国“特许任教工学博士”学位的中国留学生。

1946年回国以后，我满怀激情想参加桥梁工程建设，但那个时代我能干什么？于是又回到同济大学去教书，生活一直不安定。解放以后，我担任了同济大学教务长，以后又是副校长，学校行政工作比较多，加上运动太多，所以心有余而力不足，有成果，但不多。

我第二个出成果时期倒是在“文化大革命”期间。这个时候我有时间了，我被关在隔离室里有两年多。

1968 年的一天，我从广播里听到南京长江大桥通车的消息，作为南京长江大桥技术顾问委员会的主任委员，我当然很高兴，但也使我想起当年武汉长江大桥通车典礼时出现的晃动现象。由于对晃动的原因一直没有科学的解释，后来影响到南京长江大桥的设计。在逼供、批斗的间隙，我在隔离室里开始做艰难的研究工作。当时两手空空，能够利用的只有报纸的边角和夹缝，好在我的记忆力还不错，我把脑子里储存的知识运用出来，参考过去的成功经验，加上创造思维，我把桁梁桥这种空间离散体系化为连续体模型，建立弹性弯曲和扭转的微分方程组去求解。经过近一年偷偷的推导和计算，取得了理论分析的初步成功。

隔离室生活结束后，除了写检查、监督劳动之外，没人来管我做什么事情了。我把时间和精力都花在了研究武汉长江大桥的振动问题和南京长江大桥的稳定问题上了。我在家里做桁梁桥模型和扭转试验，并继续完善理论分析计算。1973 年我写成了专著《桁梁扭转理论——桁梁桥的扭转、稳定和振动》。与此同时，我得知交通部要修订公路桥的计算规范，我就着手公路桥荷载横向分布的研究，进行理论分析，做模型试验，并将研究成果写成专著《公路桥梁荷载横向分布计算》，受到广泛欢迎。后来我又将用于梁式桥的方法推广于研究拱桥和曲线桥的荷载横向分布，取得了成功。这样，就建立起一个基于同一原理和力学模式、适用于各种公路桥梁荷载横向分布计算的统一方法。此外，我还研究拱桥和斜拉桥的空间振动问题，发表了被广泛引用的研究成果。唐山大地震后，我开始从事桥梁抗震的研究，并取得一系列成果。所以“文革”时期是我感到第二个取得比较有份量收获的时期。

方：您在从事科学研究的60年时间里，不断探求、勤于思考、刻苦工作，对结构理论的许多领域都有所建树，“悬索桥李”和“李氏理论”被学术界广泛引用，您能谈谈它们对工程技术发展的影响吗？

李：在我的博士论文发表之前，悬索桥也有计算和分析的方法，我的计算方法应该说是更形象更简洁，不能说我是开创了一种理论，这种说法是不好的，应该说我对分析的方法有所改进和创新。在博士论文完成后，我继续对汉堡拟建的悬索桥进行深入的研究，揭示出三跨连续加劲梁不设中间支座的体系无支承弯矩高峰的优点。这种体系在70年代美国修建的一座斜拉桥上被采用了。

所谓“李氏理论”是外国人叫出来的。1958年我发表了题为《斜交各向异性板弯曲理论及其对于斜桥的应用》的论文，我针对斜桥的实际构造，将正交各向异性板理论，通过斜交坐标延伸为斜交各向异性板的弯曲理论，使各向同性斜板理论和斜交梁格系理论成为它的两个特例。这项成果较有开拓性，很快就引起国外力学工作者的重视，他们引用时就冠以“李氏理论”的名称了。

方：那么上海的“南浦大桥”和“杨浦大桥”的建造是否运用了您的理论？

李：不能这么说。但是这两座桥设计方案的诞生还是很值得说一说的。当时日本人提出愿意为我们免费做可行性设计，目的是将来他来承包建造。我认为这种跨度的桥我们完全能够自己造，我就向当时的市委书记江泽民同志反映，江泽民同志很重视，他还亲自到同济大学召开座谈会，大家都认为我们自己能做。江泽民同志由此作出决策说，这个桥还是我们中国人自己来造。我们上海人自己设计，亚行贷了一点款。

南浦大桥的方案还是我提出的方案。当时上海市政设计院已经有了一个方案，叫依列混凝土梁的斜拉桥，我的方案是叠合梁的斜拉桥。所谓叠合梁就是钢梁上面依列混凝土桥面板组合起来的梁。后来采用了我的方案，这个方案有什么优点呢？第一是桥面比较轻，这样基础就比较轻了，可以节省开支；第二是架钢梁比在现场浇混凝土梁要快得多，很多工作可以在地面上做。在黄浦江上架桥一定要在两个台风季节之间合拢，不然的话，桥的稳定性就要受到台风的影响，叠合梁造得比较快，能保证在第一年的9月开工，第二年的6月台风到来之前合拢。斜拉桥的计算方法和悬索桥不一样，所以和我的理论没关系。

悬索桥和斜拉桥各有优点，悬索桥两边的索要有锚柱，上海的地基比较差，做锚墩就不经济了。像汕头的海湾大桥两边都是山，岩石上做锚墩就好做了；虎门大桥也是这样，所以那里就采用悬索桥。悬索桥的跨度比斜拉桥大，日本的悬索桥是1990多米，斜拉桥现在还没有达到这个程度，最大的跨度只有900多米。

方：听一些学者介绍，在您的学生时期，常常以令人吃惊的速度完成教授交给的艰巨任务，同时又用创新的方法找到简明地揭示问题本质的钥匙。您的学生说，从您的身上学到了您实事求是的作风和严谨、科学的态度，那么您的治学原则是什么呢？

李：我认为我们搞工程技术科学的，一定要注意理论联系实际。我一贯坚持科研选题“必须具有工程背景，必须解决实际问题”，主张理论意义和实用价值相结合。工程技术科学工作者是很难凭空搞科研的。我搞悬索桥研究、两座大桥的振动和稳定问题的研究、公路桥荷载横向分布的研究，都是当时的实际需要提出了要求。所以大环境的需要还是很重要的。

我国的工程技术人员有很高的聪明才智。解放前，建设项目少，实践就少，成果出的也就少。解放后，特别是党的十一届三中全会以后，工程建设多了。在这个时代，就看你是不是跟得上实际需要，通过探索重要问题提出新的工程建设理论。

除了大环境和自己的志向外，还要有实力。我们的研究主体是工程，需要专门的知识，左右臂是数学和力学。你若缺乏这些知识，当你遇到问题时，你就无法搞清问题的关键；遇到了问题的关键，你也无法去解决问题。有了专门的知识，又有了数学和力学知识作为基础，还需要专心致志、锲而不舍的精神。我就喜欢研究老难题和别人尚未涉足过的新问题，这样才能培养自己的思维方法富于开创性。有些难题一时不能解决，但是你老是去想它，过了一段时间如一个月、三个月，你对问题的认识和酝酿的程度就跟你刚开始接触这个问题时不一样，有时会突然触发一点解决问题的新的思想出来。抓住这个想法，你的思想就上去了。要锻炼自己从纷繁迷离、错综复杂的现象中敏锐地看到问题的本质，要抓住重点，以独创的新颖的简练的手法去解决新问题和老难题。

勤奋也是我一贯主张的。不管是在德国时期还是在“文革”时期，我解决许多比较新的课题，都是经过非常艰苦的思维、反复的推导、大量的运算才得到成果的。那时我利用的只是一部手摇的计算器。要取得科研的成功，没有勤奋和成年累月的积累是办不到的。

方：在科学技术与生产实际相结合方面，您是大家学习的楷模。您作为宝钢的首席顾问，在避免一期工程下马和解决工程中的桩基水平位移问题时，曾以您的远见卓识和出色的理论分析作出了重大的贡献，您能谈谈当时的情景吗？

李：遇到重大工程问题时，我们工程技术人员应该服从真理，服从科学来进行工作。

1980年春天，正值国民经济进行调整，人大代表的呼声很高，要求宝钢一期工程下马。夏秋时节，中央派的工作组已经到了宝钢工地，与宝钢领导商量怎样安排下马。宝钢工程技术顾问委员会成员应邀参加了一个座谈会。在当时的气氛下，大家都不大敢讲话了。我首先发言，我说宝钢不能下马：第一，宝钢建设到这个时候，已经不是从零开始了，一期工程共需120个亿，已经投入80个亿，下马盖仓库还要花十多亿，不下马再加一些钱就可以建成了；第二，那时我国钢产量只有三千多万吨，我国至少需一万吨钢，从长远看，我国钢铁工业必须发展；第三，宝钢下马，不光宝钢工人需要安置，为宝钢配套的一些企业，如加工设备的工厂等，都要受到影响。我发表意见后，宝钢工程指挥部将我的意见反映到市里，市委觉得很有道理，又转到中央。国务院开会时听取了这个意见并采纳了，决定缓建，不是停建。一年以后，工程又上马了，1985 年 9 月正式投产。

第二个问题是桩基的水平位移。宝钢建设在长江边上，打了桩后，工人就在旁边挖基坑，之后就发生了桩基的水平位移。1980 年春，我去视察后，就提出了问题的解决办法：第一，做试验、测量；第二，我提出理论分析的方案。同年夏天，试验的指标出来了，我利用一个暑假的时间进行分析、计算，写出了《关于桩的水平位移、内力和承载力的分析》的论文，提出了如何加固、哪些需要加固、哪些不需加固的意见。报告完成时，正值我方与日方进行工程谈判，宝钢工程总工程师专门来拜访我，表示感谢。他说，李校长，有了您的报告，我们谈判时心里就有数了。

这就是科学技术与生产实际相结合，帮助生产部门解决实际问题的例子。对重大工程我们工程技术人员有责任从宏观的科学技术的角度，实事求是地发表意见。中央虽然有决定了，但应该怎么说，还是要怎么说。工程技术人员要敢于服从真理，讲真话。

方：作为一位老一辈科学家，您对青年学者有什么期望和要求？

李：现在的青年科技工作者，多数是非常勤勤恳恳的，在工程实践、设计方面，作出了非常显著的贡献。国家应对他们在生活条件和工作条件上给予更多的改善和支持。作为青年科技工作者，应该看得远一些，有较大的抱负。目前，市场经济正在发展中，出现了各种思潮，希望青年科技人员不要被某些错误的倾向所误导。

做学问是一项很艰苦的工作，应该意识到，没有很舒坦的路给你走。我在德国留学时，为解决一个桁架的分析问题，一直搞到失眠，神经衰弱，休养了一个星期，回来再进行。在生活上也不可能有更多的要求。不过有一点，我们从事科学技术工作，得到成功时，那种满足和愉快不是任何什么所能代替的，金钱也是买不到的。我做校长时，让我给毕业同学讲话，我说：同学们毕业后，究竟追求精神财富呢，还是追求物质财富？要两个财富兼而有之恐怕不太容易，要是追求物质财富，就得不到精神财富；要下决心追求精神财富，就要淡泊物质财富。我想，现在的青年同志还谈不上物质很丰富，有些人还有些困难，要国家多多关心。作为个人来说，这方面要淡泊一些，还是要以事业为重。

（原载《群言》1996年3月号）

校长要有自己的理想

——访同济大学名誉校长李国豪

王一鸣

那是一个金秋的下午，我陪余立同志访问了李国豪教授。这位论文和专著很多，1987 年 9 月荣获国际桥梁和结构工程奖的蜚声中外的桥梁结构专家，于 1940 年在德国取得博士学位，1946 年归国后，一直在高等教育这块土地上辛勤耕耘。他在同济大学先后担任土木系主任、工学院院长、教务长、副校长、校长，现在是名誉校长、上海市政协主席、中国土木工程学会理事长。他虽政治活动和国内外学术活动繁忙，但仍坚持每周到同济大学一、二天，参加科研和培养研究生工作，并继续潜心于学术著作——《公路桥梁荷载横向分布计算》最近出版，《工程结构抗爆动力学》和英文版《箱梁桥和桁梁桥分析》即将分别在国内和国外出版，《桥梁稳定与振动》的再版正在修改之中。

有理想有抱负

李校长的谈话，是从校长与实现培养目标的关系开始的。他说："邓小平同志提出，要培养有理想、有道德、有文化、有纪律的人才，我感到有理想是关键。要培养有理想的学生，校长自己先要有理想、有献身于事业的精神。只有有理想有献身精神的校长，才能凝聚一批有事业心的教师，才能培养出有理想有作为的学生。"李校长是这样说，也是这样做的。他在 1946 年学成归国后，就一直为实现自己的理想不息地奋斗着。在当时的黑暗统治下，同济大学在上海被誉为“民主堡垒”，而李校长领导的土木系则被誉为“堡垒的中心”。

解放后，李校长立志为新中国多培养德才兼备的人才。他说:“解放初期，为了改造旧大学，学习苏联的办学经验，进行院系调整，在当时起了积极作用。但大学要发展，不能停留在一个模式。按同济大学的条件，应当办成多功能、综合性的大学，而且要保留和发展同济原有的特色。经过院系调整后的同济大学，只剩下土木建筑专业，学科实在太窄，而工科没有理科的基础怎能培养出高质量的人才？以后我们恢复了理科，又相继增设了计算机、机械、电气、工业经济和德语等新专业。1981年，成立了很有特色的波尔固体物理研究室。”这样，同济大学就基本上成为一所以工科为主的初具特色的多科性大学了。“当然，要办好大学更重要的是聘请有水平的教师，在教学与科学研究上，在一些主要学科建设上形成学术梯队，有高水平的学术带头人。我深深地感到，一所大学要办出特色，是很不容易的。当校长的要有办学理想，并积极创造条件去实现它。我深信随着改革的深入，办学自主权的扩大，中国的高等教育一定会走向世界，迅速发展的。”

教学和科研的带头人

李校长说：“当校长的一定要在教学和科学研究上有很深的造诣。校长自己上不好课，不懂科研规律，没有研究成果，怎能识别教师的水平，怎能将优秀的教师提拔上来，又怎能促进新生力量的成长呢？这样的校长要领导学校发展科研、提高教学水平是不可能的。大学教育，既要搞教学，也要搞好科学研究。校长的领导工作要全面，不能顾此失彼。”

“就当前科研的情况说，发展科学技术有三个方面：第一，吸收国外的先进科学技术；第二，把已有的科学技术推广，应用于生产；第三，创新。党的十一届三中全会以来，我国吸收各国先进科学技术的工作进展很快，推广和应用工作也做了不少，但创新很不够。高等院校在科学技术创新上跟不上形势的需要。虽然客观上受到时间、条件的限制，但校长的带头作用也是极为重要的。不能把科研视为教学以外的事情，所谓‘有力量搞一点，没有力量就少搞甚至不搞’。特别是重点大学，不进行科学研究，就出不了高质量的人才——研究生和大学生。学生通过科学研究得到的知识和从书本上学到的知识不一样，前者理解得深透，掌握得牢固。”

“一个青年教师不搞科研，只是根据书本备课，他的讲课是达不到高水平和深度的。这对培养教师，提高教学质量都不利。从‘面向未来’的角度看，不搞科研，在近期似乎过得去，但若干年以后就不行了。只有不断搞科研，才能使自己掌握的知识永葆青春。”

这一点，我从李校长的助手反映中得到证实：李校长讲课言简意赅，能抓住本质讲深讲透，很重视学习方法的指导，强调学生自学，学生很喜欢听他的课。他在50年代就重视能力的培养，反对“满堂灌”，反对教师将学生“抱着走”。那位助手说：“有一段时间，风行教师要对学生‘答疑’。许多学校每周安排好几个晚上，让教师陪在学生身边。李校长反对这种做法。他认为，教师帮助学生解决疑难问题是应该的，但让教师陪在学生身边，当活辞典，养成了学生依赖教师的惰性，这不是帮助学生而是坑害了学生。”

当说到对研究生培养时，李校长说：“重要的是给研究生指导治学的方向和方法。大学本科要打下扎实宽广的基础，研究生不能搞成大学课程的加深，而应该在某个领域深入下去，要有自己的创见。所以研究生阶段更要靠他们自己去闯、去碰。科学研究，从来没有平坦的大道可走，导师老是扶着研究生走，从近期看似乎走得快，但从长远看是走不快的。要处理好理论和实际的关系。理论不上去，我们永远处于落后状态，尖端的问题就解决不了，但理论要联系实际。我对研究生的课题报告，首先要问他有什么工程背景，他学的理论在什么地方可以用到，我最反对空洞的理论，要在实践中发展理论。”

在对待科研上，李校长更是不怕艰险，一丝不苟。“文革”中，他被关进“牛棚”，被剥夺了搞科研的权利，连一张白纸也得不到。最使他痛心的是白白浪费了时间。他于是利用报纸的空白边条，通过自己对公式的记忆，奇迹般地写成了一篇研究武汉长江大桥和南京长江大桥的振动和稳定的论文。从“牛棚”出来后，他白天被批斗、打扫厕所，晚上回家，在十分困难的条件下用节衣缩食购买的简单仪器进行科学实验。他对自己的研究生说：“不要理睬他们，我们还是搞我们的研究，科学对国家总是有用的。”

一位有成就的科学家，身处逆境，不为淫威所屈，不为艰难所困，忠心耿耿于自己的事业，时时准备报效祖国，这是何等高尚的品质！

李校长在教师和学生中享有的威望不是靠校长的头衔，而是靠他的“身教”。他在谈话时反复强调“身教重于言教”的道理。他说：“光说不做，人家不会心悦诚服。在科研工作中，我自己做理论演引并做一些计算，自己到实验室去参加做试验，论文自己执笔写和修改，对自己严格要求。这样和我一起做研究工作的助手就会受到影响，用不到我讲，他们自然会养成严谨的治学态度。”李校长还着重指出：“如果一位教授担任校长后就完全放弃教学和科研，在科研上没有新的发展，他就会落后，就不能很好地指导解决在教学和科研中出现的新问题。校长应该永远是教学和科研上的带头人。”

具有民主作风和组织能力

李教授十分重视校长的民主作风。他说：“蔡元培、竺可桢等教育家，他们的教育思想中，突出的一点是校长必须有民主作风。在学术上一定要贯彻‘百家争鸣’的方针，蔡元培先生在办北大时，邀请了许许多多社会名流、专家来校任教、讲学。尽管当时军阀政府压制和迫害进步学者，但蔡先生不惮压力，在北大这个小环境给学术自由创造了良好的气氛。他的这种胆识，不但促进了学术的进步，而且对中国革命也做出了贡献，使得像李大钊那样的共产主义先驱，能在北大传播共产主义思想，播下了革命的种子。先进的思想和理论往往是在对比中、争论中得到发展和臻于完善的。苏联在50年代，在生物学研究领域里，独尊李森科一家，压制不同学派的观点，既伤害了持正确意见的同志又给学术研究造成了极大的损失。学术上不能搞帮派，不要排斥各种学术观点中的积极成分。例如同济大学在吸收国外先进科学技术、开展国际学术交流方面，以西德为重点同时面向美日等国家，博取各家之长，而且我自己也这样做，就是基于这样的考虑。”

“我们所说的民主作风，包括在学术观点上虚心听取别人的种种不同意见，只要他提出的意见正确，不管其学术身份和地位，尤其是对青年，更应当鼓励他们敢于向专家提出质疑，这样才有利于学术发展，有利于人才的成长。”他接着说，“校长的民主作风是表现在多方面的。一个人的见识和能力毕竟有限，作为大学校长一定要广听博闻、虚怀若谷，遇事要和大家商量，特别要听取不同的（包括反对的）意见。只有集思广益，反复研究，才能作出正确的判断。”

“我是赞成校长负责制的，要给校长自主权。同时，校长也要用好权，绝不能简单地一个人说了算。当然，民主也要集中，校长的决策，应当集中大家的正确意见。校长的权越大，用权越要慎重。民主作风还包括平等待人，不要以为自己是一校之长，是专家，就看不起人。中国的封建制度历史很长。解放至今虽然不断地进行民主的教育，但受到‘左’右的干扰。目前，从意识形态说，对在中国这块土地上还存在的封建意识不可低估。中央领导同志很重视发扬民主。要建设具有高度民主的社会主义国家，大学应该作出榜样，大学校长理应是民主作风的表率。”

“作为科学家不一定都有管理能力，但作为校长，管理能力是不可缺少的。管理是一门科学，过去对此研究得不够，现在开始重视了。校长的管理能力，主要来自实践。要强调民主管理学校。我积多年之经验，深感校长要十分重视发挥各级组织的作用，一般不越级处理下面的事情。对部门负责人要求要严格，哪个部门出了事，首先找部门负责人，要他汇报情况，校长要关心整个处理过程；另一方面，校长又要十分尊重部门负责人，放手让他们工作，对有创造性的同志给予鼓励。要使和校长合作共事的同志既感到工作有压力，又觉得心情舒畅，这样办事效率就会高。校长最忌讳的是喜欢别人讲好话，不喜欢听批评意见。其实工作做得好是应该的，不值得津津乐道，而工作中存在的问题和缺点却是重要的，这是改进工作的所在。”

“一所学校的校风、学风和校长、教师的作风是息息相关的。如前所述，校长除了要有民主作风外，还要以身作则。要求师生做到的，校长首先要做到，身教重于言教。学校的优良校风、学风要形成一种力量，这就不只是校长的个人作风问题，而要成为群体的风尚。因此，要建设好一支教师队伍，要求教师德才兼备、教书育人。教师是一个群体，在一所学校或一个系都应该有合理的结构。这种结构不是由领导临时拼凑起来的，应该在长期的工作实践中自然形成。当然，不是自发的成长，而是要精心培育。现在同济大学许多系、研究所（室）初步形成了合理的梯队结构。就我所负责的桥梁研究室而言，有三位学术带头人，都是教授、博士研究生导师，他们各有两、三个副手（副教授），每个副手下又有几位讲师作助手，每位讲师再带几位助教。每人有自己的岗位，各司其职，又保持上下联系。这样的梯队结构既保证了教学科研的连续性，又培养了一批人才，并在教学、科学研究工作中培养了严谨而勇于探索的学风。”

办学要有远见卓识

李校长对怎样办好大学有自己丰富的经验和见解。他说：“要办好一所学校，首先要有好的校长。对校长的培养和选择还是要有一点‘台阶’好，一下子提拔没有管理经验的教师担任校长并不合适。能教好课和能领导好一所学校是两码事。至少要从既有教学、科研经验又有一定管理实践的教研室、系一级领导中去选拔。提拔新生力量，不能只考虑教学水平和学术水平，还应当着重考虑其政治思想上的敏感性和组织才能。现在国内培养的和从国外回来的有真才实学有理想抱负的博士、硕士研究生很多，他们中间能干的校长一定不少，可以培养提拔。现在 40 多岁当校长的似乎不多，要打破论资排辈的旧观念。”

“对于校长任期问题，我也不主张终身制。有的校长做了四年，成绩平平，就下来让新的上去；有的成绩卓著，可以再干四年，但不能再多了，因为当了八年校长，经验是丰富了，但在教育和科研上的进步慢了。一个校长失去了教学和科研的威望也就失去了原有的威信。再说对经验也要一分为二，有利有弊。利，大家都知道；弊，却很少引起重视，那就是新思想少了，稍不自觉，就会陶醉在已经取得的成绩之中，听不进相反的意见，容易墨守成规。而且由于工作时间长了，在周围形成了一套老班子、老人马，往往会丧失工作的活力。如果让合适的新的同志上去，就会在原来的基础上开创新局面，这对事业的发展是有好处的。”

在谈到当前对大学生的思想政治工作比较薄弱时，李校长说：“教育在国内外有相通的东西，那就是既要培养人，又要发展科学研究。培养人不光是传授知识，还要帮助学生树立理想。当然这一工作要从小学、中学就做起，整个社会都应该关心。但大学是关键的阶段。大学对学生的思想教育不是无限的、万能的，但可以也应该做好。现在做思想工作强调政工干部，强调建立班子，但我认为更重要的是要依靠在学生中有威信的教师。要知道大学生是十分尊重有真才实学的教师的，他们甚至连走路、拎皮包也会模仿自己所崇拜的老师的样子。让学生尊重的人来解决学生的思想问题比之于用某种压力而让他们接受的教育，其效果是大不一样的。在教学和科学研究上有成就的教师，也应该多多关心学生的成长，用自己先进的思想、严谨的治学态度和优良的工作作风来熏陶学生。学校领导要创造条件让教师和学生有更多的接触谈话的机会。现在有的学校规模太大，校、系又缺乏具体的安排引导，教师和学生相处的时间太少。解放之前，我担任系主任时每班上课的学生只有30多人，每个学生的名字我都能叫出，同学也常到我家里来，他们毕业时找不到工作，我千方百计帮他们介绍。有一次，天津有个学生托人向我问好，给我带来两盒麻花，并附信说，1947年他从同济大学毕业后生了病，我对他十分关心，并给了很大帮助，他一直铭记在心。师生间的这种深厚的情谊，现在应该更多，而不应该很少。”

他接着说："联邦德国的大学，有几万名学生的规模，他们也很苦恼，感到教师和学生接触的机会太少，美国加州理工学院只有近千名学生，而水平却是世界第一流的。从长期的实践经验看，同济大学不能单纯追求数量上的发展，而应当改善教学、科研和生活条件，在质量上、学术水平上更有建树，培养出来的本科生和研究生要对国家、对科学技术有所贡献。”

在说到当前的教育改革时，李校长说："现在教育行政部门规定太多，统得太多，校长很少有发挥主动性、创造性的余地。不需要发挥主动性、创造性的校长，什么人都可以当，照办就是了。我曾多次向上级教育部门提过意见：教育主管部门可以选择几所大学，让他们自己去试验，然后再总结经验。我感到要深化教育改革，教育主管部门首先要解放思想。中央在经济改革上做得很好，先农村后城市，先试点后推广。我们的教育改革，也应当有所突破，有我们自己的特色。只要把那些必须统一的东西统一起来就可以了，例如办教育的总体规划、标准、要求等，但现在统得太多。”

“现在是中央教育部门办大学，地方办大学，业务部门也办大学。办学积极性是好的，但如果不统筹安排，会造成浪费和低效率。像同济大学对面又办起一所城建学院。两所学校，一个属中央、一个属地方业务部门，专业基本相同，却要配备两套师资、设备和管理人员。又如同济大学原有铁道建筑专业，后来铁道部创建上海铁道学院，就将这个专业搬了过去。如果将铁道学院土建部分的专业放在同济，不是可以节省不少人力和物力吗？而且，业务部门办学，只考虑本部门需要，专业面往往比较窄，对培养高质量的人才会受到一定限制。不是不能办相同的专业和相同的学校，而是布局要合理。现在的大学太集中在大城市了，特别是沿海地区大城市，在内地高校少的地方应该多发展一些。这不是要将大城市的高校搬到内地去，大城市的老学校可以帮助内地办学，有经验的教师可以定期到内地新办学校去兼课，带带新教师，采取老母鸡生蛋的办法。”

在谈到教学过程的改革时，李校长认为："学生负担过重，独立工作能力差，'填鸭式'的教学方法等等，都是老问题了。在教学过程的改革中，教师的目光要放得远一点。过去，我教桥梁设计课程，还有一位教师也教这门课。那时教学没有规定得像现在这样死。我着重培养学生的能力，将基本概念和学习方法讲清楚；另一位教师重在知识的传授，讲得很具体，连设计规范也讲得很多。当时有的学生认为那位老师讲得好，讲得细，做设计很便当。但学生毕业后，反映就不一样了。他们说我讲的内容对他们进一步发展提高有帮助，而那些具体的设计规范，在设计单位很容易学会。”

李校长侃侃而谈，直到太阳偏西。我陪余立同志步入汽车后想，一个大学校长要成为真正的社会主义的教育家，确实很不容易，但这是时代赋予他们的光荣使命啊！李校长的一席话很值得校长们思考。我将怎样从教育家的角度将李校长的思想和实践介绍给读者呢，我能表达得正确清楚吗……

（原载《上海高教研究》1988年第1期）

李国豪生平大事年表

1913.4.13	出生于广东省梅县城东乡梅乡村莲塘㘵
1929–1936	上海吴淞时期的同济大学，学习德文 2 年，大学学习 5 年，为校网球队队员，以优异成绩毕业于土木系，留校任教，讲授钢结构和钢桥课程
1938.10–1940.4	获德国洪堡基金，在德国达姆施塔特工业大学学习和研究桥梁工程，1940 年 4 月以论文《悬索桥按二阶理论的实用计算方法》获工学博士 Dr. -Ing. 学位
1940–1945	继续在达姆施塔特工业大学的钢结构和结构力学教研室从事桥梁和结构力学的科学研究及教学
1942	以论文《用几何方法求刚构影响线》获特许任教工学博士 Dr. -Ing. habil. 学位
1945.12–1946.6	由德国经巴黎、马赛、西贡回到上海
1946.8	同济大学土木系教授、系主任
1947.10–1952.8	同济大学工学院院长
1953.5–1956.12	同济大学教务长
1953	加入中国民主同盟
1955	武汉长江大桥技术顾问委员会委员，中国科学院首批学部委员
1956	加入中国共产党，同济大学副校长，全国先进生产者（教育界），国务院科学发展规划委员会土建组组长
1957–1982	中国力学学会第一届理事会副理事长

1958	南京长江大桥技术顾问委员会主任；民盟上海市委副主委
1959	上海力学学会首届理事长；《辞海》编辑委员会委员（1978年起任副主编）兼土建分科主编
1964	第三届全国人民代表大会代表
1966—1976	“文化大革命”期间被批斗、囚禁、强迫劳动6年，在囚室中开始研究解决武汉长江大桥震动问题和南京长江大桥稳定问题，著《桁梁桥扭转、稳定与振动》，并完成专著《公路桥梁荷载横向分布计算》
1977	同济大学革委会主任（10月）；上海市教育战线先进生产者
1978	第五届全国人民代表大会代表；中国土木工程学会副理事长；同济大学校长（7月）
1979	重访德国，恢复同济大学与德国合作关系；中国桥梁与结构学会首届理事长；宝山钢铁总厂工程技术顾问委员会首席顾问
1980.5—1984.9	上海市科协第二届主席；国务院学位委员会委员，兼土建水利学科评议组组长；解决宝钢工程中桩基水平位移问题
1981	论证并提出宝钢工程不应下马，使工程得以继续建设，并发展成为我国一个最大的现代化钢铁企业；被国际桥梁与结构工程协会推选为世界十大著名结构工程专家之一
1982.2	在北京德国大使馆歌德逝世一百周年纪念会上接受“歌德奖章”；中国力学学会第二届理事会副理事长
1983.4	上海市政协第六届主席
1984	同济大学名誉校长
1984—1993	中国土木工程学会第四、五届理事长；1993后连任3届中国土木工程学会名誉理事长；中国大百科全书总编辑委员会委员，兼土木工程卷编委会主任
1985.8	国际桥梁与结构工程协会常设委员会委员，中国组组长；8月接受达姆施塔特工业大学名誉工学博士；10月嘉应大学名誉校长

1987	上海南浦大桥顾问组组长；"宝钢引水工程咨询"获国家科技进步二等奖；5 月在上海德国总领事馆接受联邦大十字勋章；9 月获国际桥梁与结构协会"结构工程功绩奖"
1988	上海市退（离）休高级专家协会首届至 5 届会长；"宝钢工程调整综合论证"获上海市科技进步一等奖
1989	中国工程学会联合会首届主席；中国老科学技术工作者协会首届会长
1991	上海杨浦大桥顾问；汕头海湾大桥顾问组组长；中国科协荣誉委员
1992	虎门珠江大桥顾问组组长，江阴大桥顾问
1993.4	在同济大学祝贺 80 寿辰会上成立"李国豪教育基金"；主持制订《长江口交通通道桥梁方案》
1994	中国工程院首批院士；主持制订《杭州湾交通通道预可行性研究》
1995	"林同炎李国豪土建工程咨询有限公司"董事长；汕头礐石大桥顾问组组长；获"何梁何利科技进步奖"
1996	获"陈嘉庚技术科学奖"
1997	广东伶仃洋大桥工程顾问委员会首席顾问
1998	中国科学院和中国工程院资深院士；香港理工大学荣誉工学博士
2000	润扬长江公路大桥顾问，苏通长江大桥顾问，上海－崇明公路越江通道方案评选会议专家组组长
1996-2002	上海国际航运中心洋山深水港工程多次论证与评审会议专家组组长
2002	东海大桥名誉顾问
2003	4 月同济大学举行 90 寿辰盛大庆祝会；9 月被评为首届"上海市教育功臣"

2005 年 2 月 23 日 17 时 37 分，因病医治无效，在上海华东医院逝世，享年 92 岁。

跋

学生通过科学研究得到的知识和从书本上学到的知识不一样，前者理解得深透，掌握得牢固。

李国豪校长与同济对德交流传统的确立和深化

周家伦

“同济有李国豪，李国豪在同济。”李国豪校长的名字是与同济大学紧紧联系在一起的，人们只要提到同济大学就会想到李国豪，说到李国豪也会自然联想到同济大学。

作为享誉全球的桥梁工程和结构力学专家，中国科学院和中国工程院院士，李校长一生创立的丰功伟绩绝不仅限于同济大学。学界经常称道的“悬索桥李”、“李氏理论”等等，是指的李校长作为科学家为国际桥梁工程和力学界作出的卓越的理论贡献。说到新中国的重大工程建设，人们也会历数李校长为武汉长江大桥、南京长江大桥、黄浦江大桥、虎门大桥以及宝山钢铁总厂和洋山深水港等的建设倾注的智慧和心血，其中体现的是李校长作为战略科学家的远见卓识。李校长作为社会活动家同样贡献卓著，他曾经担任上海市政协主席、上海市科协主席、中国土木工程学会两届理事长和三届名誉理事长，先后推动发起创立了上海力学学会、中国桥梁和结构学会、中国工程学会联合会、上海市退（离）休高级专家协会、中国老科学技术工作者协会等多个组织，并担任这些组织的首任理事长、会长或主席。在土木工程界和力学界李校长无愧于一代宗师的称号，他是新中国科技界、教育界的杰出代表。然而正如前任校长、时任教育部副部长吴启迪教授2005年在参观“名誉校长李国豪追思图片展”之后的留言“同济之魂”，李校长归根结底属于同济大学，是同济大学的骄傲和永远的精神化身。

2013年是李国豪名誉校长诞辰100周年，以此为契机，学校正积极筹备举办一系列活动，这一方面是为了表达对李校长的敬仰和缅怀，另一方面是为了更好地教育和激励全校师生，以李校长为榜样，更加努力工作和发愤学习，为学校实现综合性、研究型、国际知名高水平大学的目标作出更大贡献。从这个角度说，编辑出版《学之师表　国之英豪——纪念李国豪诞辰100周年文集》具有特殊的意义，师生们能够从不同的侧面具体、生动地了解李校长治学、为人和掌校、做事的有关情况，对他有更全面的认识和了解。

关于李校长的成果和事迹等，本书其他作者从不同角度做了记述，这里结合我的亲身经历和体会，仅就李校长为恢复同济大学德语教学和推进学校对德文化教育交流作出的卓越贡献做些回忆。

1978年，在李校长的倡导下，同济大学确立了“两个转变”的战略构想，并于当年11月向教育部提出正式书面请示，得到了邓小平、方毅等8位时任国务院副总理的批示同意。此后，李校长即领导全校师生开始了“两个转变”的深入实践。1979年3月中旬开始，李校长亲自率领我校代表团对德国多所著名大学和科研机构进行了为时6周的友好访问，具体商讨相互交流合作有关事宜。此后不久，我校即先后与德国波鸿-鲁尔大学、达姆施塔特工业大学等德国高校建立了全面校际合作关系。开启了改革开放之后，我国高校与国外高校合作办学的先河。

与此同时，李校长在全校范围内大力推动开展德语教学。也是从1979年开始，学校选拔了200名大学新生、18名青年教师集中进行强化德语培训，承担了全国各地选送的100名留德预备生的德语教学工作。同期，先后有16名德语教师加盟同济，开创了新时期国内高校的德语教学之最。以此为发端，学校成立了留德预备部和德国科教情报研究室（同济大学德国问题研究所的前身），在进一步规范强化德语教学的同时，开展了对德国科技及教育体制信息的全面搜集和系统研究。在李校长的呼吁和影响下，一批德国著名企业和知名人士还在德国组织建立了“同济之友”协会，致力于进一步推进和深化同济大学的对德联系。此后，随着同济大学与德国联系的深度和广度的不断拓展，学校又陆续建立了中德学院、中德职教学院、中德工程学院和德国学术中心等教学、科研及协调机构。

李校长在推动同济大学成为我国对德交流和联系的一个重要窗口方面作出的多方面卓有成效的努力，为同济大学的后续发展创造了诸多优势和有利条件，并得到了德国政府和科技及文教界的高度评价。1982 年 2 月，李校长成为第一个获得德国歌德奖章的中国人，1987 年 5 月，他又被授予联邦大十字勋章，这些都是对李校长在中德文化交流上作出卓越贡献的表彰。李校长之后，同济大学历任校长很好地传承了对德联系的传统并进一步发扬光大，它同样得到了德国方面持续的肯定。1999 年吴启迪校长被授予联邦大十字勋章，2005 年万钢校长被授予下萨克森州十字勋章就是很好的证明。

李校长不仅在担任校长期间积极倡导和推动同济大学的对德联系，即使成为名誉校长之后，也一直影响并推动学校的对德联系。他强调，担任同济大学校级领导班子的成员，一定要了解同济大学的历史、高度认同同济大学的文化传统，如此将更有利于同济文脉的传承创新，而其中非常重要的一点，就是同济大学与德国的深厚渊源。因此，李校长认为，在同济校级领导班子中保持一定比例有德国学习、工作背景的成员是非常必要的。1992 年李校长率团访德，时任校长高廷耀、校长助理吴启迪是代表团成员。1999 年李校长访问德国时，特别鼓励万钢回国工作，其间，万钢随代表团参加了三天的活动。

不仅如此，在李校长的倡导并率先垂范下，校级领导也一直有在学校下属的对德联系窗口机构中兼职的传统。李校长本人在德国问题研究所成立之后一直担任名誉所长，对德国问题研究所的发展始终如一倾注了极大热情；中德学院成立以后，一直由校长兼任院长；德国学术中心主任则由校党委书记或副书记兼任。这些机构通常肩负着跨学科、超院系的职责，由学校党政主要领导兼任所长、院长或主任，不仅表明学校对这些机构的重视，更重要的是为了在必要时便于协调和支持。

德国学术中心也是在李校长直接关心和推动下成立的。2001 年 5 月，李校长与时任德国驻沪总领事龙贝格共同为德国学术中心揭牌。德国学术中心是集教学、科研、培训和对德联络与咨询于一体的跨专业机构，协调学校开展对德联系，安排与德语及德国有关的教学和科研项目，参与协调学校内部各单位的对德学生交流与合作，支持学生赴德交流。此外，为了给学生更多的直接支持，在李校长的呼吁和倡导之下，由校友出资设立了同济大学赴德留学专项贷款基金。令人欣慰的是，前几期受资助的学生的还款率达到了 100%。

犹记得 2005 年 2 月 22 日下午，那是元宵节的前一天，我专程去华东医院拜望李校长，并向他汇报学校近期一些重点工作的开展情况。凡是同济的人都知道，虽然李校长人在病房，他的心一直在学校，时时刻刻关心着学校的发展。因为身体原因，按照惯例，每次我们去看望李校长，总是以我们口头汇报工作为主，尽量让李校长少说话。但每当谈到关键点李校长总会插话，提出自己的意见和建议。那天我着重向李校长谈了百年校庆筹备的一些设想。李校长插话说，筹备工作要突出学校特色，要定出发展目标，并特别强调要保持对德、对欧交流的特色。

那天，李校长虽然身体比较虚弱，但整个气色还不错，听人说话的兴致也很高。但万万没有想到的是，这竟是与李校长的最后诀别。第二天下午，因为一个突发的变故，李校长永远离开了我们。李校长在那天交谈过程中提出的意见和建议，也成为他对同济大学发展工作的最后一次指导。

李校长逝世两年之后，同济大学隆重举办百年校庆，取得了预期的成功，受到了社会各界和国内外同行的一致好评。作为组织筹备校庆活动的学校班子成员，我对此感到欣慰，这是对李校长逝世两周年纪念的最好告慰。

回顾和梳理李校长对确立和深化同济大学对德交流传统的期冀，我的心中仍有一丝小小的遗憾。2007年，学校曾经做过一次系统设计，准备参照德国教育模式在全校相关学院学科全面开放本硕连读。这一设想最早也源于李校长的倡导，在他看来，培养工程师仅有本科阶段是不够的，可以引入德国教育模式实行本硕连读。此举对同济大学而言，可以一并解决本科生来源学校水平参差不齐的困扰。遗憾的是，这一方案一直没有获得批准而未能全面实施。但从现阶段学校正在开展的改革举措来看，我们仍在积极尝试原先设计模式中的核心内容，包括研究生招生、卓越人才培养以及试点学院改革等。

记得2007年同济大学举行百年校庆时，有近600名来自国内外的知名校长和教授、政府官员及企业高管应邀出席了各项活动。国内一所重点高校的校长参加并目击了这一盛况后发出由衷的感慨：同济真是一所开放的国际化大学！可以肯定地说，同济大学发展到现阶段，如果没有广泛深入的对德联系，以及在此基础上逐步扩展的对法国、意大利、西班牙等欧洲国家全方位的合作，它在国际国内的声誉和影响力一定会逊色许多。传承对德联系，始终是贯穿于李校长的治校思想，渗透在他孜孜以求的生命中。他所付出的所有努力，以及他在生命最后时刻给予的嘱托，不仅是对同济历史渊源的铭记，还来自他对同济大学的那份责任感，可以说是他生命之所趋，心之所向，情之所在，技之所长。每想至此，我都会深深地感动！

21世纪的前10年已经过去，在全球化日益加深的背景下，大学的国际化正进入一个新阶段。目前我校正积极筹备与德国大学共建博士生院，在中德联合培养高层次人才方面同济将再次领跑。我们将以发扬同济传统的实际行动纪念李国豪名誉校长诞辰100周年。

周家伦

（作者为同济大学董事会主席，同济大学原党委书记、校务委员会主任）

后　记

说到科学知识的学习，它是一辈子的任务，活到老，学到老，而且大部分知识是在学校里毕业后学到的。

后　记

从一名贫苦的客家少年成长为著名科学家、教育家、社会活动家，赢得了崇高的国际声誉，为新中国桥梁建设事业做出了卓越贡献。李国豪的一生丰满而富有传奇。

16 岁开始与同济结缘，从土木系学生到教授、系主任、学院院长，再到学校教务长、副校长、校长、名誉校长。李国豪的名字始终与同济大学紧紧联结在一起。

怀着极其崇敬的心情，我们组织编撰了《学之师表　国之英豪——纪念李国豪诞辰 100 周年文集》一书，并在方方面面的关心支持下，得以如期出版发行。本书与同时出版的《李国豪》一道，是为纪念李国豪先生诞辰 100 周年专门组织编撰的一套文丛。两本书的内容互为补充、相互印证。

我们设想本书收录的文章，应具有写实性和感受性，即更多体现出作者与李校长之间直接交往和直观感受的一面。有鉴于此，组稿初始，我们尽可能广泛地联系具有代表性的各方面人士，以期通过不同侧面的记述和描写，多角度立体地反映李国豪治学、治校、为人、做事等相关的事迹，并具有亲切感和可读性。目前来看，上述预期目标基本得到了实现。

感谢上海市政协、上海市科协、民盟上海市委以及梅州市委等相关单位和领导，推荐有关人士撰写了感人至深的纪念文章，使得本书的结构和涵盖面更加完善。特别是市政协副秘书长张培基、上海市科协副主席李虹鸣，在本书筹划、启动伊始，给出了非常具体、直接的意见和建议，并积极参与协调、邀请有关老同志、老科学家撰写纪念文章。梅州市委常委、组织部部长曾祥华以及上海客家联谊会会长丘峰先生也对本书的编撰给予了极大的关注和支持，推荐了多位李校长家乡包括嘉应学院的有关人士撰写回忆文章。

感谢江景波、王建云等学校老领导，接到约稿函以后，给予了积极回应，对李校长的有关情况作了真切、生动的记述，并早早交回了稿子。还有李校长的夫人林凤棣老师以及公子李沪曾教授、李乐曾教授等家人，对本书的编撰自始至终倾注了极大热情，并亲自拿起笔来，撰写了饱含感情的纪念文章，为本书增色不少。还有孙钧、董鉴泓、肖友瑟、罗小未、徐植信、黄鼎业、赵振寰、曹善华、朱照宏等多位老教授、老领导，以独特视角的深情回忆，表达了对李校长的崇敬和对纪念活动的大力支持。

本书编撰过程中，除了尽可能广泛地约请方方面面的人士专门撰写纪念文章之外，还收录了部分之前已经正式出版的报纸、杂志和书籍当中的有关报道和通讯文章。其中有一些我们在成书过程中已经与作者取得了联系，获得了认可，还有一些囿于通讯方式等原因，目前仍在联系过程中。在此一并表示感谢。还有其他许多单位和个人需要感谢，不一一例举。

虽然我们的目标和初衷是要通过本书的出版，对李国豪先生一生的不同侧面有真实、真切、到位的反映，但受多方面原因的限制，或未能完全实现；另外，因为时间久远的关系，部分文章涉及的相关细节，或有差漏，未能一一核实查证，希望能够得到读者的谅解和指正。谨表感谢！

期待这本文集因实录历史而成珍藏，更因汇聚精神而获传承——于同济、于社会、于后人。

本书编委会

2013年3月